»Ah, mein kleiner Herzog, du hast Angst?«
Jeanne d'Arc

ZUM BUCH

Sie ist eine Frau der ganz seltenen Art. Sie ist eine Kämpferin, die ihresgleichen sucht – in der Politik genauso wie auf dem Schlachtfeld. Nach 100 Jahren Krieg Frankreichs gegen England ist sie diejenige, die endlich die entscheidende Siegesserie einleitet und damit die Vertreibung der Engländer vom Kontinent bewirkt – und das für immer.
Sie steigt damit zum Medienereignis des 15. Jahrhunderts auf, ganz Europa spricht von ihr. Mit Recht, denn sie weiß sich zu inszenieren. Ist intelligent, selbstbewußt und attraktiv – eine Visionärin, die es zu einer kometenhaften Karriere bringt. Aber nicht nur das: Sie ist auch eine Frau der Tat, völlig kompromißlos und damit eine absolute Ausnahmeerscheinung. Bald macht ein Spruch die Runde, der den König ins Mark trifft: Ohne sie wäre er nichts. Sozusagen ein Pantoffelheld im Schatten der Volksheldin. Auch die Höflinge kochen vor Wut und Konkurrenzneid. Ihre Arroganz, ihr vermessenes Auftreten, ihr Erfolg bringen sie gegen sie auf. Eine Frau mit einer solchen Machtfülle – das darf nicht sein. Sie wird kaltgestellt und schließlich als Hexe verbrannt.
Eine Frauengeschichte mit ganz modernen Zügen, ein absolut spannender Lebenslauf, der Identifikation für alle Erfolgreichen bietet. Eine verblüffend mutige Lebensgeschichte, ganz neu erzählt.

ZUM AUTOR

Leo Linder, Jahrgang 1948, ist Filmregisseur und Sachbuchautor. Er hat bereits zahlreiche Bücher zu kulturhistorischen Themen sowie verschiedene Reiseführer veröffentlicht und lebt in Düsseldorf.

LEO LINDER

»Ah, mein kleiner Herzog, du hast Angst?«

Jeanne d'Arc

ECON & LIST TASCHENBUCH VERLAG

Veröffentlicht im Econ & List Taschenbuch Verlag 1998
Der Econ & List Taschenbuch Verlag ist ein Unternehmen der Econ & List Verlagsgesellschaft
Originalausgabe

Umschlagkonzept: Büro Meyer & Schmidt, München – Jorge Schmidt
Umschlagrealisation: Tabea Dietrich, Constanza Puglisi, München
Titelabbildung: Jeanne d'Arc, nach einem Gemälde von J. A. D. Ingres; AKG, Berlin
Lektorat: Ulrike Meiser, Düsseldorf
Gesetzt aus der Rotis, Linotype
Satz: Josefine Urban – KompetenzCenter, Düsseldorf
Druck und Bindung: Ebner Ulm
Printed in Germany
ISBN 3-612-26514-8

INHALT

I. AKT

Lieber heute als morgen

Die war es nicht, da war sich Robert de Baudricourt ziemlich sicher, diese Bauerngöre aus einem der Dörfer in der Umgebung – ein zerschlissenes rotes Kleid wie viele, eine Ausdünstung von Holzkohlenfeuer und Stallmist wie alle, nur etwas zu ernst für ihre 15, vielleicht 16 Jahre, etwas zu ernst und etwas zu selbstsicher. Aber so waren sie, diese überspannten Einfaltspinsel aus den Dörfern – keine blasse Ahnung von der Welt, aber dem König erzählen wollen, wie man Frankreich rettet.

Natürlich, er hätte sie gar nicht erst vorzulassen brauchen. Aber in einer dermaßen prekären Lage wie seiner klammerte man sich an jeden Strohhalm. Schließlich – es kam ja tatsächlich vor, daß Frauen Träume hatten und Dinge wußten, die sonst niemand wissen konnte. Ganz Frankreich ließ sich neuerdings von den Visionen hellseherischer Frauen beeindrucken. Man brauchte nur auf die Straße zu gehen, fast täglich hörte man da von neuen Prophezeiungen. Eine, die ihm sagte, wo der Goldschatz vergraben war, mit dem er weitere Munition für seine Geschütze kaufen könnte – so eine hätte er jetzt gebraucht. Außerdem stellten Bauernmädchen gelegentlich eine Abwechslung dar, die der geplagte Kommandant einer Stadt, die jederzeit auf einen Angriff gefaßt sein mußte, keineswegs gering schätzte. Und häßlich war sie ja nun nicht. Kräftig gebaut, ziemlich groß, etwas zu groß für seinen Geschmack, aber pralle Brüste, langes, dunkelbraunes Haar und ein hübsches Gesicht... Nur – dieses auftrumpfende Wesen, dieser völlige Mangel an Schüchternheit – von der sonst üblichen Unterwürfigkeit dieses Gesindels gar nicht zu reden –, das hatte ihn vom ersten Moment an gestört. Dieser Onkel, der sie begleitet hatte, war nervöser gewesen als sie. Muß das dem armen Mann peinlich gewesen sein, wie seine kleine Nichte ganz unbekümmert drauflosschwafelte, was der Himmel und sie selbst mit Frankreich so alles vorhätten. Kurzen Prozeß machen und sie umgehend nach Hause schicken – mit der Empfehlung, sie mit ein paar kräftigen Ohrfeigen wieder zur Vernunft zu bringen – das war das klügste gewesen, was er hatte machen können.

Robert de Baudricourt setzte seinen Kontrollgang auf der Stadtmauer von Vaucouleurs fort. Die Wachposten waren in Alarmbereitschaft. Es war Krieg in Frankreich, seit Baudricourt denken konnte, seit überhaupt irgend jemand denken konnte, egal wie alt er war. Ein Krieg wie ein Schwelbrand. Kaum glaubte man, es sei Ruhe eingekehrt, kam es zu neuen Belagerungen, Feldzügen, Schlachten, die mit unschöner Regelmäßigkeit zugunsten der Engländer ausgingen. Neuerdings mischten auch noch die Burgunder auf deren Seite mit – die er, Baudricourt, früher oder später wohl am Hals haben würde.

Ein Krieg immerhin, dessen Ende nun absehbar war. Nordfrankreich war den Engländern schon bis zur Loire in die Hände gefallen und stand seit Jahren unter englischer Verwaltung,

Die Maas bei Domrémy, 1428 die Grenze zwischen burgundischem und französischem Einflußgebiet. (Leo Linder, Düsseldorf)

und es war nur noch eine Frage der Zeit, wann englische Heere die Loire überschreiten und nach Südfrankreich vorstoßen würden. Der französische König hatte den fanatisch kämpfenden und mit modernster Waffentechnik ausgerüsteten Engländern nichts mehr entgegenzusetzen. Mit etwas Glück würde er sein Dasein in Zukunft als geduldeter Flüchtling hinter den feuchtkalten Mauern eines schottischen Schlosses fristen. Mit etwas Pech würde er als Gefangener nach England verschleppt und seine Tage hinter den feuchtkalten Mauern eines englischen Schlosses beschließen. In jedem Fall konnte Baudricourt dann einpacken. Er hoffte nur, daß seine Verwandten in diesem Fall willens und in der Lage wären, das Lösegeld für ihn aufzubringen – ganz billig wäre er nicht. Schlimmstenfalls müßte er Englisch lernen, um wenigstens mit seinen Bewachern hin und wieder ein Wort wechseln zu können. Vaucouleurs, schon jetzt die letzte französische Enklave inmitten burgundischen

Gebiets, würde dann eben burgundisch. Und Frankreich von London aus regiert. So einfach war das.
Bisher war es Baudricourt allerdings immer irgendwie gelungen, sein Widerstandsnest aus diesem Krieg herauszuhalten. Keine leichte Sache, weiß Gott – davon konnte man sich schon mit einem Blick von der Stadtmauer überzeugen: In Nord-Süd-Richtung erstreckte sich das langgezogene Tal der Maas, hier am Oberlauf eher ein Bach als ein Fluß. Das linke Ufer, von Vaucouleurs bis hinunter nach Domrémy, war – weil Baudricourt ein mit allen Wassern gewaschener Fuchs war und weil Vaucouleurs eine solide Stadtmauer mit 23 Befestigungstürmen besaß – nach wie vor französisch. Das rechte Maasufer gehörte bereits zu Lothringen, das offiziell ein Teil des Deutschen Reichs war, und die Lothringer sympathisierten mit den Burgundern. Es gab Dörfer wie Domrémy, die wurden von der Maas zerschnitten und waren daher halb französisch und halb lothringisch, also praktisch zur Hälfte burgundisch. Südlich von Domrémy, keinen Tagesritt von Vaucouleurs entfernt, lag mit Neufchâteau die erste burgundische Stadt. Von dort aus gingen die Fuhren mit Burgunderwein über die Fernstraße, die durchs Maastal verlief und an der Stadtmauer von Vaucouleurs vorüberführte, nach Flandern, das ebenfalls zu Burgund gehörte. Und die Flamen bezahlten diesen Wein mit Textilien aus englischer Wolle, die auf derselben Straße wieder an Vaucouleurs vorbei nach Neufchâteau transportiert wurden. Der Wein und die Stoffe hätten die Einwohner von Vaucouleurs schon interessiert, aber angesichts der Kräfteverhältnisse arrangierte man sich lieber: Die Bürger von Vaucouleurs ließen die Händler – bis auf weiteres – unbehelligt, und die Burgunder und Lothringer ließen Vaucouleurs – bis auf weiteres – unbehelligt.
Das waren komplizierte Verhältnisse, und es war in erster Linie Baudricourts Fintenreichtum und diplomatischem Geschick zu verdanken, daß der Krieg hier im Tal dennoch meist nur die Form von Prügeleien zwischen den Jugendlichen des linken

und des rechten Ufers annahm. Sicher, gelegentlich ließen sich Söldnerhaufen sehen, die Krieg auf eigene Faust betrieben, und vor drei Jahren war Domrémy von Soldaten überfallen, geplündert und in Brand gesteckt worden. Aber das waren nur die Ausläufer eines Kriegs, der andere Regionen Frankreichs viel härter traf. Nicht nur, daß dort große Heere immer wieder die Felder verwüsteten - am schlimmsten war der Terror arbeitsloser Söldnerbanden, Schinder genannt, die das Land sengend, vergewaltigend und mordend in alle Richtungen durchzogen. Selbst in Zeiten, in denen ein trügerischer Frieden herrschte, weil beide Seiten erst wieder neue Kräfte sammeln mußten, konnte dort niemand seines Lebens sicher sein. Hier im Maastal war es vergleichsweise ruhig, niemand brauchte zu hungern, und ein Dach über dem Kopf hatten die meisten auch - von den Bettlern und Kriegskrüppeln einmal abgesehen.

Und dann, keine zwei Monate nach dem Besuch des sonderbaren Mädchens, wimmelte das Tal der Maas plötzlich von Bewaffneten, Engländern, Burgundern, Söldnern aus halb Europa - viertausend, fünftausend Mann, mehr als Vaucouleurs Einwohner hatte. Die Bauern flohen mit ihren Familien nach Neufchâteau, ihre verlassenen Dörfer wurden geplündert, Vaucouleurs wochenlang mit Wurfgeschossen bombardiert und bestürmt. Jeder rechnete damit, daß Baudricourt kapitulieren würde.

Aber Baudricourt kapitulierte nicht. Er handelte mit den Angreifern einen neuen Vertrag aus, der die Bewohner von Vaucouleurs dazu verpflichtete, sich in Zukunft aller Feindseligkeiten zu enthalten, und die Belagerer, die Belagerung aufzugeben. Das war mehr, als man erwarten konnte: Vaucouleurs war ausgeschaltet, aber das Leben ging weiter, und das linke Maasufer war immer noch französisch. Drei Monate später schwante Baudricourt, daß dieser halbe Erfolg womöglich nur eine weitere Etappe auf dem Weg in den endgültigen Untergang gewesen war: Am 12. Oktober, so erfuhr er durch einen atemlosen Colet de Vienne, den Boten des Königs, hatten englisch-burgundische Truppen Orléans eingeschlossen – Orléans, den letzten französischen Stützpunkt, der die englischen Heere noch am Überschreiten der Loire und der Eroberung Südfrankreichs hinderte. Wenn Orléans fiel, war der Krieg – und damit der König – verloren.

Da tauchte, inzwischen war Winter, das rote Kleid in den engen Straßen von Vaucouleurs wieder auf. Einer der ersten, der sie erkannte, war Jean de Metz, ein Offizier Baudricourts, der seinerzeit, als sie seinem Herrn erklärt hatte, wie Frankreich zu retten wäre, als Zuhörer dabeigewesen war. Er stellte zu seiner Überraschung fest, daß er sich freute, sie wiederzusehen, und ging auf sie zu.

»Na, Herzchen, was machst du denn hier? Mit dem König ist es doch jetzt wohl aus. Und wir, wir sollten uns besser alle darauf vorbereiten, Engländer zu werden, habe ich recht?«

Sie überhörte seinen Sarkasmus.

»Ich bin in diese königstreue Stadt gekommen, um mit Robert de Baudricourt zu sprechen, damit er mich endlich nach Chinon zum König bringt. Bis Mitte März muß ich bei ihm sein, und wenn ich mir die Hacken ablaufe und auf den Knien ankomme. Kein Mensch auf dieser Welt, kein König und kein Herzog kann das Königreich Frankreich retten außer mir. Ihr könnt mir glauben, daß ich lieber bei meiner Mutter sitzen und spinnen würde, denn eigentlich habe ich hier nichts verloren. Aber ich muß los, weil mein Herr es so will.«

»Und wer ist das, dein ›Herr‹?«

»Gott.«

Jean de Metz berichtete Baudricourt von dem Gespräch, und daß sie sich diesmal in Vaucouleurs einquartiert hatte, bei einem Schmied namens Le Royer. »Die nächste Belagerung«, stöhnte Baudricourt. Tatsächlich, sie ließ nicht locker. Belästigte die Wachen, trieb sich im Schloßhof herum, löcherte das Personal mit ihren Fragen nach Herrn Baudricourt. Der dachte

nicht daran, sie zu empfangen, aber er mußte zur Kenntnis nehmen, daß sich die Atmosphäre in der Stadt seit ihrem letzten Besuch geändert hatte. Orléans war immer noch eingeschlossen, seit drei Monaten nun schon, und der französische König hatte, von Durchhalteappellen abgesehen, nicht das geringste unternommen, der bedrängten Stadt zu helfen. Die Stimmung in Vaucouleurs schwankte zwischen Resignation und Verzweiflung. Und dieses Luder schlug Kapital daraus und erzählte überall herum, daß sie persönlich, natürlich im Auftrag Gottes, Orléans befreien und den König durch eine ordentliche Krönung in Reims überhaupt erst zum König machen wolle – was, zugegeben, grundsätzlich kein schlechter Einfall war bei einem, der sich bis jetzt damit begnügt hatte, sich selbst zum König auszurufen –, daß sie kurzum einen Feind vertreiben werde, dem alle Feldherren Frankreichs macht- und ratlos gegenüberstanden – wenn man ihr nur endlich die Mittel für einen Ritt an den Hof nach Chinon bereitstellen würde. Und die Leute brachen nicht in schallendes Gelächter aus, sondern hörten ihr aufmerksam und irgendwie erleichtert zu! Royers Schmiede war schon zum Wallfahrtsort der Gutgläubigen und Einfältigen geworden. Wenn das so weiterginge, brächte sie es, in Vaucouleurs zumindest, zur Frau des Jahres 1429. Baudricourt ließ sie rufen.
Da war es wieder: das rote Kleid, das lange dunkelbraune Haar, der Stallgeruch – diesmal bereichert um den Duft versengter Pferdehufe – und diese Seelenruhe, die einen so nervös machen konnte. Was sie von ihm wolle? Pferde und Mannschaft, denn bis Mitte März spätestens müsse sie beim König in Chinon sein, der bis dahin in der Sache Orléans von jedem Rettungsversuch absehen und jede Eigenmächtigkeit unterlassen solle. Die einzige Hilfe, die es für ihn und Frankreich gebe, bringe allein sie. Das Königreich Frankreich gehöre im übrigen nicht dem König, der in ihren Augen ohnehin nur der Dauphin sei, sondern ihrem Herrn, dem König des Himmels. Und der wiederum wünsche,

daß der Dauphin in Reims gekrönt werde. Wegen der Feinde brauche sich niemand Sorgen zu machen, die könnten diese Krönung nicht verhindern, zumal sie selbst den Dauphin nach Reims zu führen gedenke.
Baudricourt machte sie darauf aufmerksam, daß ihr Himmelskönig heute wahrscheinlich englisch mit ihr sprechen würde, wenn Vaucouleurs im Sommer kapituliert hätte. Aber sie ließ sich nicht irritieren.
»Vaucouleurs hat nicht kapituliert. Glaubt nicht, daß mir bei diesem Auftrag wohl ist – ich weiß, daß ich nur ein einfaches Mädchen bin. Ich kann nicht reiten, und kriegführen schon gar nicht. Aber meine Stimmen lassen mir keine Wahl, und der Erzengel Michael hat mich ausdrücklich an Euch verwiesen, Herr Baudricourt.«
»Du hörst Stimmen?«
Sie schwieg. Welchen Plan sie sich für die Befreiung von Orléans ausgedacht habe? Sie werde mit dem König und sonst niemandem darüber sprechen. Jean de Metz brachte sie hinaus.
Baudricourt war überzeugter denn je, es mit einem Menschen zu tun zu haben, der nicht wußte, was er sagte. Ein liebes Mädchen vielleicht, aber durchgedreht. Was man ihr in keiner Weise ansah. Der Gedanke, sich die Kleine für eine der nächsten Nächte zu reservieren, war ihm gar nicht gekommen. Irgend etwas stimmte mit der nicht. Seinen Offizieren Bertrand de Poulengy und Jean de Metz, der ohnehin schon zu den Zaungästen in der Schmiede zu gehören schien, erteilte er den Auftrag, sie im Auge zu behalten und Nachforschungen über sie anzustellen: Wo kommt sie her, was hat sie bisher gemacht, wie denken die Leute über sie, was hat es mit diesen Stimmen auf sich?
Folgendes brachten die beiden in Erfahrung: Sie hieß Jeanne Darc, war etwa 17 Jahre alt und kam aus dem Dörfchen Domrémy, wo ihre Eltern ein Haus direkt neben der Kirche besaßen, am linken Ufer also, am französischen. Sie hatte drei Brüder und eine Schwester. Ihre Mutter Isabel trug den Beinamen

Rommée, womit wohl auf ihre Pilgerfreudigkeit angespielt wurde. Ihr Vater war Jacques Darc, Bauer und zweiter Bürgermeister von Domrémy, nicht arm und erst recht nicht reich.
»Kenne ich«, unterbrach Baudricourt, »ist vorletztes Jahr wegen irgendeiner juristischen Frage als Vertreter der Bürgerschaft bei mir gewesen. Ruhiger Typ.«
Niemand wußte von irgendwelchen extravaganten Ambitionen seiner Tochter. Jeanne versprach eine gute Hausfrau zu werden. Sie half ihrer Mutter im Haushalt, kochte gut, war geschickt in der Handhabung des Spinnrockens, hütete gelegentlich das Vieh und half ihrem Vater sogar beim Pflügen.
»Daher ihr Körperbau«, unterbrach Baudricourt.
Der Pfarrer schwärmte von ihr. Sie verpaßte keine Messe, beichtete bei jeder Gelegenheit, und wenn sie auf den Feldern war, ließ sie alles stehen und liegen, sobald zur Messe geläutet wurde. Sie konnte allerdings außer sich geraten, wenn der Küster mal zu läuten vergaß – ja, sie versuchte den alten Mann sogar auf Trab zu bringen, indem sie ihm kleine Geschenke für pünktliches Läuten versprach. Einige waren der Meinung, sie übertreibe; sie schien im Dorf ihrer Frömmigkeit wegen gehänselt zu werden, war aber unbeirrbar. Keiner vergaß, ihre Gutherzigkeit zu erwähnen: Sie kümmere sich um Kranke und lasse durchziehende Bettler sogar gelegentlich in ihrem Bett schlafen.
»Sie legt sich nicht zufällig aus lauter Mildtätigkeit dazu?« unterbrach Baudricourt.
Es hieß, sie verbringe die Nacht dann in der Küche auf dem Fußboden. Einige im Dorf glaubten zu wissen, daß sie ein Keuschheitsgelübde abgelegt habe – vor ein paar Monaten sei das herausgekommen, bei einer Gerichtsverhandlung in Toul. Ihr Verlobter hatte sie wegen Bruchs des Ehegelöbnisses angezeigt. Jeanne habe weder von dieser noch von irgendeiner anderen Ehe wissen wollen und tausend Eide geschworen, niemals ein solches Gelöbnis abgelegt zu haben. Offensichtlich steckten

ihre Eltern dahinter, die sie partout unter die Haube bringen wollten. Jeanne hatte jedoch lieber eine Gerichtsverhandlung in Kauf genommen, als sich dem Willen ihrer Eltern zu beugen. Überhaupt schien es zwischen Vater und Tochter zu knistern. In Domrémy erzählte man sich, ihr Vater habe schon damit gedroht, seine Tochter in der Maas zu ersäufen, falls sie auf die Idee käme, sich mit Soldaten herumzutreiben. Möglich, daß sie sich bisweilen an den Massenschlägereien zwischen den Jugendlichen der beiden verfeindeten Ufer beteiligt hatte. Stark genug war sie, und ihr Haß auf Burgunder stand außer Zweifel. Vater und Tochter hatten jedenfalls in letzter Zeit kaum noch miteinander gesprochen.

»Ahnt der Mann, wo sie sich im Augenblick herumtreibt?« fragte Baudricourt.

Offenbar nicht. Jeanne hatte ihre ganze Familie hinters Licht geführt. Daheim glaubten sie, Jeanne helfe vorübergehend im Haushalt von Durant Laxart aus, diesem Onkel, der sie begleitet hatte. Laxart war in Burey-le-Petit zu Hause, einem Weiler gleich vor den Toren von Vaucouleurs, und seine Frau hatte kürzlich ein Kind bekommen. Blöd war sie also nicht – Burey war weit genug von Domrémy entfernt und nah genug an Vaucouleurs, um mit Laxart in ständigem Kontakt bleiben zu können. Laxart und die Kleine steckten nämlich unter einer Decke, seit sie ihm mit dieser sattsam bekannten Weissagung gekommen war: Frankreich sei durch eine Frau verspielt worden und würde durch eine Jungfrau zurückgewonnen. Den letzten Teil münzte sie auf sich! Und nicht nur Laxart, dieses schlichte Gemüt, hatte ihr das abgekauft, sondern auch die gute Catherine Le Royer, ihre Wirtin hier in Vaucouleurs. Welche im übrigen äußerst angetan von ihr war – Jeanne sei so freundlich und so fleißig und so unkompliziert.

»Unkompliziert? Und die Stimmen?« fragte Baudricourt.

Fehlanzeige. Nicht einmal dem Pfarrer von Domrémy war etwas dazu eingefallen – den wunderte höchstens, weshalb ein

Mensch von derartig vorbildlichem Lebenswandel wie Jeanne laufend zur Beichte kam. Allenfalls mochten die Stimmen mit einem Baum zusammenhängen, den sie in Domrémy als Feenbaum verehrten: eine große Buche von ebenmäßigem Wuchs, etwas außerhalb des Ortes, mit langen, herabhängenden Ästen – in alten Zeiten der Tanzplatz von Frauen und Zauberinnen, wie es hieß. In Domrémy feierten sie dort den Frühlingsanfang, und Jeanne soll immer fleißig mitgetanzt und mitgesungen haben. Aber es dürfte sich dabei um die unschuldigen Freuden des Landlebens gehandelt haben; jedenfalls gab es keinen, der Jeanne jemals allein in der Nähe dieses Baums beobachtet hatte.

»Mit anderen Worten«, resümierte Baudricourt, »sie hat das Zeug zu einer ganz normalen Hausfrau, zu einer ganz normalen Heiligen und zu einer ganz normalen Betrügerin. Und so eine soll ich nach Chinon schicken?«

Während Baudricourt noch mit sich kämpfte, beschloß Jeanne, nicht weiter auf ihn zu setzen. Vaucouleurs sollte für sie zum Sprungbrett nach Chinon werden, nicht zur Endstation. Sie hielt dieses Warten nicht länger aus, sie mußte zum König, sie hatte Termine – die Zeit vergehe ihr so langsam wie einer Frau, die schwanger ist, bemerkte sie gegenüber Catherine Le Royer. Aber auf wen konnte sie bis jetzt sicher zählen? Auf Laxart, und auf dessen Freund Alain. Auf Jean de Metz auch? Der arme Kerl war in sie verliebt, das war ihr nicht entgangen, und bei einem seiner letzten Besuche hatte er eine feierliche Stimmung an den Tag gelegt, ihre Hand ergriffen und versprochen, sie nach Chinon zu begleiten. Daß es ihm ernst damit war, hatte sie an seiner Frage gemerkt, ob sie diese Reise wirklich in ihrem roten Kleid machen wolle. Natürlich nicht, hatte sie geantwortet. Am nächsten Tag war er mit den abgelegten Kleidern eines seiner Diener wiedergekommen, Hose, Jacke und Mütze; sie hatte sich umgezogen, das lange Haar unter die Mütze gesteckt, und alle hatten gefunden, daß sie in Männerkleidung eine ziemlich gute Figur mache, Catherine und auch ihr Mann und vor allem Jean de Metz. Da sie sich nun aber entschlossen hatte, Vaucouleurs ohne Baudricourts Segen zu verlassen, sollte Jean besser nicht eingeweiht werden.

Laxart und Alain waren bereit, mitzumachen – obwohl keiner von beiden wußte, wo dieses Chinon lag, und Laxart obendrein eine Frau zurückließ, die sich soeben von einer Geburt erholte. Auf dem Pferdemarkt investierten sie in das Unternehmen ›Chinon‹ 12 Francs und kauften ein Pferd für Jeanne und brachen am nächsten Tag in aller Frühe auf.

Sie hatte noch nie im Sattel gesessen. Aber sie fühlte sich in den Männerkleidern wohl, und solange die Pferde im Schritt liefen, kam sie mit. Sie ritten nach Westen, durch hügeliges Gelände, querfeldein durch kahlen Winterwald – die Hauptstraße wäre zu gefährlich gewesen –, bis sie die Kapelle von Saint-Nicolas-de-Septfons erreichten. Der heilige Nikolaus war der Schutzpatron der Reisenden, und Jeanne hielt es für ratsam, sich zu Beginn einer derart miserabel vorbereiteten Reise unter seinen Schutz zu stellen. Sie kniete in der Kapelle nieder, um zu beten.

Da wurde es neben ihr hell, heller als der Wintertag draußen vor dem kleinen Fenster der Kapelle war, und aus dem Licht traten zwei Frauen mit glänzenden Kronen auf den Köpfen: die heilige Katharina und die heilige Margarete. Jetzt redeten beide auf sie ein, in klarem, leichtverständlichem Französisch. Jeanne verharrte in ihrer Stellung, sie kannte das schon, sie hatte beinahe damit gerechnet. Seit vier Jahren ging das nun so, seitdem sie dreizehn war, seit jenem schrecklichen Jahr, in dem die Soldaten Domrémy überfallen und geplündert hatten. Damals betete sie zur Mittagszeit im Garten ihres Vaters, als sie auf einmal ein Licht wahrnahm, rechts neben sich, dort, wo die verrußte Ruine der gebrandschatzten Kirche aufragte. Fast wäre sie vor Angst gestorben, zumal undeutlich eine Stimme aus der Richtung des Lichts zu vernehmen war. Nach einer Weile verschwand das

Licht, verstummte die Stimme, aber Tage später war es plötzlich wieder da, und jetzt erkannte sie im Mittelpunkt der Strahlen eine Gestalt, den Erzengel Michael, den Anführer der himmlischen Heerscharen, der mit ihr sprach, aber sie verstand immer noch nichts. Mit der Zeit jedoch lernte sie zu verstehen, denn die Erscheinungen wiederholten sich in immer kürzeren Abständen; und inzwischen verging kaum noch ein Tag, ohne daß die heilige Katharina und die heilige Margarete, die den Erzengel schon bald abgelöst hatten, ihr so klar und deutlich gegenüberstanden wie eben noch Alain und Laxart. Sie genoß diese Augenblicke in der Gesellschaft der Heiligen, und sie brach oft in Tränen aus, wenn sie sich wieder zurückzogen; aber so tröstlich, so beglückend diese Begegnungen waren – was diese Boten des Himmels von ihr verlangten, war furchtbar: Rette Frankreich, befreie Orléans, geh zum König, verlasse dein Dorf an den Ufern der Maas – aber ohne daß es dein Vater merkt. Monatelang hatten die beiden Heiligen ihr damit in den Ohren gelegen, bevor sie tatsächlich nach Vaucouleurs aufgebrochen war. Seither erhielt sie genauere Ratschläge, Anweisungen oder Ermahnungen – und wie es in Anbetracht ihres himmlischen Ursprungs nicht anders zu erwarten stand, waren sie immer hilfreich und vernünftig.

Jeanne verließ die Kapelle, schwang sich aufs Pferd, rief ihren beiden Begleitern zu, es sei keine gute Idee von ihr gewesen, derart unvorbereitet Hals über Kopf aufzubrechen, und kehrte nach Vaucouleurs zurück. Reiten, das wußte sie jetzt, würde sie bald können.

Sie bezog wieder ihre Kammer bei den Royers, sie versuchte wieder, Kontakt mit Baudricourt aufzunehmen. Er war der einzige gewesen, demgegenüber sie ihre Stimmen bisher erwähnt hatte, nicht einmal ihr Pfarrer in Domrémy wußte davon. Wahrscheinlich hatte sie ihren Worten damit Nachdruck verleihen wollen, aber Baudricourts Mißtrauen hatte sie so nicht zerstreut. Ihren ersten Versuch mitgerechnet, bemühte sie

sich jetzt seit einem dreiviertel Jahr, den Auftrag ihrer Stimmen auszuführen, und sie konnte sich nicht verhehlen, daß sie in dieser Zeit keinen entscheidenden Schritt weiter gekommen war.
Da geschah etwas Merkwürdiges, Unbegreifliches: Ein berittener Bote des Herzogs von Luxemburg erschien in der Schmiede und fragte, indem er sich mühsam gegen das Knallen der Hämmer und Fauchen der Blasebälge verständlich machte, nach Jeanne. Dann teilte er ihr in seinem geschwollenen höfischen Jargon den Wunsch des Herzogs mit, sie möge ihn, Herzog Karl II. von Luxemburg, in seiner Hauptstadt Nancy besuchen, händigte ihr einen Geleitbrief aus und ging. Baudricourt ließ sich nicht blicken – aber wer sonst sollte dahinterstecken? Woher kannte sie der Herzog von Luxemburg, der nicht nur am linken Maasufer den denkbar schlechtesten Ruf eines Raubritters und Wüstlings genoß? Daß er seine legitime Ehefrau verstoßen und mit seiner Mätresse fünf Bastarde gezeugt hatte, das hatten in Neufchâteau, wo sie während der Belagerung im Sommer Zuflucht gefunden hatte, die Spatzen von den Dächern gepfiffen. Obendrein stand Karl II. auf Seiten der Burgunder. Was sollte sie in Nancy, was wollte der Herzog von ihr? Andererseits: Ihrem vorläufigen Ziel, auf sich aufmerksam zu machen, war sie offenbar schon näher gekommen als sie ahnte – ganz umsonst war ihr Kampf, sich Gehör zu verschaffen, also nicht gewesen. Und dann war diese unbekannte Welt, in die ihr Name schon Eingang gefunden hatte, jene Welt, in der sie sich früher oder später selbst bewegen müßte – es wäre kein Fehler, sich beizeiten mit ihr vertraut zu machen. Eine unerwartete Wendung war jedenfalls eine Wendung, mithin genau das, was sie sich seit Monaten erhoffte. Also brach sie auf.
Ihre beiden Paladine Laxart und Alain begleiteten sie wieder, und diesmal auch Jean de Metz, der sich irgendeinen Auftrag in Toul zugeschanzt hatte, so daß er wenigstens für die Hälfte des Wegs in ihrer Nähe sein konnte. Nancy war eine große Stadt.

Sie kannte Neufchâteau, sie kannte Vaucouleurs, sie kannte Toul. Aber Nancy war etwas anderes. Vielleicht war Chinon ähnlich schön und ähnlich groß wie Nancy, vielleicht noch schöner und größer. So jedenfalls sah die große Welt aus, so ein richtiges Schloß, so das Empfangszimmer eines Herzogs.

Der Herzog war noch keine vierzig, aber eine heimtückische Krankheit hatte seine Lebenskräfte erschöpft. Er mag erstaunt gewesen sein, eine Frau in Männerkleidern zu sehen, aber wahrscheinlich hatte man ihn darauf vorbereitet, jedenfalls ging er mit keinem Wort darauf ein. Das einzige Thema, das ihn interessierte, war seine Krankheit.

»Werde ich wieder gesund werden?«

Er schien sie für eine Hellseherin oder Wundertäterin zu halten. Jeanne wollte ihm nichts vormachen. Außerdem war sie entschlossen, den Herzog über den Unterschied zwischen einer beliebigen Seherin und ihr keine Sekunde lang im Unklaren zu lassen.

»Das weiß ich nicht. Aber wenn Ihr Eure rechtmäßige Frau weiterhin so schlecht behandelt wie bisher, werdet ihr Euch von dieser Krankheit mit Sicherheit nicht mehr erholen.«

Der Herzog ließ diese unerhörte Maßregelung stumm über sich ergehen. Jeanne wechselte das Thema. Sie bat ihn um eine Eskorte für eine Reise nach Chinon. Der Herzog hörte nicht hin. Er wollte mit einer Frau nicht über Politik reden, ihn beschäftigte im Augenblick seine Krankheit, sonst nichts. Zum Schluß versprach Jeanne, für seine Genesung zu beten, nicht ohne ihn noch einmal darauf hinzuweisen, daß Gebete zwecklos sind, solange jemand an seinem verwerflichen Lebenswandel festhält. Der Herzog entließ sie mit einer müden Handbewegung und vier Goldfranken als Entschädigung für ihre Mühen.

Sie hatte für den Herzog nichts tun können, und dennoch durfte sie diesen Abstecher nach Nancy als großen Erfolg werten: Sie war um vier Goldfranken reicher – und um die Erfahrung, daß Bauernmädchen sich selbst höchsten Herren gegenüber einiges erlauben durften, wenn sie den Ruf hatten, mit überirdischen Mächten im Bunde zu sein. Wie sie bei Herzog Karl in diesen Ruf geraten war, das allerdings konnte sie sich immer noch nicht erklären.

Mit dem Reiten klappte es zusehends besser.

Auf geheimnisvolle Weise brachte die Reise nach Nancy den Stein ins Rollen. Jeder Tag lieferte neue Beweise dafür, daß sie bei der Bevölkerung von Vaucouleurs populär war – nicht nur ihre Ankündigung einer Rettung Frankreichs in letzter Minute, sondern auch sie selbst, das Mädchen Jeanne Darc. Und kurz nach ihrer Rückkehr ließ sich sogar Baudricourt persönlich in der Schmiede sehen. Hinter ihm trat der Pfarrer von Saint-Laurant ein, Hochwürden Fourier. Baudricourt bat darum, das Hämmern für einen Augenblick einzustellen, ließ Jeanne rufen und verzog sich mit ihr und Fourier in den Hinterhof. Hier waren sie unter sich. Baudricourt erklärte ihr etwas unwirsch, es folge jetzt eine Beschwörung, ein Gottesurteil oder wie immer sie es nennen wolle, egal, sie möge sich in der Mitte des Hofs aufstellen und alles weitere sei nun Sache des Pfarrers. Dieser legte seine Stola an, baute sich in einiger Entfernung Jeanne gegenüber auf, hob die Hände zum Himmel und rief mit vibrierender Stimme:

»Bist du mit dem Teufel im Bund, so weiche zurück! Bist du aber von einem guten Geist beseelt, so tritt näher!«

Jeanne hatte in ihrem Leben etwas so Albernes noch nicht erlebt. Aber offenbar war es Baudricourt ernst. Sie ging in die Knie und rutschte auf den zur Statue erstarrten Fourier zu. Bei ihm angekommen, wartete sie einen Augenblick, richtete sich dann auf und sagte:

»Das war keine gute Idee, Hochwürden. Ihr müßtet doch am besten wissen, daß ich eine gute Christin bin, ich beichte doch fast täglich bei Euch.«

Der Pfarrer schwieg, Baudricourt erklärte im Gehen, die Diener des Teufels und die Kinder des Lichts seien oft schwer auseinan-

Das Frankreichtor in Vaucouleurs. (Uwe Anhäuser, Bundenbach)

derzuhalten, und fort waren sie. Jeanne lief sofort zu Catherine Le Royer. Beide mußten sie lachen.
Als nächster erschien Jean de Metz, um Jeanne zu Baudricourt zu bringen. Der saß derweil in seinem Zimmer und kämpfte immer noch mit sich. Mit dem Teufel im Bunde war sie also nicht. Leider hieß das nicht viel. Wenn er sie nach Chinon schickte, würden sie am Hof die Sache erst einmal mit seinem Namen in Verbindung bringen. ›Diese übergeschnappte Schäferin hat Baudricourt uns geschickt‹. Er kannte den Hof, er wußte, wie es da zuging. Aber wenn er sie trotzdem schickte, was konnte bestenfalls dabei herauskommen? Vielleicht schaffte sie es, als Stimme des Volkes den König aus seiner Lethargie zu wecken, aufzurütteln, ihn dazu zu bewegen, einen letzten Versuch zu machen, Orléans zu befreien. Viel mehr war wohl nicht drin. Andererseits – was sie sich in den Kopf gesetzt hatte, das setzte sie durch, weiß Gott. Sie mußte ja nicht gleich alle Engländer vertreiben. Aber möglicherweise verschaffte sie

sich mit ihrer Hartnäckigkeit bei dem einen oder anderen am Hof Gehör. Gehör für was? Das wollte er lieber nicht so genau wissen. Die Unterstützung der kleinen Leute jedenfalls dürfte ihr sicher sein – die waren in Chinon aus demselben leichtentflammbaren Holz wie hier in Vaucouleurs.

Seine letzte Unterredung mit Jeanne war noch kürzer als die vorangegangenen.

»Wann möchtest du los?«

»Lieber heute als morgen, und lieber morgen als übermorgen.«

»Gib mir sechs Tage Zeit.«

Baudricourt organisierte Jeannes Reise nach Chinon mit der üblichen Gründlichkeit und Umsicht. Er schrieb einen Brief an die königliche Kanzlei, in dem er sich wohlwollend über sie äußerte und gleichzeitig so zurückhaltend, daß sein Schreiben nicht als eindeutige Empfehlung verstanden werden mußte. Dann bestimmte er sechs Mann zu ihrer Eskorte, alles gute, kriegserfahrene Leute, darunter Bertrand de Poulengy, Jean de Metz und Colet de Vienne, den Boten des Königs, der mit den Schleichwegen vertraut war. Und schließlich besorgte er ihr ein neues Pferd, das seine 16 Francs eher wert war als ihr altes seine 12.

Die Aufregung in der Stadt steigerte sich von Tag zu Tag. Die Bürgerschaft sammelte Geld und ließ neue Kleider für sie anfertigen – Männerkleider, maßgeschneidert: eine anthrazitgraue Weste, eine Hose aus weichem braunen Leder und einen schwarzen Umhang, der wie eine Kapuze auf dem Kopf saß und lang über die Schultern fiel, aber auch ganz um den Kopf gewickelt getragen werden konnte.

Noch aber war sie kein Mann – und einem Mann so ähnlich wie möglich zu werden war ihr ausdrücklicher Wunsch. Catherine Le Royer drückte ihr einen Topf auf den Kopf und schnitt alles, was an Haaren darunter hervorschaute, ab. Dann rasierte sie Schläfen und Nacken aus. Das Ergebnis war eine Art Pilzkopf-

frisur, wie alle Männer sie trugen. Der Busen – nun ja. Unter einem eisernen Brustpanzer wäre er besser versteckt gewesen. Aber der kam vielleicht noch.
Der Tag des Aufbruchs war der 13. Februar 1429. Ganz Vaucouleurs war auf den Beinen. Ein heilloses Gedränge herrschte am Frankreichtor, dem Stadttor nach Westen. Mitten dazwischen Jeanne, ihre Begleiter, Baudricourt. Der machte es feierlich und ließ seine Leute vor aller Ohren schwören, Jeanne gut und sicher nach Chinon zu geleiten. Jubel. Die Pferde wurden vorgeführt, Jeanne saß auf, ihre Begleiter ebenfalls. Baudricourt drängte sich zu Jeanne durch und überreichte ihr ein Schwert. Ein Schwert, das Zeichen der Ritterwürde! Mit allem hatte sie gerechnet – nicht damit. Sie würde sich unter Umständen zu verteidigen haben, aber sie würde vor allem angreifen müssen. Sie nahm dieses Geschenk nach kurzem Zögern an.
Als letztes hörte sie Baudricourt sagen: »Geh, geh, und komme, was kommen mag. Los jetzt!« Sie ritt den anderen hinterher. Baudricourt schien immer noch nicht restlos überzeugt. Egal. Für sie war Vaucouleurs schon in weite Ferne gerückt. Und Chinon in greifbare Nähe.

ZWISCHENSTÜCK

Der Hundertjährige Krieg

So oder ganz ähnlich hat sich der erste Akt des Dramas der Jeanne d'Arc abgespielt, diese oder ganz ähnliche Worte sind zwischen ihr und Baudricourt und den anderen gewechselt worden. Man weiß darüber heute ziemlich gut Bescheid, denn in den letzten 570 Jahren sind rund 15 000 Abhandlungen, Romane, Artikel, Gedichte, Dramen und Studien über ihr Leben veröffentlicht worden – Jeanne d'Arc ist nicht nur die faszinierendste, sondern auch die am besten dokumentierte und am gründlichsten erforschte Persönlichkeit des 15. Jahrhunderts. Die aussagekräftigsten Quellen, aus denen sich unsere Kenntnis ihres Lebens und ihrer Vorstellungswelt speist, sind Gerichtsakten: die Protokolle ihrer Aussagen im Verlauf ihres Verdammungsprozesses und wortwörtlich festgehaltene Aussagen der Zeugen, die anläßlich des Rehabilitierungsprozesses 25 Jahre später über sie befragt wurden. Sogar von der Kindheit und Jugend dieses Bauernmädchens weiß man mehr als von der vieler historischer Persönlichkeiten von höherer Geburt. Sie selbst hat ihren Richtern mehr oder weniger detailliert Auskunft über zahlreiche Aspekte ihres öffentlichen und privaten Lebens gegeben, geben müssen, und zur Zeit des Rehabilitierungsprozesses lebte noch eine ganze Reihe derjenigen, die sie von früher Kindheit an gekannt hatten.

Wer ihre vollständige Lebensgeschichte wiedergeben will, ist dennoch an manchen Stellen auf Vermutungen und Schätzungen angewiesen, und wer sie in romanhafter Form zusammenhängend erzählen will, muß gelegentlich seine Phantasie zu Hilfe nehmen. Das ist bei diesem Buch nicht anders. Erklärungen für die verblüffenden oder mysteriösen Ereignisse, die ihren Auftritt auf der vom Krieg verwüsteten Bühne Frankreichs begleiten, haben viele versucht. Schon Baudricourt – wie später ihre Richter – stand vor der unlösbaren Aufgabe, sich zwischen Gott und dem Teufel als Antriebskraft der Jeanne d'Arc entscheiden zu müssen. Uns Heutige beschäftigt diese Frage nicht mehr, wohl aber zahllose andere, die ihre geradezu magische Wirkung betreffen, ihre erstaunlichen Erfolge auf einem Gebiet, das reine Männersache war – und nicht zuletzt ihre Visionen. In diesem Buch wird keine neue Erklärung für ihre Visionen versucht – Erscheinungen wie die der Jeanne d'Arc hatten zu ihrer Zeit viele, in erster Linie Frauen, und sind zu allen Zeiten vorgekommen. Paulus, Luther und Therese von Avila kannten diesen Zustand, und auch in unseren Tagen gibt es Tausende, die Erfahrung mit Visionen haben – nur daß heute keiner über sie spricht, weil Halluzinationen inzwischen nicht mehr als Gnade, sondern als Krankheit angesehen werden. Jeanne d'Arc war eine besonders geniale Visionärin, aber es ist klar, daß auch ihre Stimmen, ihre Erzengel und Heiligen ein Echo ihrer eigenen Wünsche, Befürchtungen und Hoffnungen waren – eine Realität mithin, und deshalb werden sie hier als Realität behandelt.

Ein Wort zu den Namen. Die aristokratisch anmutende Schreibweise d'Arc für den Familiennamen von Jeanne wird erstmals 1576 von einem Dichter aus Orléans verwendet und bürgerte sich erst im 19. Jahrhundert ein. In den zeitgenössischen Urkunden finden sich ganz unterschiedliche Schreibweisen: Dars, Darx, Dart – und am häufigsten Darc. Jeanne selbst hat ihren Familiennamen nie benutzt, sie trat ganz bewußt aus der Tradition und Geschlechterfolge ihrer Familie aus. Den König redete sie bis zu seiner Krönung in Reims hartnäckig als »Dauphin« an, weil sie in ihm lediglich den Thronfolger erblickte, solange er nicht – wie fast alle seiner Vorgänger – in der Kathedrale von Reims die Reichsinsignien und das

Die »Puddingschüsselfrisur« – der typische Männerhaarschnitt zu Beginn des 15. Jahrhunderts. Auch Jeanne d'Arc trug ihr Haar nach dieser Mode. (Henri Bataille, Vaucouleurs)

heilige Salböl empfangen hatte. Die Engländer hießen bei den Franzosen allgemein »Godons«, nach ihrem Lieblingsfluch »God damn me« – ein Spottname, wie ihn Kriegsgegner zu allen Zeiten angehängt bekamen.

Bevor nun die Erzählung ihres Lebens, immer entlang der Forschungsergebnisse und Quellen, wieder aufgenommen wird, soll dieses Frankreich des frühen 15. Jahrhunderts genauer unter die Lupe genommen werden. Der chaotische Zustand dieses Landes und der Grad der Demoralisierung seiner politischen Klasse muß ohne Kenntnis jener geschichtlichen Ereignisse, die dazu geführt haben, völlig unverständlich bleiben. Er ist, zugegeben, allerdings auch in Kenntnis dieser Vorgänge nur mühsam zu begreifen. Dennoch – nur wer die historischen Hintergründe kennt, der ahnt, worauf sich Jeanne d'Arc einließ, als sie sich daran machte, den Auftrag ihrer Stimmen auszuführen.

Man muß ziemlich tief graben, um die Wurzeln dieses Konflikts freizulegen. 1066 wird England von einem Franzosen erobert, dem Herzog der Normandie, der fortan »Wilhelm der Eroberer« heißt. In der Folgezeit verstehen sich englische und französische Herrscher bestens, man spricht dieselbe Sprache – Französisch –, man fühlt sich als Verwandte, man nimmt gemeinsam an Kreuzzügen teil. Da taucht 1154 das erste Problem auf: Der Franzose Heinrich Plantagenet aus der Grafschaft Anjou wird König von England – an und für sich noch nichts Beunruhigendes. Aber als Ehemann der Eleonore von Aquitanien ist Heinrich gleichzeitig Herzog der großen und reichen Landschaft Aquitanien an der Südküste Frankreichs mit der Hauptstadt Bordeaux. Als König ist er nun zwar sein eigener Herr, als Herzog aber bleibt er Vasall des französischen Königs.

Vasallen regieren als Stellvertreter des Königs große Teile Frankreichs – Länder, die nach dem Gesetz nicht ihnen gehören. Aber je mächtiger ein Vasall, desto eher neigt er dazu, sich im politischen Alltag dennoch als Hausherr aufzuführen. Und Heinrich Plantagenet, der Herzog von Aquitanien, ist als englischer König nicht nur sehr mächtig, er ist vor allem auch König – und weist deshalb den Kniefall vor seinem französischen Amtskollegen, auf den dieser Anspruch hat, als unzumutbar zurück. Der König von Frankreich aber muß auf dem Kniefall, mit dem ein Vasall seinen König als seinen Herrn anerkennt, bestehen – will er nicht weitere seiner Vasallen zur Rebellion ermuntern. Keiner von beiden kann von seiner Position abrükken, ohne das Gesicht oder mehr zu verlieren. Ein juristischer Konstruktionsfehler, der früher oder später zum Krieg führen muß.

Aquitanien wird zum Zankapfel zwischen England und Frankreich. Die Franzosen versuchen es mit Verhandlungen, und sie versuchen es mit Gewalt – zunächst, um die Engländer zum Einlenken in der Frage der Huldigung zu bewegen, dann mit dem Ziel, sie aus Aquitanien hinauszuwerfen. Aber die Engländer hängen an ihrer Dependance auf dem Kontinent: Ihre Schiffe brauchen die aquitanischen Häfen von Bordeaux und Bayonne als Zwischenstationen auf dem Weg ins Mittelmeer, und den direkten Zugriff auf die Weinberge rings um Bordeaux möchten die englischen Wollhändler und Barone auch nicht verlieren – England importiert jährlich 800 000 Hektoliter Wein aus Aquitanien. Die Engländer beantworten Gewalt mit Gewalt, und 1337 geht der englische König Edward III. sogar soweit, Anspruch auf die französische Krone zu erheben.

Dieser Anspruch ist nicht einmal aus der Luft gegriffen. Neun Jahre zuvor war der französische König Karl IV. ohne männlichen Erben gestorben. Als Thronfolger kamen unter anderem Philipp von Valois und Edward III. in Frage – der eine, weil er ein Cousin des verstorbenen Königs, der andere, weil er sein Schwager war. Das Parlament entschied sich für Philipp, den Cousin – nicht, weil der dem toten König verwandtschaftlich näher gestanden hätte, sondern weil er, im Unterschied zu Edward, in Frankreich geboren war. Eine Entscheidung, die mehr mit einer Entfremdung zwischen Engländern und Franzosen als mit der Rechtslage zu erklären war.

Möglich, daß sich Edward gar keine ernsthaften Hoffnungen auf die französische Krone macht – wahrscheinlich, daß er am Ende der nun fälligen Partie nur mit der vollen Souveränität über Aquitanien im Gepäck abziehen möchte. Aber er hat zu hoch gepokert: Philipp VI. von Frankreich besetzt Aquitanien. Im Gegenzug führt Edward III. von England das schwerste Geschütz auf, das ihm zu Gebote steht, und erklärt sich zum König von Frankreich.

Von nun an geht es bei diesem Familienstreit nicht mehr um das übliche Gerangel um Territorien, von nun an geht es um alles. Der Hundertjährige Krieg, der 116 Jahre lang beide Länder, beide Völker zu erbitterten Gegnern machen wird, hat begonnen.

Es sind ungleiche Gegner. Mit 15 Millionen Einwohnern ist Frankreich das bevölkerungsreichste Land Europas. Sein Klima ist mild, seine Böden sind fruchtbar, seine Landwirtschaft blüht – Frankreich ist wirtschaftlich unabhängig und muß seinen Nachbarn als Land erscheinen, in dem Wein und Milch und Honig fließen. Aber die Größe seines Territoriums erschwert den Aufbau und die Arbeit einer effektiven Verwaltung ebenso wie die schnelle und gezielte Aushebung von Truppen im Kriegsfall. Zudem beeinträchtigt die Abhängigkeit von seinen mächtigen Vasallen die Handlungsfähigkeit des französischen Königs. Dennoch scheint zu Kriegsbeginn die Überlegenheit Frankreichs außer Frage zu stehen, und der französische König, der seit Beginn des 14. Jahrhunderts den Papst in seiner Gewalt hat, ist berechtigt, sich als mächtigster Herrscher des Abendlands zu fühlen.
England mit seinen 4 Millionen Einwohnern ist wirtschaftlich ganz vom Export abhängig. Die Grundlage seines Wohlstands sind riesige Herden geradezu monströser Schafe, deren exquisite Wolle hauptsächlich nach Flandern geht. Im Gegensatz zu Frankreich aber verfügt es über eine hochentwickelte Verwaltung. Und der König genießt die Unterstützung eines mit weitgehenden Rechten ausgestatteten Parlaments, in dem auch die reichen Wollhändler zu Wort kommen, denen an einem großen und sicheren Absatzmarkt für ihre Produkte auf dem Kontinent liegt. Diese Strukturen erleichtern die Eintreibung von Steuern genauso wie die Aushebung von Truppen. In England läßt sich Politik also auf einer sehr viel solideren Basis betreiben als in Frankreich.
Nach den alten Regeln des ritterlichen Kampfes müßte der nun ausbrechende Krieg nach einigen Feldzügen beendet sein. Aber die Engländer denken nicht daran, sich an die alten Regeln des ritterlichen Kampfes zu halten.
Im Vorhafen der flandrischen Stadt Brügge schießen sie zunächst die bewegungsunfähige französische Kriegsflotte zu-

sammen, von 200 Schiffen entkommen nur 40. Damit besitzt England die absolute Hoheit über die Küstengewässer – von nun an können englische Schiffe landen, wo sie wollen.
Als nächstes geht der englische König Edward III. mit seinen Truppen in der Normandie an Land. Das französische Heer mit Philipp VI. an der Spitze eilt ihm in Gewaltmärschen entgegen. Am 26. August 1346 treffen beide Armeen in der Nähe des nordfranzösischen Städtchens Crécy aufeinander.
Die englischen Truppen haben sich, in minutiös ausgeklügelter Formation, auf einem Hügel über der Somme aufgestellt. Die Armee des französischen Königs, von einem tagelangen Gewaltmarsch erschöpft, rückt in denkbar größter Unordnung an. Die ersten Truppenteile erreichen die englischen Stellungen am späten Nachmittag. Niemand gibt das Zeichen zum Anhalten. Der französische König sieht sich außerstande, den Vormarsch seiner Armee zu stoppen. Immerhin schafft es die Vorhut, ein Kontingent von 2000 deutschen Armbrustschützen, in Angriffsposition zu gehen. Da setzt ein Platzregen ein, der den Boden in Morast verwandelt. Kaum ist der Regen vorbei, bricht die Sonne wieder durch – die Franzosen sind geblendet. In diesem Augenblick machen die englischen Langbogenschützen auf ihrem Hügel einen Schritt nach vorn und schießen ihre Pfeile ab – tausende, die mit vernichtender Wucht und mit dem Lärm eines heranrasenden Donners, dicht an dicht, auf die Armbrustschützen niederprasseln. In panischer Flucht versuchen diese, sich in Sicherheit zu bringen – und laufen der französischen Reiterei in die Arme, welche Befehl vom König hat, Deserteure zu erschlagen. Und während französische Ritter auf Pferden, die halb im Schlamm versinken, dabei sind, ihre eigenen Armbrustschützen zu massakrieren, machen die englischen Langbogenschützen wieder einen Schritt nach vorn.
Bei Sonnenuntergang ist die französische Armee vernichtet – abgeschlachtet von einem Gegner, der seine Stellungen wäh-

rend der ganzen Schlacht nicht ein einziges Mal verlassen hat und selbst so gut wie keine Verluste verzeichnet.

Auf die denkbar grausamste Art macht Frankreich auf dem Schlachtfeld von Crécy Bekanntschaft mit einem Phänomen, das wir heute als Strukturwandel bezeichnen würden – ein tiefgreifender Wandel in den Denkstrukturen, der neue, bisher nie dagewesene Handlungsmöglichkeiten eröffnet. Mit einem Wort: Die Engländer sind moderner als ihre Gegenspieler.

Die französische Armee besteht, wie seit Jahrhunderten, fast ausschließlich aus Adligen, für die der Krieg Handwerk und Lebensart zugleich bedeutete. Diese Adligen und ihre Gefolgsleute stellen einen Haufen von Individualisten mit begrenztem Engagement dar. So darf ein Feldzug nicht länger als 40 Tage dauern – danach steht es jedem frei, wieder nach Hause zu gehen. Wenn es innerhalb dieser Frist nicht zur – siegreichen – Schlacht gekommen ist, hat ein solcher Feldzug für den französischen König dieselben Folgen wie eine Niederlage. Auf strategische Finessen muß in den meisten Fällen aus Zeitnot verzichtet werden.

Die englische Armee dagegen besteht aus Männern jeder beliebigen Herkunft. Sie werden für eine bestimmte Summe und für eine bestimmte Zeit angeworben – Berufssoldaten beinahe, denn viele von denen, die in Frankreich kämpfen, sind schon gegen die Schotten zu Felde gezogen. Die englischen Heere sind kleiner als die französischen Vasallenheere, und sie bestehen zum größten Teil aus Fußsoldaten, aber sie sind an Entbehrungen gewöhnt, unterliegen einer rigorosen militärischen Disziplin, sind taktisch geschult und schlagen sich mit einem patriotischen Eifer, der den französischen Adligen nie in den Sinn käme.

Und außerdem verfügen sie über Langbogen, die modernste und schrecklichste Waffe ihrer Zeit – mannshohe Bogen, deren Sehnenspannung relativ schwere Pfeile über eine große Entfernung katapultiert. Langbogenschützen stellen sich in großen Schlachthaufen auf und schießen Tausende von Pfeilen in hohem Bogen gleichzeitig ab. Die Durchschlagskraft dieser Salven ist verheerend, ganz abgesehen von der psychologischen Wirkung des blitzartig anschwellenden Lärms, den eine solche Wolke heranjagender Pfeile erzeugt. Angesichts dieser Überlegenheit bleibt den Franzosen lange Zeit nicht anderes übrig, als die offene Feldschlacht zu meiden und sich auf Guerillamaßnahmen zu verlegen, an denen sich kleine Söldnerheere beteiligen, die hauptsächlich aus Ausländern bestehen.

Von ihrem Erfolg in Crécy beflügelt, bringen die Engländer in der Folgezeit fast sämtliche Gebiete an der französischen Atlantikküste unter ihre Kontrolle. 1356 fällt ihnen sogar der französische König in die Hände. Sie bringen ihn nach London – eine beispiellose Katastrophe für das Königreich Frankreich. Der Adel – unfähig, seiner ureigensten Aufgabe nachzukommen, die Bevölkerung zu schützen – hat im Volk jeden Kredit verspielt. Söldnerbanden verwüsten das Land, Aufstände brechen aus. Längst haben alle Beteiligten den Überblick verloren – aber langsam dämmert ihnen, in welches Abenteuer sie sich da gestürzt haben.

Mitten im größten Durcheinander wird 1364 Karl V. in Reims zum neuen französischen König gekrönt. Er praktiziert die Guerillatechnik mit Erfolg, greift die Engländer an, wo sie gerade am schwächsten sind, und betreibt eine Politik der verbrannten Erde. Die französischen Heere sind von marodierenden Söldnerhaufen nicht mehr zu unterscheiden, aber sie erobern Aquitanien bis auf kleine Gebiete zurück. Finanzielle Erschöpfung führt 1377 zu einem Waffenstillstand – Gier und Ehrgeiz der Adligen haben die Möglichkeiten ihrer Länder bei weitem überstiegen. Beide sind ausgeblutet, und Frankreich ist außerdem weitgehend verwüstet.

Ein langer Waffenstillstand folgt, der wie Frieden aussieht, aber nichts als ein Erschöpfungszustand ist. Zaghafte Annähe-

rungsversuche beider Parteien finden ein plötzliches Ende: Der französische König, inzwischen Karl VI., wird verrückt, stürzt sich aus heiterem Himmel mit dem Schwert auf seine eigenen Leute und tötet vier. Dann fängt er bei einem Hoffest kurze Zeit später auch noch Feuer, und von nun an mehren sich bei ihm die Anzeichen von Schizophrenie: Er spricht nicht mehr, ißt nicht mehr, wäscht sich nicht mehr und schlägt nach jedem, über den er sich ärgert, mit dem Schwert. Dieser Mann ist der Vater jenes Dauphin, den Jeanne d'Arc in Chinon treffen will.
Und seine Mutter ist Isabella von Bayern, genannt »Königin Venus« – jene Person, auf die das Volk den ersten Teil der populären Prophezeiung bezieht, daß Frankreich durch eine Frau verspielt worden sei und durch eine Jungfrau gerettet werde. Als junge Frau eine Schönheit, ist Isabella inzwischen von grotesker Fettleibigkeit, bewegt sich in einem speziell für ihre Ausmaße angefertigten Rollstuhl und reist in einem eigens für sie konstruierten, möglicherweise schallgeschützten Anti-Donner-Wagen. Sie hat panische Angst vor Gewittern, Brükken und offenen Plätzen, läßt sich aber, nachdem sie ihren umnachteten Gatten 1402 verlassen hat, auf Liebesbeziehungen mit jedem ein, der in dem blutigen Intrigenspiel um die Macht in Frankreich gerade die Oberhand hat.
Da ist zunächst Ludwig von Orléans, der Bruder des längst regierungsunfähigen Königs. Dessen Gegenspieler ist der burgundische Herzog Johann der Furchtlose. Johann wirft Ludwig vor, Steuereinnahmen unterschlagen zu haben, die Burgund zugestanden hätten – und überhaupt ist dieser brillante, hochfahrende, skrupellose Lebemann ihm zuwider. In einer dunklen Nacht des Jahres 1407 wird Ludwig von mehreren Bewaffneten auf dem Heimweg von einem Abendessen mit Isabella in Stücke gehauen. Johann bekennt sich zu dem Mord, Paris jubelt ihm zu, und Isabella ist von nun an mit dem Mörder ihres bisherigen Geliebten liiert. Der Herzog von Burgund regiert Frankreich.

Besser gesagt, die nördliche Hälfte. In Südfrankreich formiert sich der Widerstand gegen den Burgunder, angeführt vom Herzog von Armagnac. Daraufhin ruft Johann die Engländer gegen die Armagnaken, wie die Südfranzosen überall in Europa heißen, zu Hilfe. Die sind nicht abgeneigt, ihre alten Ziele in Frankreich weiterzuverfolgen, und 1415 landet der englische König Heinrich V. mit einem Expeditionsheer wieder in der Normandie. Die Armagnaken schicken ihm eine Armee entgegen, die Burgunder nicht. Bei Azincourt, unweit von Crécy, kommt es zu einer Schlacht, die genauso ausgeht wie die von Crécy 69 Jahre zuvor: Die französischen Ritter halten es für unter ihrer Würde, Kanonen einzusetzen, und die schwere französische Kavallerie hat gegen die englischen Langbogenschützen wieder einmal keine Chance. Am Abend der Schlacht sind 10 000 Ritter tot, der südfranzösische Adel ist nahezu vollständig ausgerottet.

Die Engländer erobern die Normandie. Den Burgundern ist der englische Erfolg auf einmal nicht mehr geheuer; es kommt zu Friedensverhandlungen mit den Armagnaken auf der Brücke von Montereau, die der burgundische Herzog Johann allerdings nicht überlebt: Von einem Keulenschlag niedergestreckt, stirbt er an Ort und Stelle. Damit sind die Fronten geklärt: Burgund schlägt sich endgültig auf die Seite der Engländer, und mit dem Vertrag von Troyes schaffen die Königin Isabella, der neue Herzog von Burgund, Philipp der Gute, und der englische König Heinrich V. 1420 vollendete Tatsachen: Der König von England wird in Zukunft auch der König von Frankreich sein. Die alten Rivalen sind jetzt zu einer Doppelmonarchie vereint, deren sichtbarer Ausdruck eine englisch-französische Hochzeit ist – die Eheschließung zwischen Isabellas Tochter Catherine und Heinrich V.

England wäre jetzt das, was man heute als Weltmacht bezeichnen würde, gäbe es da nicht südlich der Loire, im noch unbesetzten Teil Frankreichs, nach wie vor Widerstand gegen das, was viele inzwischen für unvermeidlich halten. Eher Symbolfigur als Protagonist dieses Widerstands ist ein junger Mann, der die Keckheit besitzt, sich ebenfalls König von Frankreich zu nennen: Karl VII., Sohn des inzwischen verstorbenen wahnsinnigen Karls und der in Troyes mit den Engländern kolaborierenden Isabella und Bruder der frischgebackenen englischen Königin – jener Dauphin, dem – wenn man Jeanne d'Arc trauen darf – seit 1425 die besondere Aufmerksamkeit des Himmels gilt.

So leidenschaftlich wie Jeanne sind allerdings nicht viele davon überzeugt, daß dieser Karl weiterhin eine Rolle in Frankreich spielen sollte. Sicher, in Süd- und Mittelfrankreich genießt er Sympathien, auch in den Städten entlang der Loire. Aber vor allem im Norden verspricht sich mancher von der Vereinigung der seit über 200 Jahren zerstrittenen Reiche endlich Frieden. Die Pariser hassen ihn sogar, weil sie mit der Dynastie der Valois, der Karl angehört, seit langem nichts anderes mehr als Chaos und ständig steigende Steuern verbinden. Tatsächlich hungern die Pariser – die Armen folgen schon den Hundefängern, um sich über deren Beute herzumachen, und Katzen werden nur deshalb nicht verspeist, weil man Ratten noch mehr fürchtet als den Hunger.

Und dann – darf Karl sich überhaupt König nennen? Hat nicht seine eigene Mutter ihn zum Bastard erklärt, zum Zufallsprodukt einer Liebesnacht? Sollte das stimmen – und der Lebenswandel der »Königin Venus« legt diesen Verdacht nahe – wäre der französische Thron mit Karl auf jeden Fall falsch besetzt.

Aber aufgeben will Karl nicht. Aus Paris vertrieben, baut er eine eigene Verwaltung zwischen Bourges und Poitiers auf, durch die träge strömenden Wassermassen der Loire vor einem Überraschungsangriff der Engländer geschützt. Groteskerweise ist sein direkter Gegenspieler jetzt ein Kleinkind, Heinrich VI., der beim Tod seines Vaters 1422 nur wenige Monate alt war. Der Mann allerdings, der anstelle des noch weitgehend vernunftlosen englischen Königs die Regierungsgeschäfte in Frankreich leitet, ist ein ernstzunehmender Gegner: der Herzog von Bedford. Und der beschließt 1428, dem Spuk jenseits des Flusses ein Ende zu machen und der neuen Doppelmonarchie endlich auch noch Südfrankreich einzuverleiben. Um die Loire zu überwinden, müssen die englischen Truppen allerdings zunächst einen Riegel sprengen, das stark befestigte Orléans. Am 12. Oktober 1428 greifen sie die Stadt an. Karl reagiert hilflos – ein Kaninchen vor der Schlange. In der englischen Version des Drehbuchs für den Hundertjährigen Krieg aber steht Orléans bereits für den letzten Akt, für das glorreiche Finale.

II. Akt

Ihr seid es und kein anderer

Colet de Vienne schlug vor, nur nachts zu reiten, solange man sich im besetzten Gebiet befinde. Auf gar keinen Fall durften sie feindlichen Soldaten in die Arme laufen. Von Jean de Metz kam der Vorschlag, die Hufe der Pferde mit Lumpen zu umwickeln. Wie ein Geisterzug bewegten sie sich, dicht aufeinanderfolgend, fast lautlos durch die Dunkelheit. Sie kamen durch verwüstete Landstriche, und zum ersten Mal erlebte Jeanne, was Krieg anrichten konnte. Im fahlen Mondlicht waren manche Felder kaum noch zu erkennen, so hoch wucherte das Unkraut, und von verlassenen Gehöften zeichneten sich schwach die verkohlten Balken der Dachstühle gegen den Nachthimmel ab. Hunde bellten in der Ferne, Hähne schrien, einmal hörten sie Wölfe heulen. Dörfer umgingen sie in weitem Bogen und ruhten sich tagsüber in abgelegenen Scheunen aus. Es regnete oft, tagelang trockneten die Kleider nicht mehr, aber das war nicht einmal das Schlimmste. Das Schlimmste waren die Flüsse, die jetzt, zur Zeit der Schneeschmelze, über die Ufer getreten waren. Colet de Vienne wußte zwar, wo es Furten gab, aber auch dort war die Strömung reißend, und mehr als einmal reichte ihnen das eisige Wasser fast bis zu den Kniekehlen.

Als sie sich Auxerre näherten, bestand Jeanne darauf, eine Messe in der Stadt zu hören. Colet hielt das für Wahnsinn, aber Jeanne setzte sich durch. Sie gaben sich als Kaufleute aus. Und obwohl es in Auxerre von Soldaten wimmelte, gelangten sie ungeschoren – und mit dem Segen des Pfarrers versehen – durchs westliche Stadttor wieder hinaus.

Nicht nur Colet de Vienne atmete auf, als sie Gien erreichten. Die Stadt war königstreu, hier waren sie in Sicherheit. Kaum hatten sie unten an der Loire ein Wirtshaus gefunden und das Frühstück auffahren lassen, schauten die ersten Neugierigen herein. In diesen Zeiten traute sich keiner aus seinem Dorf, es sei denn, er mußte fliehen – und hier waren Leute, die es von Lothringen bis Gien geschafft hatten, obendrein mit einem als Junge verkleideten Mädchen in ihrer Gesellschaft. Jeanne war es recht, daß ihre Ankunft sich herumsprach. In Vaucouleurs hatte sie gelernt, wie wichtig die Unterstützung der einfachen Leute war und wie leicht es ihr fiel, ihre Sympathie zu gewinnen. Sie seien auf dem Weg zum König, erzählte sie jedem, der es wissen wollte, um zuerst Orléans zu befreien und dann den Dauphin zur Krönung nach Reims zu führen. Auch in Gien lachte niemand – wenigstens nicht in ihrer Gegenwart.

Überhaupt wurde Jeanne in den nächsten Tagen immer leutseliger. Auf dem Ritt durch die Wälder der ebenfalls verregneten Sologne verbreitete sie gute Laune und erstickte aufkeimende Zweifel hinsichtlich des Empfangs, den man ihnen in Chinon bereiten würde, mit dem Hinweis darauf, alles sei vorbereitet, ihre Brüdern und Schwestern im Paradies hätten sich längst um diese Dinge gekümmert und hielten sie auf dem laufenden.

Selbst Colet, der das ganze Unternehmen anfangs für eine Schnapsidee Baudricourts gehalten hatte, ließ sich von ihr anstecken. Er teilte zwar nicht die glühende Verehrung für Jeanne, die Jean de Metz und Bertrand de Poulengy erkennen ließen. Aber auch er hatte es inzwischen aufgegeben, sich auf Kraftproben mit ihr einzulassen.
Die Tage waren jetzt, wo sie sich auf französischem Boden bewegten, kein Problem mehr, eher die Nächte. Jean de Metz schlief jede Nacht an ihrer Seite im Heu, aber er schlief schlecht. Vielleicht raubte ihm nur die Sorge um ihre Sicherheit den Schlaf. Wahrscheinlicher war, daß er sich von dieser Reise mehr versprochen hatte. Nicht, daß Jeanne viel ruhiger geschlafen hätte als er, aber eins stand für sie fest: Jean und Jeanne – daraus würde nichts werden, und wenn sie es ihm mit Gewalt beibringen müßte. Sie schlief in ihren feuchten Kleidern, das Wams festverschnürt, das Schwert griffbereit. Würde sie jetzt ihre Jungfräulichkeit einbüßen, könnten sie alle auf der Stelle umkehren. Nicht nur, daß ihre Prophezeiung von der Jungfrau, die Frankreich rettet – bisher immer für ein paar neue Anhänger gut – dann für sie unbrauchbar wäre. Sondern vor allem deshalb, weil Frauen gewöhnliche Menschen waren, und mit gewöhnlichen Menschen ließen sich die himmlischen Mächte nicht ein. Gewöhnliche Frauen ihres Standes gehörten in die Küche oder ins Kindbett. Bestenfalls aufs Feld, aber jedenfalls nicht aufs Schlachtfeld. Für Jungfrauen hingegen gab es keine Grenzen, sie standen über den beengenden Gesetzen des alltäglichen Lebens. Sie konnten Erlöser gebären – oder selber Erlöser werden.
Jeannes Vorsichtsmaßnahmen erwiesen sich jedoch als überflüssig. Wenn er nicht gerade Wache stand, wälzte sich Jean die ganze Reise über nachts neben ihr im Heu, aber er machte nicht ein einziges Mal den Versuch, sie zu berühren oder sich an sie zu schmiegen. Selbst den Gutenachtkuß sparte er sich.
Jeanne versäumte unterwegs keine Gelegenheit, ihr Ziel und

den Zweck ihrer Reise publik zu machen. Was einer wußte, das wußten bald zehn. Gerüchte waren etwas Wunderbares, wenn man sie vor den eigenen Karren zu spannen verstand. Sie waren schnell, und sie waren wirkungsvoll – selbst den berittenen Boten eines Herzogs konnten sie in Bewegung setzen. Warum dann nicht auch die Phantasie eines Königs? Wieviel davon abhing, den wichtigen Leuten schon zu Ohren gekommen zu sein, bevor sie einen zu Gesicht bekamen, das hatte sie in Vaucouleurs gemerkt. Nie wieder wollte sie Zeit damit verschwenden, als Namenlose um Aufmerksamkeit betteln zu müssen. Die Erfahrungen mit Baudricourt reichten ihr.

Nach zehn Tagen im Sattel erreichte die Gruppe Ste.-Catherine-de-Fierbois. Jeanne besuchte hier als erstes die Messe. Sie war spirituell ausgehungert und sehnte sich nach der Kommunion, aber sie war mit ihren Gedanken nicht so bei der Sache wie sonst. Ein sonderbarer, faszinierender Ort, diese Kapelle – Gotteshaus und Waffenkammer in einem! Überall hing Kriegsgerät von den Wänden – eiserne Handschuhe, Helme, Schwerter, auch Ketten –, alles von ehemaligen Kriegsgefangenen zum Dank für ihre Befreiung der heiligen Katherina vermacht. An diesem Tag besuchte sie noch zwei weitere Messen.

Am Abend besprach sie mit ihren beiden engsten Vertrauten Jean de Metz und Betrand de Poulengy ihren Plan, dem König einen Brief zu senden – jetzt, wo man nur noch einen halben Tagesritt von Chinon entfernt sei. Colet könne ihn schreiben und sich gleich am nächsten Morgen damit auf den Weg machen – nach Chinon fänden sie auch ohne seine Hilfe. Beide gaben zu bedenken, daß die königliche Kanzlei irritiert auf den Brief eines – mit Verlaub gesagt – Bauernmädchens aus dem letzten Winkel des Königreichs reagieren könnte, um das mindeste zu sagen. Jeanne wurde ungeduldig, sie hatten nichts begriffen. Der Brief war Teil eines umfassenderen Schlachtplans, mit dem verhindert werden sollte, daß sie in Chinon wieder wochenlang herumsaßen und Däumchen drehten. Sie ließ

Im Schloß Chinon fühlte Karl VII. sich sicher. Sein Lieblingsschloß ist heute eine Ruine. (Anthony Verlag, Starnberg)

Colet rufen und diktierte ihm in die Feder: »Ich habe 150 Meilen zurückgelegt und weder Mühen noch Gefahren gescheut, um Euch Hilfe zu bringen und Neuigkeiten mitzuteilen, die Euch freuen werden. Übermorgen werde ich in Eure Stadt einziehen, habt die Güte, mich zu empfangen. Jeanne.«
Sie unterschrieb eigenhändig mit einem Kreuz.

Um die Mittagszeit trafen sie in Chinon ein. Jeanne stieg ab und übergab ihr Pferd dem Pferdeknecht des Gasthauses, das Bertrand ausgesucht hatte. Schade, daß man sich von Zeit zu Zeit dazu herablassen mußte, zu Fuß zu gehen, im Sattel fühlte sie sich wohler. Die Stadt war eng und voller Menschen und kleiner als erwartet. Dafür übertraf das Schloß alle Erwartungen. Als

sie am Ufer der ebenfalls hochwasserführenden Vienne auf Chinon zugeritten waren, hatte man es besser sehen können als hier zwischen den Häusern: eine langgezogene Festung mit hohen Türmen, deren strahlendgelbe Tuffsteinmauern direkt aus dem schroffen Felsen zu wachsen schienen, der hinter der Stadt aufragte. Dieses Schloß, so wie es da oben lautlos im Licht der Mittagssonne lag, wirkte unnahbar und erst recht uneinnehmbar. Aber sie brauchte ja auch nur das Herz des Königs hinter diesen Festungsmauern zu erobern.
Nach dem Mittagessen schickte sie Jean de Metz mit der Nachricht von ihrer Ankunft hinauf. Im Gasthof war längst die Hölle los. Man hatte von ihr gehört, jetzt wollte jeder sie sehen. Und offenbar glaubten alle, mit Nähkästchenwissen ihren Teil zur Rettung Frankreichs beitragen zu müssen. Ob sie schon von der Heringsschlacht gehört habe? Ja, in Gien bereits. Konnten diese erbärmlichen Adligen eigentlich noch etwas anderes als kneifen und Niederlagen einstecken? Da machen die in Orléans eingeschlossenen Truppen einen Ausfall und greifen einen englischen Proviantteck mit Heringsfässern an. Gut und schön, den Godons ihren Fastenfraß zu klauen. Aber obwohl sie zahlenmäßig überlegen sind, geht die Sache schief, weil der Graf von Clermont mit seinen Leuten die Flucht ergreift, noch ehe er überhaupt angegriffen hat. Was für eine Blamage – aber typisch für dieses Adelspack, dem man als einfacher Bürger auf Gedeih und Verderb ausgeliefert ist.
Ob sie wisse, wem sie hier in Chinon auf keinen Fall etwas verkaufen, ja nicht einmal leihen dürfe? Nein? Dem König. Kürzlich hat ein Schuster aus Chinon die Schuhe, die er für den König angefertigt hatte, wieder mitgenommen, weil der Schatzmeister nur einen mitleidigen Blick für ihn übrig hatte, als er ihm die Rechnung präsentierte. Und die Metzger beliefern den Hof schon seit Monaten nicht mehr, weil der König bei ihnen immer noch Rechnungen aus dem Jahr 1427 offen hat! Zwar heißt es, er esse nach wie vor von seinen goldenen Tellern,

aber das Fleisch darauf muß er sich jetzt schon selber schießen. Um seine Hochzeit bezahlen zu können, hat er sogar seine schönen alten Wandteppiche verscherbeln müssen. Und Vorsicht! Wenn dir im Schloß einer mit geflickten Kleidern begegnet, dann ist das höchstwahrscheinlich nicht der Hofnarr, sondern der König!

Überhaupt, wie der aussieht! Da ist nichts mehr zu retten, da hilft auch kein Hermelin. Diese tropfenförmige Nase, diese pokkennarbigen Wangen, diese Triefaugen, dieser magere, klapprige Leib mit den kurzen Beinen und dieser wacklige Gang! Ein Trauerkloß wie er im Buche steht, und dabei erst 26. Es blickt ja auch kein Mensch mehr durch, was im Schloß eigentlich los ist. Tagelang, manchmal wochenlang ist es da oben totenstill, nichts rührt sich, und dann wieder kann man hier unten die ganze Nacht kein Auge zumachen, weil da oben Chöre jubeln, Besoffene grölen, Weiber kreischen, und dazwischen das Bellen und Jaulen der königlichen Hundemeute. Kurzum und mit einem Wort: Der König ist ein Reinfall, der Hof ein Irrenhaus und Frankreich pleite.

Wieviel diese Leute wußten. Jeanne hatte das Gefühl, es sei besser, nicht so viel über den König zu wissen. Sie zog sich in ihre Kammer zurück, wo sie am Abend auch eine Abordnung aus dem Schloß empfing – nervöse Herren mittleren Alters in paradiesvogelartiger Phantasiekleidung, in deren Mienen sich eine Mischung aus Unbehagen und Erstaunen spiegelte, während sie abwechselnd das Wort an sie richteten. Jeanne war ungewöhnlich zugeknöpft – sie werde nur mit dem König sprechen und mit sonst niemandem. Man machte sie darauf aufmerksam, daß dies kein privates Plauderstündchen, sondern eine offizielle Anhörung im Namen des Königs sei. Jeanne erklärte, sie habe zwei göttliche Aufträge: die Belagerung von Orléans aufzuheben und den Dauphin nach Reims zu führen, damit er endlich in der Kathedrale gesalbt und gekrönt werden könne. Das war zwar bestenfalls die Kurzfassung ihrer Pläne, denn inzwischen

hatten ihre Stimmen sie wissen lassen, daß es noch mehr zu tun gebe – aber das ging diese Herrschaften aus der zweiten Reihe nichts an. Je mehr Informationen sie jetzt bekämen, desto mehr würde sich die anschließende Diskussion im Schloß in die Länge ziehen.
Am nächsten Vormittag näherte sich vom Schloß her ein weiteres Grüppchen ihrem Gasthof, alle in Schwarz, geistliche Herren. Jeanne stellte sich ihnen in ihrer gewohnten Garderobe vor, Wams und Hose, aber die Kirchenmänner kommentierten weder ihre Kleidung noch ihren Haarschnitt, stellten nur ein paar Fragen zur Natur ihrer Visionen oder Stimmen, wollten wissen, welche Heiligen involviert waren, und saßen wieder auf.
Nach Einbruch der Dunkelheit hörte sie Pferdegetrappel und Rufe, sah Fackeln, Helme und Degenklingen und wußte, es war soweit.
Zwischen weinlaubbehangenen Mauern ritten sie eine steile gepflasterte Straße hinauf, die im Zickzack zum Schloß führte. Die Giebel der Stadthäuser zeichneten sich jetzt tief unten als spitze schwarze Dreiecke gegen die silberglänzenden Schlieren ab, die das Mondlicht auf die Wasserfläche der Vienne zauberte. In dem Zug, der sich langsam der dunklen, hochaufragenden Masse des Torturms näherte, gab es keinen, der gewußt hätte, was ihn in der kommenden Stunde erwartete. Jean de Metz traute sich nicht, sie anzusehen, als befürchte er plötzlich das Schlimmste. Die vom Hof malten sich wahrscheinlich schon die köstliche Szene aus, in der dieser kleiner weibliche Transvestit, der bis vor kurzem noch hinter den Schafen seines Papas hergelaufen war, für eine halbe Stunde den unfreiwilligen Clown abgab, bevor er hinausgeworfen würde. Jeanne überlegte, ob der König wirklich so unverkennbar häßlich war, wie es hieß.
Vor ihnen wurde kreischend das Fallgatter des Torturms in die Höhe gezogen. Hohles Hufegeklapper, als sie über die Zugbrükke ritten. Im Schloßhof angekommen, brüllten sich offenbar betrunkene Soldaten hämische Kommentare zu. Dieses Schloß

war eine Stadt für sich. Die Hunde der königlichen Meute begannen zu bellen. Unter einem palastartigen Gebäude mit hellerleuchteten Fenstern hielten sie an und saßen ab. Ein Fackelträger faßte Jeanne wortlos bei der Schulter und führte sie zu der Holztreppe, die an der Außenwand des Gebäudes hinauf in den ersten Stock führte. Die Stufen ächzten, Jeanne war sich nicht sicher, ob die meisten nicht schon morsch waren. Oben angekommen folgte sie dem Fackelträger ins Haus bis vor eine hohe, verschlossene Flügeltür. Es war still dahinter. Der Mann schlug mit der Faust dagegen.

Die Türflügel wurden von innen auseinandergezogen, und warme, stickige Luft schlug ihr entgegen. Sie schaute in einen großen Saal voller qualmender Fackeln und schwitzender Menschen, die Menge quoll ihr förmlich entgegen. Alle reckten die Hälse, jeder flüsterte, keiner sprach laut. Offenbar war sie in einen Maskenball geraten: Die Männer in grellbunten, bizarr geschnittenen, glitzernden Gewändern, einige von ihnen mit goldenen Kreuzen auf den gewölbten Leibern, die im zuckenden Licht der Fackeln aufblitzten; die Frauen, nicht weniger bunt, mit hohen Brüsten und hohen, zweifach gehörnten Hauben auf den Köpfen, von denen Tücher herunterwehten – und alle mit gierig aufgerissenen Augen.

Sollte sie sich jetzt da hindurchzwängen wie auf einem Jahrmarkt? Der Fackelträger war verschwunden. Jeanne blieb abwartend in der Tür stehen. Da öffnete sich ein Spalier, und ein Mann – seiner Erscheinung nach zu urteilen ein sehr vornehmer und bedeutender – kam freundlich lächelnd auf sie zu, nahm ihre Hand, fast ohne sie zu berühren, führte sie durch dieses Spalier von Gaffern in die Mitte des Saals wie eine Prinzessin und blieb mit ihr vor einem unglaublich prächtig gekleideten Mann stehen. Das Gedränge wurde beängstigend. Ihr Begleiter entzog ihr seine Hand, sah sie mit unverminderter Freundlichkeit an und sagte:

»Du stehst vor dem König.«

Sollte das ein Scherz sein? Dieser Mann war atemberaubend schön, sie erinnerte sich nicht, je einen schöneren gesehen zu haben. Davon abgesehen machte er den Eindruck eines Trottels.
»Der ist es nicht. Ich würde den König erkennen, obwohl ich ihn nie gesehen habe.«
Höflicher ließ sich wohl kaum ausdrücken, daß sie sich über das Erscheinungsbild des Königs im klaren war. Ihr Begleiter lächelte, als habe er sich in einem verzeihlichen Irrtum befunden, und zeigte auf einen Mann, der neben dem Schönling stand.
»Du hast recht. Dies ist der König.«
Der war es auch nicht, so viel stand fest. Jeanne schaute sich um und entdeckte zwischen den Schultern zweier Höflinge einen Kopf, der ihr bekannt vorkam: tropfenförmige Nase, pockennarbige Wangen, Triefaugen – die Beschreibung paßte, und auch ihre Stimmen bestärkten sie in ihrer Vermutung. Sie ließ die anderen stehen und ging auf dieses eingeklemmte Gesicht zu, schob ihre Kapuze in den Nacken, vollführte einen Hofknicks und sagte:
»Gott schenke Euch ein langes Leben, edler König.«
»Ich bin nicht der König«, sagte das Gesicht.
»Bei Gott, Ihr seid es und kein anderer.«
Das Gesicht befreite sich aus seiner eingezwängten Lage, und vor ihr stand ein plumper, vergleichsweise schlicht gekleideter junger Mann. Jeanne verbeugte sich kurz und sprach dann die Worte, die sie seit langem im Kopf hatte.
»Sehr edler Dauphin, man nennt mich Jeanne, die Jungfrau. Ich bin gekommen, Euch und dem ganzen Königreich Hilfe zu bringen. Der König des Himmels läßt Euch durch mich ausrichten, daß Ihr in Reims gesalbt und gekrönt werden sollt. Und weiter sage ich Euch im Auftrag Gottes, daß Ihr der wahre Erbe des Reiches und der rechtmäßige Sohn des Königs seid und daß ich gesandt bin, Euch nach Reims zu führen.«
»So?« sagte der König und sah sie an. Er schaute ungern in fremde Gesichter, sehr ungern, aber in dieses konnte er schau-

en, ohne in Panik zu geraten. Er trat einen Schritt zurück. Sie war kräftig und gut gebaut, sprach mit sanfter, fast könnte man sagen: betörend sanfter Stimme, bewegte sich aber wie ein Mann, ganz abgesehen davon, daß sie sich wie ein Mann anzog. Sie hatte das Zartgefühl besessen, den Grafen von Clermont, diesen feigen Trottel, der ihm die Schlappe mit der Heringsschlacht eingebrockt hatte, nicht mit ihm zu verwechseln, sie hatte sich in den letzten Minuten benommen, als wäre sie am Hof aufgewachsen, sie hatte sich durch sein kleines Versteckspiel keinen Augenblick lang aus der Fassung bringen lassen, und sie hatte die heikle Sache mit seiner Geburt erstaunlich unumwunden angesprochen und für alle hörbar – ein für allemal, wie er hoffte – geklärt. Er zog sie in einen Winkel des Saals und setzte das Gespräch mit ihr in leisem Ton fort, während der Pulk der Neugierigen zögernd auf Distanz ging.

Was dieses Bauernmädchen sagte, klang, als gebe es noch Hoffnung. Als würde die Fluchtkutsche, die seit Wochen bereitstand, um ihn jederzeit und unverzüglich in die Hafenstadt La Rochelle zu bringen, vorerst nicht gebraucht. Als er merkte, daß er seit geraumer Weile lächelte und daß seine Augen noch feuchter waren als sonst, brach er das Gespräch mit ihr ab und wandte sich an die Versammelten.

»Gott hat Uns dieses Mädchen gesandt, damit es Uns bei der Rückeroberung Unseres Königreichs helfe. Es wird vorläufig bei Uns im Schloß bleiben!«

Das Leben änderte sich für Jeanne, und es änderte sich für den König. Die Veränderungen im Leben der Bauerngöre, wie Baudricourt sich noch vor zwei Monaten ausgedrückt hätte, verliefen allerdings rasanter.

Sie kehrte nicht in ihren Gasthof zurück – von nun an lebte sie unter der Hofgesellschaft auf deren Felsen hoch über der Stadt. Sie bezog das erste Stockwerk eines Turms im ältesten Teil des Schloßbezirks, der, lange Zeit leer und funktionslos, auf die

Schnelle für sie hergerichtet worden war. Der Raum war kalt und dämmrig, weil selbst an Sonnentagen nur ein schwacher Lichtstrahl durch die einzige Fensteröffnung fiel – aber sie hatte in den letzten 17 Jahren schon schlechter gewohnt, und außerdem erstrahlten ihre Heiligen vor dem düsteren Hintergrund dieses Gemäuers um so heller. Tagsüber stand ihr ein junger Adliger als Page und für die Nachtstunden eine Hofdame als Zofe zur Verfügung.

Obschon nicht die beste Adresse, wurde ihr Turm sofort zum Treffpunkt der Hofgesellschaft. Wenn sie nicht gerade betete – bisweilen unter heftigem Schluchzen, wie ihr Page berichtete –, empfing sie Besuch: Niemand bei Hof, der sich erlauben konnte, seiner Neugier freien Lauf zu lassen, wollte sich die Chance entgehen lassen, einen Blick auf diesen schrägen Vogel zu werfen, in den sich der gute Baudricourt offenbar vernarrt hatte. Jeanne ihrerseits empfand diese Leute zunehmend als sonderbar, je tiefer sie in den Hofklatsch hineingezogen wurde. Nicht wenige ihrer Gäste ließen sich nämlich dazu hinreißen, das Fräulein vom Land mit der einen oder anderen Realität zu konfrontieren – um es aus seinen Träumen zu reißen, oder vielleicht auch nur, um seiner verblüffenden Selbstsicherheit irgend etwas entgegenzusetzen. Und so vertraute man ihr hinter den dicken Mauern ihres Turms an, daß die Truppen des Königs in Wirklichkeit nichts als Söldnerbanden seien, die gleichermaßen Freund und Feind plünderten, weil der edle Dauphin sie nicht bezahle. Jeder wisse von den Exzessen der Truppe, keiner verhindere sie. Karl schon gar nicht, weil der sich seit seinem Nervenzusammenbruch in La Rochelle aus allem heraushalte. Er war damals gerade 19, als der Holzfußboden des vollbesetzten Sitzungssaals im Bischofspalais einstürzte – es hatte Tote und Verletzte gegeben, aber Karl hatte sich außer einem tiefsitzenden Schock lediglich ein paar Schrammen zugezogen, weil er auf einem abgeknickten Balken eher gemächlich in das Chaos aus Balken und Menschenleibern unter ihm hineingeschlit-

Jeanne d'Arcs »edler Dauphin« – Karl VII., seit 1422 König von Frankreich. Gemälde von Jean Fouquet. (AKG, Berlin)

tert war. Und dies war mitnichten der einzige Schock seines Lebens. Dem Massaker an seinen Leuten in Paris war er selbst nur um Haaresbreite entgangen – seither verabscheute er die Pariser. Seine eigene Mutter hatte ihn zum Bastard erklärt –

seither durfte ihr Name in seiner Gegenwart nicht mehr erwähnt werden. Was ihn nicht hinderte, verflossene Liebhaber seiner Mutter zu seinen engsten Beratern zu machen. Als sein Vater starb, war er nicht einmal fähig gewesen, sich selbst zum König auszurufen, seine Schwiegermutter hatte ihn förmlich dazu zwingen müssen. Vor Fremden fürchtete er sich, und Menschenansammlungen jagten ihm panischen Schrecken ein.
Von ihren Besuchern allerdings stellten nicht wenige selbst die absonderlichsten Eigenarten zur Schau. Da meldete ihr Page eines Tages einen Herrn de Rais, Gilles de Rais. Und hereingeschlendert kam ein junger Mensch, dessen Aufmachung sehr im Gegensatz zu seiner Lässigkeit stand: edelsteinbesetzte Ringe und goldene Kettchen an den Händen, Lidschatten, ein mit peinlicher Akuratesse gestutzter und zweifellos gefärbter schwarzer Kinnbart, die Haut seines Raubvogelgesichts so weiß wie der Pelz seiner Jacke und das Wildleder seiner Beinkleider. Im Gegensatz zu den anderen, die von ihr Näheres über Gottes Pläne erfahren wollten, versuchte Gilles de Rais, ein Gespräch über den Teufel mit ihr anzuknüpfen. Jeanne wandte sich ab.
»Herr de Rais, wechselt das Thema, dafür bin ich nicht zuständig.«
Gilles wechselte das Thema. Übertrieben charmant bat er um ihre Hand, tänzelte mit ihr die Treppe hinunter ins Erdgeschoß, öffnete die Tür, so daß Licht hineinfiel, und deutete auf eine bestimmte Stelle der Turmwand. Bei näherem Hinsehen erkannte Jeanne Zeichnungen, mit einem Messer, Nagel oder ähnlichem in den weichen Tuffstein gekratzt: ein Kreuz mit den Marterwerkzeugen Christi, daneben einen Hirsch, von einem Jagdhund gehetzt, darunter Schriftzeichen. Jeanne waren diese Einritzungen bisher nicht aufgefallen. Gilles ging erst gar nicht davon aus, daß sie lesen könnte.
»Das hier ist ein Name, ›Jacques de Molay‹«, sagte er leise, »und da steht ›Gott vergib mir‹. Du wirst nie von Jacques de Molay gehört haben, er ist der letzte Großmeister der Tempelritter

gewesen. Ihn und andere Große seines Ordens hat man in diesem Turm eingekerkert, bevor man sie allesamt als Ketzer und Hexer in Paris verbrannt hat. Das war vor 120 Jahren. Seither stand dieser Turm leer, bis du kamst. Der Hirsch ist er selbst, Jacques de Molay, und der Hund, der ihn zu Tode hetzt, ist der französische König Philipp der Schöne. Jeanne«, flüsterte er, schon in der Tür, »was auch immer du vorhast, von wem auch immer du deine Aufträge erhältst, vom Himmel oder von Satan persönlich – du kannst auf mich zählen.«

In Domrémy und Vaucouleurs waren alle normal gewesen, hier am Hof schien keiner normal zu sein. Ihr Vater war bisweilen schroff und neigte zu Zornesausbrüchen – das war normal. Hier aber schienen alle unter aberwitzigen Überspanntheiten, übertriebenen Abneigungen oder panischen Angstzuständen zu leiden. Alle – bis auf einen: Alençon.

Gleich am ersten Tag – die Morgenmesse war eben vorüber und sie unterhielt sich vor der Schloßkapelle noch mit dem König – war ein junger Mann aufgetaucht, hatte den König kurz umarmt und sie dann mit dem Anflug eines spöttischen Lächelns angesehen. Wer das sei, hatte sie wissen wollen.

»Mein Vetter Jean, der Herzog von Alençon.«

Und Jeanne hatte diesem Vetter, der immerhin ein Herzog war, gleich auf die Schulter geklopft.

»Sehr gut. Je mehr königliches Blut beisammen ist, desto besser.«

Der zweite Jean. Man hatte ihn, wie er ihr später erzählte, durch einen Boten davon verständigt, daß eine Jungfrau am Hof erschienen sei, die behauptete, von Gott gesandt zu sein, um die Engländer zu vertreiben; er sei gerade auf der Wachteljagd gewesen und habe sich sogleich aufs Pferd geschwungen. Mit seiner Unbefangenheit brachte Alençon ein neues Element ins Hofleben. Und plötzlich hatte Jeanne es mit der Befreiung von Orléans nicht mehr so eilig. In Begleitung von Alençon ritt sie fast täglich hinunter zu den Trainingsplätzen der Ritter auf den

Uferwiesen der Vienne, um sich unter seiner Anleitung im Lanzenwerfen und anderen ritterlichen Künsten zu üben. Gelegentlich mischte sich sogar der König unter die Zuschauer, die überall zusammenströmten, wo Jeanne auftauchte. Eines Tages wiesen ihr einige, die über den derben Humor der Kriegerzunft verfügten, ein wild schnaubendes schwarzes Schlachtroß zu, das sich aufbäumte und ausschlug, sobald jemand in seine Nähe kam. Jeanne befahl den Pferdeknechten, das Pferd aus der Sonne in den Schatten der Tribüne zu führen, stieg mühelos auf und trabte los.

Für das einfache Volk war alles an ihr ein Wunder. Aber auch klare Köpfe wie Alençon sahen sich gezwungen, an ein Wunder zu glauben, wenn sie miterlebten, wie rasch sie lernte, wie schnell sie sich Fähigkeiten aneignete, die kein Mensch einer Frau je zugetraut hätte – und die keine Frau je zuvor sich selbst zugetraut hatte. Damit sie nicht länger ihr Leben auf dem Rükken furchterregender Bestien aufs Spiel setzte, schenkte Alençon ihr sein Pferd.

Niemandem bei Hof konnte verborgen bleiben, daß auch der König ihre Nähe suchte. Von Anfang an durfte Jeanne an den morgendlichen Lagebesprechungen im Kreis der engsten Berater teilnehmen, zu denen neben Alençon auch ein gewisser Trémoille gehörte – ein in rotgoldenen Brokat eingeschlagener Fleischberg, dessen schiere Anwesenheit erdrückend wirkte, auch wenn die anderen von ihm den ganzen Morgen lang nichts anderes zu hören bekamen als das Knarren, das sein Stuhl unter dem Gewicht seiner kolossalen Gliedermassen von sich gab. Mit seinen 44 Jahren war Trémoille bei weitem der älteste hier. Jedesmal, wenn Jeanne gesprochen hatte, schielte der König zu ihm hinüber, und jedesmal starrte Trémoille mit halbgeöffneten Lippen, aber eisig schweigend an ihm vorbei ins Leere. Nach zwei Wochen war Trémoille der letzte, der Jeanne noch nicht im Turm seine Aufwartung gemacht hatte, und er ließ sich auch in der dritten Woche nicht bei ihr sehen.

Im Hinblick auf den unbehaglichen Trémoille war Jeanne froh über Gilles de Rais' Angebot bedingungsloser Unterstützung. Bis sie von Alençon erfuhr, daß Gilles sich in einem sonderbaren Vertrag zur bedingungslosen Unterstützung Trémoilles und seiner Ziele verpflichtet hatte. Im selben Atemzug gestand Alençon ihr, einen ähnlichen Kontrakt mit Trémoille abgeschlossen zu haben. Trémoille zahle gut, Geld gegen Treue – aber er traue nicht einmal seinem Geld, daher diese Verträge. Weshalb Gilles sich darauf eingelassen habe, wisse er nicht, mit seinen 23 Jahren gehöre er bereits zu den reichsten Männern Frankreichs, aber Gilles sei eben undurchschaubar. Er jedoch habe dieses Geld bitter nötig.
Alençon ritt Seite an Seite mit Jeanne auf der Straße nach St. Florent. Er hatte sie eingeladen, ihn auf sein Stammschloß an der Loire zu begleiten. Endlich fanden sie Zeit füreinander. Aber was Jeanne zu hören bekam, ließ sie frösteln.
Juristisch betrachtet sei er Gefangener, fuhr Alençon fort. Vor fünf Jahren hatten ihn englische Soldaten auf dem Schlachtfeld von Verneuil unter einem Berg von Leichen hervorgezogen und gefangengesetzt. Nach den Spielregeln des Kriegs konnte seine Familie ihn gegen einen Geldbetrag auslösen, und nach den geltenden Lösegeldtarifen war die Auslösesumme für einen Herzog astronomisch. Bis zur Bezahlung der letzten Rate war er Gefangener auf Ehrenwort – das hieß, daß er sich bis dahin keine Feindseligkeiten gegen die Engländer zu Schulden kommen lassen durfte.
Jeanne starrte Alençon fassungslos an. Gilles durch einen makabren Vertrag an Trémoille gekettet, Alençon ebenfalls – und außerdem durch sein Ehrenwort matt gesetzt. Was wurde jetzt aus ihrer Idee einer Kerntruppe zum Kampf entschlossener junger Leute, zu denen sie auch den König zählte? Alençon – 24, Gilles de Rais – 23, sie – vielleicht 17, der König – 26; alle noch nicht lange genug dabei, um dieser perversen Lösegeldlotterie verfallen zu sein – so wie die Alten, für deren Geschmack dieser Krieg ewig

so weitergehen konnte. Wie sollte sie, ein wehrloses, unerfahrenes Mädchen, ohne Gilles und Alençon mit Truppen fertig werden, deren Loyalität und Einsatzfreude höchstwahrscheinlich keiner genaueren Prüfung standhielten – von dem Respekt dieser Rohlinge vor Frauen einmal ganz abgesehen?

Alençon beeilte sich, sie zu beruhigen. Wenn sie mitmache, seien Gilles und er trotz allem entschlossen zu kämpfen, und im Kronrat würde man Trémoille notfalls überstimmen, sollte der sich jemals wieder öffentlich zu Wort melden.

In St. Florent stellte Alençon Jeanne seiner Frau und seiner Mutter vor. Beim Abschied wurde seine Frau melancholisch – der Krieg habe sie zu Bettlern gemacht, jetzt würde ihr Jean womöglich demnächst auch noch vor Orléans fallen. Jeanne tröstete sie.

»Madame, Ihr habt nichts zu befürchten. Ich bringe Euch euren Jean so gesund zurück, wie er jetzt vor Euch steht.«

Es waren unbeschwerte, schöne Tage gewesen. Von nun an sagte Jeanne nur noch ›mein schöner Herzog‹, wenn sie Alençon meinte.

So sehr der König Jeannes Gegenwart schätzte – er schwankte ständig zwischen dem Wunsch, sie als Prophetin zu verehren, und der Versuchung, sie als bloße Kuriosität zu bestaunen. Allmählich mußte er sich entscheiden. Sie nur auf ihre eigene Behauptung hin, von Gott gesandt zu sein, mit dem letzten Aufgebot nach Orléans zu schicken, hieß, alles auf eine Karte zu setzen, aber – war diese Karte wirklich ein Trumpf? Wenn nun doch etwas an der Sache faul war? Um größere Gewißheit zu bekommen, ließ er Nachforschungen anstellen: zunächst bei ihren Begleitern Jean de Metz und Bertrand de Poulengy, die nicht nach Vaucouleurs zurückgekehrt waren und deren Gesichter Jeanne oft unter den Zuschauern am Rand des Turnierplatzes entdeckte. Sie überboten einander in Lobeshymnen: Daß die Reise nach Chinon so glatt und zügig verlaufen war, sei ein Wunder, daß man kein einziges Mal das Schwert

habe zücken müssen, daß niemand ein Opfer der reißenden Flüsse geworden sei, allein ihr zu verdanken. Dann bat der König den Papst schriftlich um eine Ferndiagnose. Und schließlich sollten ihre Bekannten in Domrémy befragt werden – ein Auftrag, den zwei wandernde Bettelmönche übernahmen.
Ohne deren Auskünfte abzuwarten, schickte der König Jeanne in Begleitung von Alençon nach Poitiers, wo sie ein kirchlicher Untersuchungsausschuß erwartete. Mit einem Votum der Kirche in der Tasche konnte man den schwarzen Peter im Fall eines Fiaskos den Theologen zuschieben. Sollte die Kirche auch diesmal das letzte Wort behalten.
Jeanne wurde ausgehorcht, täglich zwei Stunden lang. Ihr gegenüber saßen 18 hochgelehrte Herren in Schwarz, darunter der Erzbischof von Reims, zwei Bischöfe, der Dekan der theologischen Fakultät der Universität Poitiers und andere Spezialisten für Glaubensfragen. Ihre eigene Bildung bestand aus dem Vaterunser, dem Ave Maria, Bibelstellen, die ihr aus den Predigten des Dorfpfarrers erinnerlich waren, und den Lehren ihrer frommen Mutter. Was konnten Männer, die zur intellektuellen Elite Frankreichs zählten, von einer wie ihr wissen wollen? Wozu dieser Aufwand, wozu diese Zeitverschwendung? Jeanne tat alles, um das Verfahren abzukürzen. Sie antwortete knapp, schnippisch, ohne zu zögern. Sie blieb keine Antwort schuldig, aber sie machte aus ihrer Ungeduld keinen Hehl. Sie merkte bald, wie weit sie gehen konnte, und fand Vergnügen daran, den ehrwürdigen Mitgliedern dieser erlesenen Kommission den Wind aus den Segeln zu nehmen.
»Glaubst du an Gott?«
»Ja, und zwar inniger als Ihr.«
»Du verlangst vom König Soldaten. Wenn Gott Frankreich tatsächlich retten will, wieso braucht er dafür Soldaten?«
»Um Gottes Willen – die Soldaten werden kämpfen, und Gott wird ihnen den Sieg schenken.«
»Wir können dem König unmöglich empfehlen, dich bloß auf

deine eigene Beteuerung hin, von Gott gesandt zu sein, nach Orléans zu schicken. Kannst du uns nicht irgendein Zeichen geben, das deine Glaubwürdigkeit bestätigt?«

»Bei Gott, ich bin nicht nach Poitiers gekommen, um Zeichen zu geben. Bringt mich nach Orléans, und ich werde die Zeichen und Wunder tun, für die ich gekommen bin.«

»Welche Sprache sprechen deine Stimmen?«

»Jedenfalls eine schönere als Ihr.«

Alle lachten – die letzte Frage hatte der Dekan der theologischen Fakultät im breiten Dialekt des Limousin gestellt. Die Ausschußarbeit war einerseits kniffliger und andererseits amüsanter als Vorlesungen zu halten und Ketzergutachten zu schreiben. Man nahm sich volle drei Wochen Zeit dafür. Dann wurde selbst der König ungeduldig, der es nicht länger in Chinon ausgehalten hatte und jetzt in Poitiers dem Abschlußbericht entgegenfieberte. Aber vor dem endgültigen Urteil mußte man noch das Ergebnis der Jungfrauenprobe abwarten. Es war positiv – die Schwiegermutter des Königs und ihre zwei Assistentinnen hatten an den geheimen Partien von Jeannes Körper nicht die Spur einer Verletzung oder Beschädigung finden können. Der einzige handfeste Befund.

Die Herren kamen also zu folgendem Schluß: Die Antworten dieser Jeanne, die sich ›die Jungfrau‹ nennt, seien unorthodox, aber erstaunlich klug ausgefallen, und keine habe dem katholischen Glauben regelrecht widersprochen. Der König dürfe sie nicht zurückweisen, auch wenn es keine Garantie dafür gebe, daß sie ihre Versprechen halten könne. In Anbetracht der Notlage der Stadt Orléans möge sich der König also ihrer bedienen und im übrigen Gott vertrauen.

Der König war von diesem Ergebnis nicht ganz so begeistert wie Jeanne – offenbar wollte sich auch von den Theologen niemand in die Nesseln setzen. Jeanne hingegen feierte im Kreis von Freunden, zu denen neuerdings auch etliche Ausschußmitglieder gehörten. Ihr schöner Herzog machte ihr an diesem

Abend Komplimente dafür, mit welcher Leichtigkeit sie die ganze Kommission um den Finger gewickelt habe – Jeanne lachte und vertraute ihm an, sie wisse mehr, als sie gesagt habe, und könne mehr, als sie bisher gezeigt habe. Und dann bestand sie darauf, ihren Triumph mit einem ersten gezielten Schuß in Richtung der englischen Linien zu krönen. Sie ließ Papier und Feder kommen und diktierte dem beflissensten ihrer neuen Freunde, dem Theologieprofessor Jean Érault, ihren zweiten Brief an einen König:

»Jesus, Maria. König von England! Übergebt der Jungfrau die Schlüssel aller Städte, die Ihr eingenommen habt! Sie ist von Gott gesandt und durchaus bereit, Frieden zu schließen, sofern Ihr Gerechtigkeit übt und alles zurückgebt, was Ihr Euch genommen habt.

König von England, wenn Ihr jedoch nicht Folge leisten solltet – ich habe das Oberkommando, und wo immer ich in Frankreich auf Eure Männer treffen werde, da werde ich sie vertreiben, und wenn sie Widerstand leisten sollten, wird die Jungfrau sie töten!«

»Jeanne, soll ich wirklich schreiben: ›Wird die Jungfrau sie töten‹?«

»Gut, schreibt besser: ›Wird die Jungfrau sie töten lassen‹. Weiter: Der Himmel hat sie geschickt, um jeden einzelnen von Euch aus Frankreich hinauszuwerfen; und die Jungfrau verspricht Euch: Wenn Ihr Frankreich nicht räumt, dann wird sie mit ihren Truppen ein Kriegsgeheul anstimmen, wie man es in tausend Jahren in Frankreich nicht gehört hat!

Und Ihr, Bogenschützen, edle Waffengefährten, und alle, die Ihr vor Orléans liegt, ich sage euch im Namen Gottes: Geht zurück in Eure Länder – wenn nicht, hütet euch vor der Jungfrau und dem Schaden, den sie Euch zufügen wird!

Und Euch, Herzog von Bedford, der Ihr Euch Regent von Frankreich nennt, bittet die Jungfrau, sie nicht zu zwingen, Euch zu vernichten. Solltet Ihr aber nicht tun, wie Euch geheißen, so wird sie zusammen mit allen Franzosen Euch das größte Fest bereiten, daß je im Namen der Christenheit gefeiert wurde! Geschrieben am 22. März 1429.«

ZWISCHENSTÜCK

Grenzgängerin

Viele, die Jeanne d'Arc gekannt haben, zitieren sie später aus dem Gedächtnis. Diese Zitate finden Eingang in Briefe, Chroniken, Memoiren, Protokolle. Dem Inhalt nach dürften sie wiedergeben, was Jeanne d'Arc in einer bestimmten Situation tatsächlich gesagt oder gemeint hat – ihr Tonfall aber, ihre persönliche Diktion, ihr impulsives Temperament ist nicht mehr herauszuhören. Auch wenn das Gedächtnis einer überwiegend analphabetischen Gesellschaft weitaus präziser arbeitet als das unsere – alle diese Zitate erscheinen abgemildert, geglättet durch die Zeit oder die Vornehmheit derer, die sich erinnern oder die Umstände, unter denen sie sich erinnern oder erinnern müssen. Das Ergebnis ist in jedem Fall ein Kondensat.

Dieser Brief an den König von England aber – das ist Originalton Jeanne d'Arc. Ein Brief wie eine Explosion. Hier zeigt sich, wie energisch, wie kämpferisch sie auf ein Ziel losgeht. Sie ist auf dem vorläufigen Höhepunkt ihrer kometenhaften Karriere, sie schäumt über vor Tatendrang und Sendungsbewußtsein, sie fühlt sich stark genug, jeden Feind herauszufordern. Zwar deutet sie auch die Möglichkeit einer friedlichen Lösung an, verfolgt diesen Gedanken aber nicht weiter – dieser Brief ist die Kriegserklärung einer siebzehnjährigen Bauerntochter an die mächtigste Militärmacht Europas. Noch weiß sie nicht, was es heißt, Menschen zu töten – aber Töten gehört zu ihrem Programm, und sie macht daraus keinen Hehl.

Das Mädchen im roten Kleid ist jedenfalls nicht wiederzuerkennen. Höchstens drei Monate sind seit ihren doch noch recht zaghaften Auftritten in Vaucouleurs vergangen, und schon

herrscht sie einen König an, droht dessen Stellvertreter mit seiner Vernichtung, maßt sich eine Befehlsgewalt an, von der noch mit keinem Wort die Rede war, und kündigt die unvorstellbarsten politischen Umwälzungen mit der Wucht alttestamentarischer Gerichtsandrohungen an – oder der bramabarsierenden Rhethorik, mit der sich die Schlägerbanden vom linken und rechten Maasufer ihre Kriegserklärungen zuriefen. Wie auch immer, durch sie kommt ein neuer, unmißverständlicher Ton in die Politik – auf den ihre Gegner nicht reagieren, weil er allzu unerhört ist, und weil man ihre Drohungen bislang als Propaganda abtun kann.
Eine solche Sprache kann nur jemand führen, der mit den Realitäten nicht vertraut ist. Hätte der König – oder sein Schatzmeister – diesen Brief zu lesen bekommen, er wäre auf dem nächsten Komposthaufen gelandet. In den Finanzen des französischen Hofs zeichnet sich von 1421 an ein Chaos ab. Die Ländereien der Krone werden nach und nach samt und sonders verpfändet oder verkauft, die Einnahmen sinken kontinuierlich, und irgendwann muß Karl VII. seinen eigenen Koch anbetteln. Den Truppen wird der Sold gestrichen, während die Heerführer weiterhin riesige Summen einstreichen, damit sie nicht die Seiten wechseln. An der ungemein kostspieligen Hofhaltung Karls VII. ändert sich nichts – Karl ist entschlossen, zumindest die Illusion des alten Glanzes aufrechtzuerhalten. Allein im Jahr 1428 borgt er sich bei seinem engsten Vertrauten Trémoille 27 000 Pfund. Seine Gläubiger entschädigt er in der Regel mit Titeln, Grafschaften und Herzogtümern, die außerhalb seiner Reichweite liegen, weil dort die Engländer derzeit das Sagen haben. Ein Krieg, wie Jeanne d'Arc ihn sich vorstellt, würde also schon an den leeren Kassen scheitern.
Davon abgesehen – der Gegner heißt nicht nur England, sondern auch Burgund. Und der burgundische Herzog Philipp der Gute gilt als reichster Fürst der Christenheit. Zu seinem Besitz zählt die produktivste Region Europas, Flandern, wo englische

Der Erzengel Michael – Frankreichs populärster Heiliger im frühen 15. Jahrhundert und persönlicher Schutzpatron Karls VII. (AKG, Berlin)

Wolle von unvergleichlicher Qualität zu äußerst strapazierfähigen und gleichzeitig konkurrenzlos vornehmen Stoffen verarbeitet und an Kunden überall auf dem Kontinent – und auch in England selbst – verkauft wird. Solange die Koalition aus Engländern und Burgundern nicht auseinanderbricht, werden die Gegner des französischen König über unerschöpfliche Reserven verfügen.
Hinzu kommt, daß die französische Armee bei der eigenen Bevölkerung verhaßt ist. Die Engländer haben in nur einem Jahr allein in der von ihnen besetzten Normandie 10 000 Marodeure gehenkt – und so den Eindruck einer effizienten Ordnungsmacht erweckt. Die schlechtbezahlten französischen Heere – oder was von ihnen übrig ist – können tun und lassen was sie wollen; ihre schottischen Hilfstruppen zeichnen sich durch besondere Brutalität gegenüber der Bevölkerung aus. Und der französische König ist inzwischen daran gewöhnt, daß seinen Befehlen kaum noch Beachtung geschenkt wird.
Jeanne d'Arc weiß davon nichts, oder sie nimmt es mit Absicht

nicht zur Kenntnis. Vielleicht, weil sie wie alle Menschen des einfachen Volks zur Idealisierung von König und Monarchie neigt. Eher aber wohl, weil komplizierte politische Konstellationen, die Verwicklungen verschiedener Mächte und die Verstrickungen einzelner Akteure sie nicht im mindesten interessieren. Sie belastet sich nicht mit Vorgeschichten, sie studiert keine Akten, um sich erst einmal mühsam in einen Fall einzuarbeiten – sie tritt auf mit einem simplen Programm, das auf wenigen simplen Ideen beruht, und läßt sich im übrigen auf keine Diskussionen ein. Und nur, weil sie die wirklichen Zusammenhänge nicht kennt oder schlicht ignoriert, gelingt es ihr, zu denken und zu wollen, was andere für unmöglich halten.

Daß sie es fertig bringt, zunächst den König und später sogar die kirchliche Untersuchungskommission auf ihre Seite zu ziehen, hat sicher nicht allein mit der Überzeugungskraft einfacher Ideen zu tun. Die Wirkung ihres Charmes darf man nicht unterschätzen. Und die Identität ihrer Heiligen, ihrer ›Stimmen‹, wird ebenfalls eine Rolle gespielt haben.

Da ist zunächst der Erzengel Michael, der französische Modeheilige ihrer Zeit schlechthin. Mittelalterliche Künstler pflegen ihn als Heerführer darzustellen, mit Rüstung und Schwert, als Inbegriff militärischen Heldentums. Dieser Michael hat in Frankreich eine erstaunliche Karriere gemacht. Im frühen 15. Jahrhundert, als der heißumkämpfte Mont St. Michel vor der normannischen Küste zum Symbol des französischen Widerstands gegen die Engländer wird, bringt er es zum wichtigsten Heiligen der Franzosen und löst sogar St. Denis – den heiligen Dionysius – als obersten Schutzpatron Frankreichs ab. Karl VII. ist ihm besonders ergeben – seine Rettung beim Einsturz des Fußbodens im Bischofspalast von La Rochelle führt er auf das Eingreifen dieses Erzengels zurück. Auch wenn Jeanne d'Arc ihrem König nicht persönlich die Identität ihres ersten Himmelsboten preisgegeben haben sollte – durch die Geistlichen,

die sie wiederholt befragt haben, muß er darüber unterrichtet worden sein, daß sie unter dem besonderen Schutz desselben Staatsheiligen steht wie er selbst. Das verbindet.
Die zwei weiblichen Heiligen, mit denen sie später ausschließlich und besonders innig kommuniziert, sind beide berühmte christliche Heldinnen: die heilige Katharina von Alexandrien und die heilige Margarete von Antiochien. Die eine wie die andere eine Jungfrau von vornehmer Geburt, hingerichtet wegen unbeirrten Widerstands gegen die Autoritäten eines heidnischen Staats. Die Kronen, die beide in Jeannes Visionen tragen, kennzeichnen sie als Märtyrerinnen. Keiner dieser drei Heiligen ist geeignet, Verdacht zu erregen – und einer von ihnen, der Erzengel Michael, verbindet das Bauernmädchen sogar mit der Person des französischen Königs und – mit Frankreich als ganzem.
Das Denken der Jeanne d'Arc ist zum einen ganz auf wenige, scheinbar unmögliche Ziele ausgerichtet, zum anderen ganz von der Vorstellung einer engen Verknüpfung der diesseitigen mit der jenseitigen Welt beherrscht. Ihre neue Umgebung hingegen denkt politisch, in den Kategorien des Zweckmäßigen, Durchführbaren und Vorteilhaften. Wobei sich am Hof die Vertreter zweier Richtungen gegenüberstehen – die sogenannte Friedenspartei und die sogenannte Kriegspartei. Die Friedenspartei verfolgt das Ziel, durch diplomatische Initiativen einen Keil zwischen Burgunder und Engländer zu treiben. Sie geht davon aus, daß Burgund nach wie vor fest in der französischen Kultur verankert ist und daß der patriotische Fanatismus, mit dem die englischen Soldaten für die Ziele ihres Königs auf französischem Boden kämpfen, auf die Burgunder mit der Zeit genauso abstoßend wirken muß wie auf viele Franzosen im königstreuen Rest des Landes. Außerdem weiß man, daß der Herzog von Burgund, der sich in erster Linie aus Rache für die Ermordung seines Vaters den Engländern angeschlossen hat, durchaus kein Freund des Herzogs von Bedford ist, der die

Regierungsgeschäfte im besetzten Frankreich anstelle des minderjährigen englischen Königs führt. Auch die Friedenspartei müßte sich irgendwann zum Kampf entschließen, aber eben erst dann, wenn durch einen Seitenwechsel Burgunds die Aussichten auf einen Sieg realistisch geworden wären.
Die Kriegspartei glaubt angesichts des glühenden Hasses, den Philipp der Gute gegenüber Karl VII. empfindet, und der wirtschaftlichen Verflechtung beider Koalitionspartner nicht an eine diplomatische Lösung. Sie setzt auf eine weitere Internationalisierung des Konflikts, auf engere militärische Zusammenarbeit mit Schottland und Aragon, die bisher schon als Verbündete gelten, und auf eine unverzügliche Fortsetzung des Krieges nach dem Eintreffen frischer Hilfstruppen.
Es sind also durchaus unterschiedliche Vorgehensweisen im Gespräch, um Frankreich zu befreien – wenn man es denn befreien will. Ein Weg allerdings erscheint allen ausgeschlossen: die Engländer sofort mit den vorhandenen Kräften angreifen und mit den vorhandenen Kräften auch besiegen, ohne die Ankunft von Hilfstruppen oder den Erfolg diplomatischer Initiativen abzuwarten – Jeanne d'Arcs Vorschlag. Dabei ist er der einzige, der im Frühjahr 1429 noch Erfolg verspricht: Man hat ja gar keine Zeit mehr, auf das eine oder das andere zu warten – Orléans kann jeden Augenblick fallen, und damit würde sich jede weitere Strategiediskussion erübrigen.
Mit dem Auftreten Jeanne d'Arcs wird das Undenkbare plötzlich das Wahrscheinliche. Daß eine Siebzehnjährige im Handumdrehen mit allen gängigen politischen Prinzipien aufräumt, erscheint etwas weniger unbegreiflich, wenn man sich das geistige Klima dieser Zeit vor Augen führt.
Im 15. Jahrhundert arbeiten an allen Höfen Magier und Astrologen, mit deren Hilfe sich der Adel geheimes Wissen zu privaten oder politischen Zwecken erschließen will, und im einfachen Volk bringen sich immer wieder prophetische Frauen mit politisch-religiösen Weissagungen ins Gespräch, die begierig

aufgegriffen und in Windeseile verbreitet werden. Niemand zweifelt daran, daß Gott selbst sich auf dem Weg über Visionen und Eingebungen zu Wort melden kann. Selbst die Universität von Paris, die angesehenste in Europa, ruft 1413 alle Frauen, die über die Gabe des zweiten Gesichts verfügen, dazu auf, mit ihren Visionen zur Bewältigung der politischen Krise Frankreichs beizutragen. Und auch der König – mit den Jahren immer fester davon überzeugt, daß nur ein Wunder ihn retten könne – leiht gelegentlich solchen begnadeten Frauen sein Ohr.

Einige Zeit, bevor Jeanne d'Arc auf der politischen Bühne erscheint, heißt die prominenteste von ihnen Marie von Avignon. Und ihre bekannteste Prophezeiung ist nicht nur dem Volk, sondern auch den Gebildeten geläufig: In einer Vision sieht sie, wie Teile einer Rüstung vor ihr ausgebreitet werden. Sie erschrickt, weil sie glaubt, sie selbst werde diese Rüstung anlegen müssen, aber eine Stimme beruhigt sie – nicht für sie, sondern für eine Jungfrau, die nach ihr kommen werde, sei diese Rüstung bestimmt, und diese Jungfrau werde Frankreich von seinen Feinden befreien. Die Mitglieder der Untersuchungskommission in Poitier diskutieren den Fall Jeanne d'Arc in den Sitzungspausen im Licht dieser Weissagung, und auch der König hat von ihr gehört.

Noch populärer ist jene Prophezeiung, derer sich Jeanne d'Arc selbst gern – und erfolgreich – bedient: Eine Frau habe das Königreich Frankreich verspielt und eine Jungfrau werde es zurückgewinnen. Die Verderberin steht für alle fest; es ist Karls Mutter Isabella von Bayern, jene Königin Venus, die alles getan hat, um ihren Sohn von der Thronfolge auszuschließen und durch die Ehe ihrer Tochter mit Heinrich V. Frankreich an England verkauft hat. Die Rolle der rettenden Jungfrau ist noch nicht vergeben, aber – daß diese Retterin eine Jungfrau sein muß, das entspricht der Logik der Zeit: Wie die verführte und verführerische Eva den Fluch der Sünde über die Menschheit gebracht hatte, der erst durch die reine Jungfrau Maria wieder aufgehoben werden konnte, so kann nur der Gegentypus zur lasterhaften Königin Venus das Unheil aus der Welt schaffen, das diese angerichtet hat – eine Jungfrau also. Und am besten eine von einfacher Geburt, so daß sichergestellt ist, daß sie ihr Rettungswerk selbstlos und ohne eigene politische Ziele zu verfolgen ausführt. Auf Jeanne d'Arc trifft diese Wunschvorstellung exakt zu. Nicht, daß man gerade auf sie gewartet hätte. Aber viele hoffen auf eine wie sie.

Die Tatsache ihrer Unberührtheit ist aber auch sonst von Vorteil – für sie genauso wie für die Menschen, mit denen sie jetzt zu tun hat. Denn Jungfrauen sind dagegen gefeit, vom Teufel besessen zu sein, eine Jungfrau kann also nicht zugleich Hexe sein. In einer Welt, in der jeder, der außergewöhnliches leistet, mit einer der beiden außerirdischen Mächte, Gott oder Teufel, im Bunde sein muß, käme bei einer Jungfrau nur Gott in Frage. Und dann: Jungfrauen genießen einen Sonderstatus. Sie sind Grenzgängerinnen – nicht nur zwischen den Geschlechtern, sondern auch zwischen den Sphären des Irdischen und Überirdischen. Jungfrauen werden daher übernatürliche Fähigkeiten zugetraut – wie etwa die, Visionen oder geheimes Wissen zu haben oder auch Wunderheilungen zu vollbringen.

Es ist also ein kluger Schachzug von Jeanne d'Arc, in der Öffentlichkeit für sich den Beinamen ›la pucelle – die Jungfrau‹ in Umlauf zu bringen. ›La Pucelle‹ – das ist ihr Markenzeichen. Jeanne heißt jede zweite in Frankreich, ihr Familienname ›Darc‹ sagt niemandem irgend etwas – ›la pucelle‹ aber, das ist einprägsam, universell, positiv besetzt und klingt obendrein noch so bescheiden und nett, daß keiner ihr Anmaßung unterstellen würde. Denn im französischen Wort ›pucelle‹ – ähnlich wie ursprünglich im deutschen Wort ›Mädchen‹ – klingt die Vorstellung von ›Magd‹ genauso an wie die von ›Jungfrau‹. Eigentlich wäre ›Mädchen‹ also die genauere Übersetzung, und noch im 19. Jahrhundert wurde bei uns tatsächlich meist von ›Johanna dem Mädchen‹ gesprochen. Heute jedoch hören wir aus

›Mädchen‹ beide Bedeutungen nur noch sehr schwach heraus. Damit das französische ›pucelle‹ in der deutschen Übersetzung nicht seine Ausdruckskraft einbüßt, haben wir uns für die in unserem Jahrhundert übliche Eindeutschung ›Jungfrau‹ entschieden.

Diese Jungfrau jedenfalls ist anders als all die anderen. Diese Jungfrau will es nicht bei Worten und Visionen belassen. Zwar sprechen die leeren Kassen der eigenen Seite genauso gegen ihr Konzept eines sofortigen Angriffs wie die vollen Schatztruhen der Gegenseite, die Erschöpfung der französischen Truppen und die Entmutigung, die sich der militärischen und politischen Führer bemächtigt hat. Aber Jeanne d'Arc ist dessen ungeachtet entschlossen, den Versuch zu wagen – gewissermaßen die nicht vorhandene Chance beherzt zu nutzen. Und nachdem sie Kirche und König auf ihre Seite gezogen hat, gibt es bei Hof niemanden mehr, der es sich leisten könnte, die überlegene Weisheit dieser Jungfrau öffentlich zu bezweifeln.

III. AKT

Mein Rat wird befolgt

Auf einem Gang durch die belebten Straßen der großen Stadt Tours sah Jean de Metz sie wieder. Beinahe hätte er sie nicht erkannt. Der halbe Hof hielt sich in Tours auf, und es wimmelte von Gepanzerten mit ihrem Gefolge aus Bewaffneten und Pagen. Es roch nach Pferden und Eisen, Krieg lag in der Luft. Wäre sein Blick nicht an den außergewöhnlich schönen Ziselierungen ihres Brustpanzers hängengeblieben, er wäre ahnungslos an ihr vorbeigelaufen. Aber es war tatsächlich Jeanne. Sie ließ sich willig begutachten: gefütterte Eisenhaube, Handschuhe mit Schuppenfingern, Arm- und Beinschienen, Gesäßreifen und Magenblech, darüber dieser reichverzierte Plattenharnisch – alles in allem 80 Pfund Eisen, schätzte Jean. Jeanne fand das offenbar bequem. Maßgeschneidert, sagte sie lachend, und alles auf Kosten des Königs.

Nicht genug damit – sie war in Begleitung ihres »Hofstaats«, wie sie sich ausdrückte, ausnahmslos junge Männer, und alle bis auf einen Priester äußerst elegant gekleidet. Da war Jean d'Aulon, ihr Haushofmeister und Leibwächter, einer der zuverlässigsten Soldaten des Königs, dem hier im Gewühl der Straße die Aufgabe zufiel, Jeanne vor Attentätern und allzu großer Zudringlichkeit des Volks, der Frauen vor allem, zu schützen. Dann zwei Herolde für den Fall, daß im Feld Botschaften auszutauschen wären. Des weiteren Pater Pasquerel, ihr persönlicher Beichtvater, sowie zwei Pagen, nicht viel jünger als sie selbst; und schließlich – da käme er nie drauf – zwei ihrer Brüder, Jean und Pierre, eigens aus Domrémy angereist, um an der bevorstehenden Befreiung der Stadt Orléans durch ihre Schwester mitzuwirken.

Zweimal hatte sich Jeanne in den letzten drei Monaten vor seinen Augen verwandelt: vom Mädchen im roten Kleid zum jungen Mann, vom jungen Mann zum Ritter – es fehlte nicht viel zum Fürsten. Jede dieser Verwandlungen hatte einen neuen Menschen zum Vorschein gebracht – geblieben war ihre Selbstgewißheit und ihre Stimme, diese sanfte, einschmeichelnde Stimme, die einen Jean de Metz immer noch um den Schlaf bringen konnte.

Andere schien sie sogar um den Verstand zu bringen. Kaum hatten sie den großen Marktplatz im Stadtzentrum erreicht, drängten sich Menschen heran, die sie berühren, ihre Schuppenfinger, ihre Beinschienen küssen wollten, und Frauen, denen sie ein paar Worte zurief, brachen in Freudentränen aus, schluchzten fassungslos, kreischten hemmungslos. Wer mochte sie das nächste Mal, nach der nächsten Verwandlung sein?

Die Vorbereitungen für ihre erste Begegnung mit den Engländern liefen auf Hochtouren. Jeanne nahm Jean einige Tage später mit zu einem schottischen Maler, der sich auf Wimpeln und Fahnen spezialisiert hatte. Ausgerollt auf einem langen Tisch seiner Werkstatt lag eine Standarte aus feinstem weißen Leinen – das Banner der Jungfrau. Die Vorderseite war bereits fertig:

Christus über den Wolken schwebend, von zwei Erzengeln flankiert, der weiße Grund über und über mit den Lilien des französischen Königshauses bedeckt. Was Jean sofort einleuchtete, war dieser Christus – die eigenen Leuten durften in ihm den Erlöser sehen, die Engländer würden ihn bald als Weltenrichter kennen lernen. Was Jean stutzen ließ, war der weiße Grund der Standarte – Weiß war den Heereszeichen von Regimentskommandeuren vorbehalten. Aber vielleicht spielte das Weiß dieses Banners nur auf die jungfräuliche Reinheit seiner Besitzerin an.

Von ihrem nächsten Bravourstück redete ganz Tours – selbst der König, hörte man, war beeindruckt. Sie hatte das Angebot ihres Harnischmachers, ein neues Schwert für sie zu schmieden, abgelehnt und den Mann statt dessen mit dem Auftrag nach Ste.-Catherine-de-Fierbois geschickt, ein Schwert aus der dortigen Kirche zu holen – es sei, nicht sehr tief, hinterm Altar im Boden vergraben und habe fünf Kreuze auf der Klinge. Und tatsächlich hatte der Pfarrer von Fierbois genau dieses Schwert genau dort gefunden, etwas verrostet, doch gut erhalten. Ein Kreuzfahrerschwert vielleicht, ja bestimmt. Wieder eine ihrer berühmten Visionen! In ihrer Begeisterung schenkten die Kleriker von Tours ihr zwei Scheiden, eine aus rotem Samt, eine aus Goldbrokat. Jeanne selbst gab eine dritte aus festem Leder in Auftrag.

Als sie kurze Zeit später mit ihren Leuten in Blois eintraf, war der Krieg mit Händen zu greifen. Hier, in der letzten französischen Stadt vor Orléans, wurden die Truppen zusammengezogen und ein Proviantzug aufgestellt: quietschende Ferkel, brüllende Ochsen, Schafe mit gesenkten, Ziegen mit erhobenen Köpfen, Schweine, Esel, Packpferde, dazwischen fluchende Soldaten, die sich das Vieh mit Fußtritten und Spießen vom Leib zu halten suchten, und am Flußufer eine endlose Reihe von Wagen und Karren, die mit Getreide beladen wurden – alles bezahlt vom letzten Geld der Schwiegermutter des Königs.

Die Kommandeure waren nervös und reizbar, selbst Alençon und Gilles de Rais. Es hatte schlechte Nachrichten gegeben. Vorgestern war der Graf von Dunois, dem die Verteidigungstruppen in Orléans unterstanden, persönlich in Blois erschienen, um dem König die Lage der Eingeschlossenen zu schildern: Sie sei hoffnungslos, der Hunger zwinge zu einer Übergabe der Stadt schon in den nächsten Tagen. Zwar habe der Herzog von Burgund neulich seine Leute nach einer Meinungsverschiedenheit mit dem Herzog von Bedford abgezogen, aber das burgundische Kontingent vor Orléans sei ohnehin nie bedeutend gewesen. Wenn das Entsatzheer nicht bald komme, sei alles zu spät. Und dann hatte Trémoille bei der letzten Lagebesprechung zur Überraschung aller einen Brief des Königs von Aragon verlesen: Leider könne dieser keinen einzigen Mann entbehren – es gebe schließlich nicht nur Engländer, sondern auch Mauren auf dieser Welt. Der König von Frankreich möge es machen wie er: sich mit den eigenen Truppen behelfen und im übrigen auf Gott vertrauen. Offenbar hatte Trémoille den König von Aragon in einem Eilbrief um Hilfstruppen angefleht, was keiner gewußt hatte.
Jeannes Ankunft besänftigte die Gemüter. Gemeinsam mit Alençon inspizierte sie die Truppen – und war entsetzt. Unter einer Armee hatte sie sich etwas anderes vorgestellt. Das war kein Heer, das war ein Freundschaftstreffen von Räuberbanden. Eine Armee mußte den großartigen Anblick eines Kreuzfahrerheers bieten. Eine Armee mußte von weitem schon eine Siegeszuversicht ausstrahlen, der sich niemand entziehen können dürfte, weder Freund noch Feind. Was sie hier zu sehen bekam, das roch nach der nächsten Niederlage. Doch bevor sie ihrem Ärger Luft machen konnte, sahen sie einen Mann in abenteuerlicher Phantasieuniform, der laut fluchend um ein Geschütz herumstapfte: Étienne de Vignolles, genannt La Hire.
La Hire – »die Wut«. La Hire – der Rammbock. La Hire – die Verkörperung des Kriegs, tyrannisch und gnadenlos. La Hire – der

Zorn Gottes, wie er bei den Engländern hieß – der einzige der französischen Hauptleute, dem man auf keinen Fall zu nahe kommen durfte. Wo La Hire hintrat, da wuchs kein Gras mehr. Mit seinen 49 Jahren war La Hire längst ein Mythos, auch jenseits der Grenzen Frankreichs. Die wenigen französischen Siege der Vergangenheit verbanden sich mit seinem Namen. La Hire hinkte, seitdem ein Wirtshauskamin über ihm zusammengebrochen war. Aber er war weiterhin auf dem Schlachtfeld zu Hause, er kannte kein anderes Leben. Und dieser La Hire hatte dort, wo er zu Hause war, noch nie eine Frau erlebt, die keine Soldatenhure gewesen wäre. Jeanne begrüßte ihn, La Hire fluchte, Jeanne verbot ihm zu fluchen. Nicht nur in ihrer Gegenwart, auch hinter ihrem Rücken. Der einzige Fluch, den sie ihm durchgehen lasse, sei: Bei meinem Stock. La Hire glotzte Jeanne an, dann Alençon. Und dann sagte er, den Blick immer noch auf Alençon gerichtet:
»Bei meinem Stock!«
Jeanne mochte La Hire.
Auf der Kommendeursbesprechung am Abend verkündete sie die neuen Regeln, gültig für das gesamte Heer: keine Flüche mehr, keine Gotteslästerungen, keine Huren, keine Plünderungen – nicht nur auf diesem Feldzug, sondern solange sie gemeinsam im Auftrag ihrer Stimmen kämpften, mit anderen Worten, bis Frankreich von allen Engländern befreit sei. Diese Regeln galten ab sofort.
Gut. Der König hatte seine Hauptleute ausdrücklich angewiesen, der Jungfrau in allen Dingen ihren Willen zu lassen, die nicht unmittelbar die Kriegsführung betrafen. Aber natürlich hatte der König nicht ahnen können, was dabei herauskam. Und offenbar meinte sie es ernst. La Hire wischte sich den Schweiß von der Stirn.
Am nächsten Morgen ritt Jeanne zusammen mit den anderen Kommandeuren durchs Lager, redete selbst mit den Soldaten, redete selbst mit den Huren, und wenn die nicht freiwillig ihre

Sachen packten, half sie mit ihrem Kreuzfahrerschwert in der Lederscheide nach. Keine Flüche, keine Plünderungen, keine Huren – Alençon, Gilles und die anderen Heerführer wiederholten es noch einmal.

Damit nicht genug, ließ sie auf der Uferwiese unterhalb der Stelle, wo das Vieh zusammengetrieben wurde, die Geistlichen und Chorknaben von Blois antreten und Hymnen auf die Jungfrau Maria singen. Die Geistlichen und Chorknaben sangen, laut und schön, Hymnen auf die Jungfrau. Und es zeigte sich, daß nicht nur der notorisch musikversessene Gilles de Rais hingerissen war. Sondern daß auch einfache Soldaten für die Wirkung von Musik nicht unempfänglich waren. Aber alle, die sich dieses Ereignis aus der Nähe ansehen wollten, wurden auf Jeannes Befehl solange zurückgehalten, bis sie gebeichtet hatten. Es waren genug Priester da, jeder würde drankommen. Und fast alle beichteten. Selbst La Hire – von dem jeder wußte, daß sich sein Verhältnis zum Allmächtigen bisher auf ein einziges kurzes Gebet beschränkt hatte: Gott – tu für La Hire das, was du von La Hire erwarteten würdest, wenn du La Hire wärst und La Hire Gott. Amen.

Diese erbaulichen Zusammenkünfte fanden von nun an zweimal täglich statt. Die Priester sangen, die Soldaten beichteten, La Hire verschluckte seine Flüche. Jeanne war von morgens bis abends dabei, sang mit, beichtete mit, redete auf die Leute ein, um ihnen klar zu machen, daß es nun ernst würde, sprach ihnen gleichzeitig Mut zu und verjagte die letzten Huren. Niemand sollte glauben, man könne Krieg so nebenbei führen. Nicht nur das Schicksal Frankreichs stand auf dem Spiel, auch ihr eigenes – eine einzige Niederlage, und sie könnte froh sein, wenn ihr nichts Schlimmeres blühte als daheim von ihrem Vater Prügel zu beziehen – der, wie sie von ihren Brüdern wußte, außer sich war vor Wut.

Am 26. April 1429 brach das Heer auf – Soldaten und Tiere setzten auf Flößen und Kähnen über den Fluß und zogen land-

einwärts in Richtung Orléans, in sicherer Entfernung zu den englischen Stellungen an der Loire. In den nächsten drei Tagen wurden die spärlichen Bewohner der stillen Sologne Zeugen eines sonderbaren Heerzugs: Anschwellender Priestergesang, noch bevor die ersten Priester auftauchten, noch bevor der ganze große Haufen singender Priester sichtbar wurde, der auf zwei Ritter auf herrlichen schwarzen Schlachtrössern folgte und dem sich eine Armee von etwa 4000 Mann anschloß, die in allen Dörfern einen ungewöhnlich disziplinierten Eindruck hinterließ, auch weil der übliche Troß aus Huren und Hurenkindern fehlte. Das Blöken und Grunzen einer schier unübersehbaren Menge Viehs und das Rumpeln von 60 Getreidekarren erlöste die Zuschauer schließlich aus ihrer feierlichen Stimmung. Daß Jeanne auch des nachts ihre Rüstung nicht ablegte, machte einen unauslöschlichen Eindruck auf La Hire.
Der Zug ließ Orléans links liegen und erreichte das Loireufer etwa 10 Kilometer östlich der Stadt am späten Nachmittag. Jeanne, deren geographische Vorstellungen verschwommen waren, stellte fest, daß man weißgott wo war, nur nicht vor den englischen Stellungen im Norden von Orléans, wo den Anweisungen ihrer Stimmen zufolge der erste Angriff zu erfolgen hatte, und zwar unverzüglich. Alençon und die anderen wagten den Einwand, daß das Vieh bei einem derart improvisierten Angriff hinderlich sein könnte. In diesem Augenblick traf der Graf von Dunois am verabredeten Treffpunkt ein – er hatte die Stadt von den Engländern unbemerkt verlassen und mit einem Boot übergesetzt. Jeanne, vor Erschöpfung und Empörung zitternd, wartete die Begrüßung nicht ab.
»Habt Ihr den Rat gegeben, mich auf dieser Seite der Loire kommen zu lassen und nicht direkt vor die englischen Stellungen zu marschieren?«
Dunois, der Verteidiger von Orleáns, hatte mit einem herzlicheren Empfang gerechnet.
»Ja. Ich und andere, die klüger sind als ich, haben diesen Rat

gegeben, in dem Glauben, so die Sicherheit des Unternehmens besser zu gewährleisten.«
»Im Namen Gottes«, fuhr sie ihn an, »der Rat Gottes ist besser und klüger als Eurer. Ihr habt geglaubt, Ihr könntet mich täuschen. Aber Ihr habt Euch selbst getäuscht, denn ich bringe Euch bessere Hilfe als sie je eine Stadt erhalten hat, nämlich die Hilfe des Königs im Himmel!«
Da nun nichts zu ändern war, beruhigte sie sich soweit, daß sie den Beratungen folgen konnte. Zunächst also sollten das Vieh und der übrige Proviant auf Booten und Schiffen über die Loire in die Stadt geschafft werden; die Engländer würden derweil durch einen Ablenkungsangriff der Verteidiger daran gehindert, diesen Plan zu vereiteln. Unglücklicherweise, und das war Dunois mehr als peinlich, war die Durchführung dieses Plans wegen des heftigen Gegenwinds ins Stocken geraten, und die Boote lagen immer noch vor Orléans fest.
»Das heißt nichts«, ließ Jeanne sich vernehmen, »der Wind wird sich bald drehen.«
Und kurz darauf drehte der Wind. Die Armada aus Booten und Lastkähnen traf ein, das Vieh wurde verladen und unbehelligt flußabwärts nach Orléans transportiert. Dunois war sprachlos – zumal sich auch das Ablenkungsmanöver zu einem erfolgreichen Angriff entwickelt hatte, in dessen Verlauf sogar ein englisches Feldzeichen erobert worden war.
Das Heer übernachtete am Flußufer. Und am nächsten Morgen war Jeanne kurz davor, alles hinzuwerfen. Es gab neue Anweisung aus Blois: Das Heer solle zurückmarschieren, um einen weiteren Proviantzug zu begleiten, die Jungfrau solle in Orléans warten. Die Jungfrau jedoch wollte ohne das Heer nicht in Orléans einziehen, und das Heer wollte nicht ohne die Jungfrau nach Blois zurückkehren. Die Kommandeure waren verstimmt, Jeanne tobte. Erst schlug man die taktischen Anweisungen ihrer Stimmen in den Wind, dann wurde hinter ihrem Rücken der ganze Zeitplan umgestoßen. Das fing ja gut an. Und wenn

nun das Heer in Blois festgehalten wurde, weil ein Herr Trémoille sich einfallen ließ, solange zu warten, bis der letzte Maure aus Spanien vertrieben wäre?
Schließlich willigte sie ein, gemeinsam mit Dunois und La Hire nach Orléans vorauszureiten. Am selben Abend, im Schutz einer stockfinsteren Nacht und eines apokalyptischen Gewitters, näherten sich die drei der Burgunderpforte, dem einzigen Stadttor, das nicht von den Engländer blockiert war.
Jubelgeschrei empfing sie. Glockengeläut von allen Kirchen mischte sich in das Krachen des Donners. An zahllosen Fackeln zerrte der Sturm. Die Stadt kochte. Dunois versuchte, sich an Jeannes Seite zu halten, wurde jedoch immer weiter abgedrängt, weil Hunderte gleichzeitig ihr tropfendes Pferd, ihren durchnäßten Mantel, den Schaft ihrer weißen Standarte berühren wollten. Frauen und Kinder versuchten, mit ihr Schritt zu halten, als könnten sie sich nicht satt an ihr sehen. Wie viele Einwohner hatte die Stadt? 30 000? Heute nacht waren sie trotz des Unwetters alle auf den Beinen. In jeder Straße, durch die sie kamen, tobte sich eine Freude, eine Erleichterung aus, als sei die Befreiung von Orléans schon ausgemachte Sache. Woran auch Jeanne keinen Augenblick zweifelte. Keinen Augenblick zweifeln durfte. Einer, der ihr Gesicht sehen wollte, hielt seine Fakkel so hoch, daß ihre Standarte Feuer fing. Sofort zügelte sie ihr scheuendes Pferd und löschte mit einer Handbewegung die Flammen. Frenetischer Jubel, Applaus, Bravorufe – bis sie am anderen Ende der Stadt vor dem Haus ihres Gastgebers, des Schatzmeisters Jacques Boucher, ankam.
Welch ein Luxus! Holzgetäfelte Wände, kostbare Gobelins, Wand- und Deckengemälde – edler als alles, was sie in den königlichen Gemächern in Chinon zu Gesicht bekommen hatte. Jeanne winkte den Menschen vom Fenster ihres Zimmers aus zu, bevor ihr Haushofmeister Jean d'Aulon sich daran machte, sie aus der nassen Rüstung zu schälen. An Schlaf war wegen des Lärms vor dem Haus die ganze Nacht über nicht zu denken.

Der nächste Tag war Sonntag, der 1. Mai. Das Kreischen und Poltern da draußen war unerträglich. Offenbar versuchte man, die Haustür aufzubrechen. Wofür hatte man eigentlich Wachen aufgestellt? D'Aulon kam ins Zimmer: Der Graf von Dunois bitte sie, sich zu zeigen, er befürchte sonst einen Aufstand. Was sollte das heißen: sich zu zeigen? Jeanne war darauf vorbereitet, am heutigen Vormittag den entscheidenden Angriff zu unternehmen. Zusammen mit La Hire, d'Aulon und anderen bahnte sie sich ihren Weg durch die jubelnde Menschenmenge zum Stadtpalast des Dunois. Dort erfuhr sie, daß Dunois noch heute nach Blois aufbreche, um den Rückmarsch des Heers zu beschleunigen – sie möge sich bis zu seiner Rückkehr aller militärischen Aktionen enthalten. Jeanne ritt verärgert zurück, diktierte ihrem Beichtvater Pasquerel einen Brief, in dem sie den englischen Oberbefehlshaber Talbot aufforderte, sich zu ergeben – das war ja wohl keine militärische Aktion –, und schickte ihre zwei Herolde damit ins englische Hauptquartier. Am Abend kam einer der beiden mit der Nachricht zurück, die Engländer wollten den anderen verbrennen – mit dem Herold einer Hure mache man kurzen Prozeß.
2. Mai. Jeanne verschaffte sich von der Stadtmauer aus einen Überblick über die englischen Stellungen – auch das würde hoffentlich keiner als militärische Aktion verstehen. Im nördlichen Vorland zogen sich die Schanzen und Bastionen mit den Zeltlagern und Steinschleudern und Belagerungstürmen der Engländer im weiten Halbkreis um die Stadt. Von der südlichen Stadtmauer aus sah sie erstmals die imposante, 300 Jahre alte Brücke, die über die breit dahinströmende Loire führte. Den letzten Brückenbogen hatten die Verteidiger in einer Nacht- und Nebelaktion eingerissen, nachdem die Engländer die Befestigungstürme erobert hatten, die die Brücke gegen Angriffe von Süden her sicherten. Diesen Befestigungstürmen gegenüber, hart am Rand des eingerissenen Brückenbogens, hatten die Verteidiger ein provisorisches Bollwerk errichtet. Obwohl

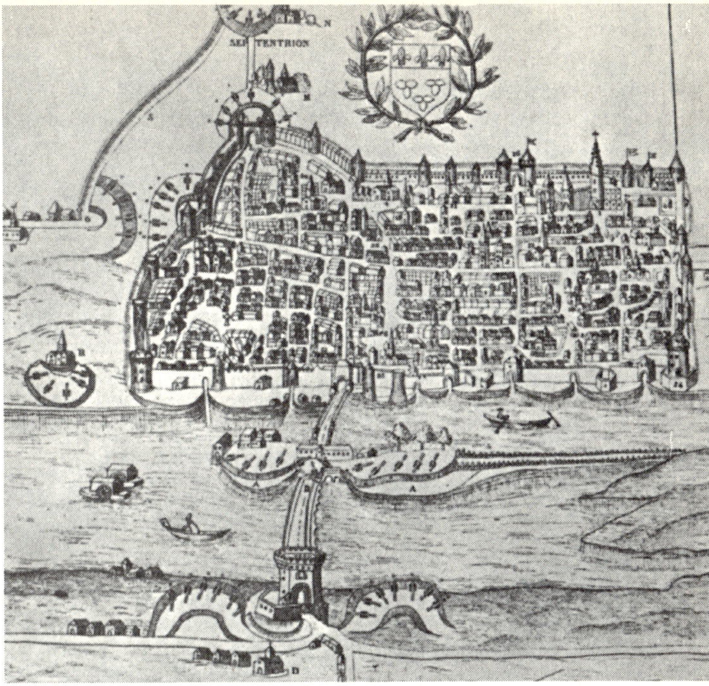

Ansicht des mittelalterlichen Orléans, Kupferstich aus dem 16. Jahrhundert. (Bibliothèque Nationale, Paris)

die Brücke in Reichweite der englischen Pfeile lag, ging Jeanne bis zu diesem Bollwerk vor und forderte Glasdale, den Kommandanten der englischen Garnison in den Befestigungstürmen, lauthals auf, sich zu ergeben. Sie erntete Grölen und Hohngelächter.

»Du Kuhtreiberin des kleinen Königs von Chinon! Wenn wir dich kriegen, braten wir dich!«

»Ketzern und Zuhältern ergeben wir uns nicht! Und einer Frau schon gar nicht!«.

»Glasdale!« brüllte Jeanne zurück. »Du wirst sterben, ohne daß dir Zeit zum Beichten bleibt, und zwar bald!«

War das jetzt eine militärische Aktion gewesen?
3. Mai. Seit gestern arbeiteten die Metzger rund um die Uhr, und die Mühlsteine der Getreidemühlen liefen heiß. Da man den Leuten noch immer keinen Angriff bieten konnte, veranstalteten Geistlichkeit und Stadtrat am Morgen eine große Prozession mit anschließendem Bittgottesdienst in der Kathedrale. Wo immer Jeanne auftauchte, brach Tumult aus. Die Leute stürzten an die Fenster und rissen sich darum, einen Blick auf sie zu erhaschen, die Männer konnten nicht fassen, wie souverän sie im Sattel saß. Am Nachmittag traf Verstärkung ein, Hilftruppen der königstreuen Städte Gien und Montargis. Alle priesen die Jungfrau.
4. Mai. Dunois näherte sich, Priester vorweg, mit dem Heer und einem Proviantzug der Stadt, der selbst vom höchsten Festungsturm aus gesehen bis zum Horizont reichte. Sie hatten die Tollkühnheit besessen, die Straße am rechten, am englischen Loireufer zu nehmen. Einige der maßgeblichen Herren schienen sich schon für unverwundbar zu halten. Jeanne, La Hire und etwa 500 bewaffnete Bürger zogen ihnen zur Begrüßung entgegen. Niemand verstand, daß die Engländer sich noch immer nicht rührten.
Nach dem gemeinsamen Mittagessen zog Dunois Jeanne und d'Aulon ins Vertrauen: Die Engländer führten Verstärkung heran, und zwar unter dem Kommando ihres berühmten Kriegshelden Fastolf. Jeanne reagierte keineswegs erschüttert, eher freudig erregt.
»Sagt mir Bescheid, sobald ihr hört, daß dieser Fastolf sich nähert! Solltet Ihr mich im ungewissen lassen, reiße ich Euch den Kopf ab!«
Dunois war an einem der kultiviertesten Höfe Italiens erzogen worden. Außerdem besaß er Humor. Er verzog die feinen Lippen zu einem schmalen Lächeln.
Später zogen sich Jeanne und d'Aulon auf ihre Zimmer im Haus des Schatzmeisters zurück, um eine Ruhepause einzulegen.

Jeanne lag noch nicht lange auf ihrem Bett, da schreckte sie hoch, stürzte in d'Aulons Zimmer und rüttelte ihn wach.
»Meine Stimmen haben mir gerade befohlen, die Engländer anzugreifen. Ich weiß nur noch nicht, ob es gegen Fastolf oder gegen die Schanzen geht!«
Sofort war das ganze Haus in Aufruhr. D'Aulon sprang auf. Die Frau des Schatzmeisters und ihre Tochter halfen Jeanne in die Rüstung. Der Page sattelte das Pferd. Sie saß auf, ließ sich ihre Standarte durchs Fenster herunterreichen und galoppierte mit funkensprühenden Hufen in Richtung des größten Lärms. An der Burgunderpforte angekommen, sah sie die ersten Verletzten, stöhnend, blutüberströmt. Sie zügelte für einen Augenblick ihr Pferd – das also war der Krieg! »Es sieht schlecht aus!« rief einer ihr zu. Dann weiter, mit wehender Standarte, raus aufs Feld. In einiger Entfernung tobten Kämpfe um eine der englischen Schanzen, eine Klosterruine. D'Aulon holte sie ein – bis zur endgültigen Befreiung von Orléans war er für ihre Sicherheit verantwortlich –, Dunois und andere stürmten an ihr vorbei. Sie hielt ihr Pferd erst kurz vor der Schanze an, mitten im Getümmel. Die Franzosen brüllten los, griffen an, töteten in den nächsten zwei Stunden mehr als hundert Feinde und überrannten die Schanze. Die letzten Engländer, die sich in der Klosterkirche verbarrikadiert hatten, gaben auf. Jeanne konnte ein Massaker gerade noch verhindern. Die eigenen Verluste waren gering.
Man hatte ihr diesen Angriff verheimlicht. Es stellte sich jedoch heraus, daß niemand ihn geplant hatte. Die Bürgerwehr, durch nichts mehr zu bremsen, hatte diesen Ausfall auf eigene Faust gewagt. Bei ihrem Beichtvater Pasquerel brach Jeanne in Tränen aus und weinte lange. In der Stadt feierte man ihren ersten Sieg.
5. Mai. Christi Himmelfahrt, Waffenruhe. Jeanne wurmte die Sache mit ihrem gefangenen Herold. Sie diktierte einen weiteren Brief an die Engländer des Inhalts, daß sie die letzte Gele-

genheit, ungeschoren abzuziehen, doch um Gottes und ihretwillen ergreifen sollten, und ließ daruntersetzen: »Ich hätte euch meinen Brief gern auf angemessenere Weise geschickt, aber ihr haltet meinen Herold fest. Sendet ihn mir zurück, und ich schicke euch einige der Gefangenen, die wir gestern gemacht haben.« Ein Bogenschütze wickelte den Brief um einen Pfeil und schoß ihn zu den Befestigungstürmen hinüber.

»Hure der Armagnaken!« war die Antwort. »Wir werden dich als Hexe verbrennen!«

Jeanne brach vor Wut in Tränen aus, fing sich aber, nachdem sie in einer Kirche gebeichtet hatte.

Am Abend trafen sich sämtliche Kommandeure zu einer Strategiebesprechung im Haus des Schatzmeisters. Jeanne wurde auf vielfachen Wunsch nicht hinzugezogen. Man faßte den Beschluß, am nächsten Tag einen Großangriff auf die Befestigungstürme am Südende der Brücke zu unternehmen und die englischen Kräfte im Norden gleichzeitig durch einen Scheinangriff auf eine ihrer Schanzen abzulenken. Dunois schlug vor, wenigstens das Ergebnis ihrer Beratungen der Jungfrau mitzuteilen. Der Ritter Jean de Gamache war entschieden dagegen.

»Habt ihr schon einmal erlebt, daß sie irgend etwas billigt, was wir beschlossen haben? Wir können doch beschließen, was wir wollen, sie ist dagegen!«

Dunois, Alençon und La Hire plädierten weiterhin dafür, die Jungfrau einzuweihen, konnten sich aber nicht durchsetzen.

»Ich bekäme meine Befehle wirklich lieber von einem Mann als von dieser unbeleckten Göre, die sich für wer weiß wen hält!« schimpfte Gamache.

Man einigte sich auf einen Kompromiß: Von dem Scheinangriff dürfe sie wissen – aber über den Großangriff auf die Türme kein Wort. Jeanne wurde geholt, Dunois erzählte etwas von einem Angriff auf eine der nördlichen Schanzen, Jeanne unterbrach ihn.

»Bitte, meine Herren, versucht nicht, mich hinters Licht zu füh-

ren. Ich kann noch ganz andere Geheimnisse bewahren. Aber wenn Ihr Eure Beschlüsse lieber für Euch behalten wollt...«
Sie rannte hinaus, Dunois hinterher. La Hire grinste, Gamache sprang auf und versetzte seinem Sessel einen Tritt, daß er gegen die Wandtäfelung krachte. Dunois kam mit Jeanne zurück und erklärte ihr ausführlich den ganzen Angriffsplan.
6. Mai. An diesem Morgen war der Angriffsplan vom Vorabend schon nicht mehr gültig. Es schien Streit gegeben zu haben. Jeanne wartete mit La Hire und einer großen Menge Bewaffneter vor der Burgunderpforte darauf, hinausgelassen zu werden – vergeblich, das Tor blieb geschlossen, Befehl. Der Stadtkommandant Gaucourt erschien, für heute sei kein Angriff geplant. Jeanne fuhr ihn an: Wer hier das Sagen haben, er oder sie? Mit ihrer Standarte beschrieb sie einen Halbkreis über die Köpfe der unruhigen Menschenmenge.
»Diese Leute werden kämpfen, und sie werden siegen, so wie sie das letztemal gesiegt haben!«
Lautstarke Zustimmung von allen Seiten. Gaucourt, für den es brenzlig wurde, gab nach, das Tor öffnete sich. Während man in Kähnen und Flößen auf die nächste Loireinsel übersetzte, schlossen sich auch Alençon, Dunois und Gilles de Rais dem Heer an. Angriffsziel war die Ruine eines Augustinerklosters ganz in der Nähe der Brückenfestung, das die Belagerer zur Bastion ausgebaut hatten – einer der stärksten englischen Stützpunkte. Die Franzosen waren gerade dabei, eine Pontonbrücke über den Flußarm zu schlagen, der jetzt noch zwischen ihnen und dem Südufer lag, als die ersten bewaffneten Engländer dort Verwünschungen schreiend auftauchten.
Jeanne und La Hire ließen sich mit ihren Pferden hinüberrudern, legten die Lanzen an und sprengten den Angreifern entgegen. Jeanne wich den ersten aus – sie wollte keinen töten, nicht einmal verletzen, obwohl es sie in den Fingern juckte, die Wirkung ihres Kreuzfahrerschwerts zu erproben –, hörte hinter sich einen Aufschrei aus tausend Kehlen, machte kehrt – La

Hire schlug bereits fluchend um sich – und sah, daß das ganze französische Heer ihr folgte: Einige stürmten über die Pontonbrücke, viele kämpften sich durch den Fluß, und alle warfen sie sich den Engländern brüllend entgegen. Jeanne saß ab, übergab dem atemlosen Pagen das Pferd, riß ihm die Standarte aus der Hand, sah, wie d'Aulons Schwert neben ihr einen Engländer traf, lief dahin, wo es am heißesten herging, und sorgte dafür, daß ihre Standarte immer im Blickfeld der Kämpfenden war.
»Hure!« schrie jemand in ihrer Nähe. »Verfluchte Hure! Gottverdammte Hexe!«
Wofür hatte sie eigentlich ihr Kreuzfahrerschwert? Sie legte die Hand an den Griff, ließ es dann aber stecken, die ersten flohen schon. La Hire, immer noch zu Pferd, setzte ihnen nach, und im nächsten Moment versuchten die Engländer nur noch, mit heiler Haut die Augustinerbastion zu erreichen. Hier gingen die Franzosen mit Streitäxten auf den Palisadenzaun los, schlugen Breschen hinein, und ein bis zu den Zähnen bewaffneter englischer Hüne, der verbissen Widerstand leistete, wurde zuletzt genauso erschlagen wie die meisten anderen Verteidiger.
Jeanne pflanzte ihre Standarte als Siegeszeichen auf den höchsten Punkt des Walls. Die Überlebenden flüchteten sich in die Zwillingstürme der Brückenbefestigung, in denen Glasdale jetzt mit etwa 600 Bogenschützen festsaß. Kurz darauf ging das eroberte Kloster vor ihren Augen in Flammen auf.
An diesem Abend bot sich den Bürgern auf der Stadtmauer von Orléans ein erhebendes Bild: zahlreiche Feuer erhellten das gegenüberliegende Ufer, und jedes Feuer stand für einen Sieg. In der Ferne schossen Flammen aus einer englischen Schanze, deren Besatzung im Schutz der Dunkelheit geflohen war. Und vor ihnen flackerten die Lagerfeuer des französischen Heers rund um die glimmenden Reste der Augustinerbastion. Die ganze Nacht über ruderten Frauen und Männer mit Braten, Würsten und Wein über den Fluß.
Jeanne hatte auch nach diesem Tag noch Kraft genug, sich den

neuen Beschlüssen des Kriegsrats zu widersetzen. Die Herren fanden, es sei genug gesiegt worden, der Proviant reiche für Wochen, und bevor man Glasdale in der Brückenfestung angreife, wolle man weitere Verstärkung abwarten. Das Wort ›abwarten‹ hatte Jeanne schon immer in Rage versetzen können, jetzt geriet sie außer sich. Gilles de Rais bemühte sich um Vermittlung: Man solle die Brückenfestung nur belagern und Glasdale aushungern. Jeanne ignorierte ihn.

»Ihr seid mit Euch zu Rate gegangen, ich habe derweil meine eigenen Ratgeber befragt. Und Ihr dürft mir glauben: Der Rat meines Herrn wird befolgen werden, und von Eurem wird in einer Stunde keiner mehr reden.«

Dann rief sie so laut, daß es an den nächsten Lagerfeuern zu hören war:

»Morgen werden wir über die Brücke in die Stadt einziehen!«

Und dann, an ihren Beichtvater Pasquerel gewandt:

»Steht in aller Frühe auf und tut Euer bestes – ich werde viel zu tun bekommen. Und haltet Euch immer in meiner Nähe, denn morgen wird Blut aus einer Wunde über meiner Brust fließen.«

7. Mai. Der Pfeil traf sie von oben und bohrte sich in ihre Schulter. Sie hatte gerade vor dem Erdwall der Brückenschanze eine Sturmleiter aufgestellt, es war der erste Angriff nach der Mittagspause, der wievielte seit dem frühen Morgen, das wußte sie schon nicht mehr, seit Stunden rannten sie jetzt gegen dieses Bollwerk an, aber die Engländer dort oben waren offenbar unsterblich. Sie brach wimmernd zusammen. Man schaffte sie sofort aus dem Getümmel, nahm ihr den Brustpanzer ab, zog den Pfeil heraus, bestrich die Wunde mit Olivenöl, bedeckte sie mit einer Scheibe Speck und legte ihr einen Verband an. Pasquerel tröstete sie. Die Wunde war nicht tödlich. Sie hinderte Jeanne nicht einmal daran, den Brustpanzer wieder anzulegen und augenblicklich zu ihrer Standarte am Grabenrand vor der Schanze zurückzukehren.

Eine Angriffswelle nach der anderen brach sich an den Erdwällen des Bollwerks, das der Brückenbefestigung vorgebaut war, Jeanne immer unter den ersten Angreifern, ihr Kreuzfahrerschwert immer noch in seiner Scheide. Kurz vor Sonnenuntergang wollte Dunois das Trompetensignal zum Rückzug geben lassen, es war sinnlos. Etliche der Kommandeure rieben sich die Hände.

Jeanne beschwor Dunois, noch zu warten. Sie ordnete eine kurze Erholungspause an, stieg aufs Pferd und ritt übers Feld zu einem Weinberg, um dort zu beten. Dunois ließ das Rückzugssignal blasen. Der baskische Soldat am Grabenrand, der die Standarte der Jungfrau hielt, rührte sich nicht von der Stelle. D'Aulon brüllte ihm zu, den letzten Angriff mache er verdammt noch mal allein, ob der Baske mitkomme? Dann ließ er sich in den Graben hinunter, den Schild gegen Steinwürfe und Pfeile über dem Kopf, der Baske mit der Standarte hinterher.

In diesem Augenblick kam Jeanne zurück. Sie erkannte weder d'Aulon noch den Basken, glaubte ihr Banner verloren, bekam aber noch den Schaft zu fassen und rüttelte mit aller Kraft daran. Den ganzen Tag über hatte das Banner der Jungfrau das Zeichen zu Angriff gegeben. Die ersten stürzten d'Aulon hinterher, dann immer weitere, schließlich das ganze Heer. Sturmleitern wurden aufgerichtet, und zu Hunderten griffen sie an, von allen Seiten, mit Streitäxten und Schwertern, schlugen die Verteidiger zurück, drangen über den Palisadenzaun ein und erstürmten das Bollwerk im letzten Tageslicht.

Unter den Engländern brach Panik aus. Das Bollwerk war verloren, und hinter ihnen stand die Zugbrücke, die in die Festung führte, in Flammen. Ein Fischer hatte im letzten Moment einen Lastkahn mit Stroh und Schwefel unter die Holzbrücke gezogen und angezündet. Als Glasdale und einige Männer versuchten, sich über die brennende Brücke zu retten, gab sie nach und zersplitterte krachend. Glasdale, in voller Rüstung, ertrank. Die letzten 200 Engländer ergaben sich. Jeanne wurde über die Brücke ins Haus des Schatzmeisters gebracht, eine provisori-

Als erste Stadt Frankreichs ehrte Orléans Jeanne d'Arc mit einem Reiterstandbild (Leo Linder, Düsseldorf)

sche Plankenkonstruktion überspannte den zerstörten Brükkenbogen. Ihre Wunde wurde behandelt. Sie aß einige Scheiben geröstetes Brot, in verwässerten Wein getunkt, bevor sie schlafen ging. Am Südufer der Loire gab es nicht einen englischen Stützpunkt mehr.

8. Mai, Sonntag. Die Wächter meldeten, die Engländer im Norden der Stadt brächen ihre Zelte ab und räumten ihre Stellungen. Jeanne zog sich der schmerzenden Wunde wegen nur einen leichten Waffenrock über und ritt mit Dunois, Alençon, La Hire und den anderen hinaus vors Tor. Um sie herum versammelte sich nach und nach das Heer. Und nicht allzu weit von ihnen entfernt hielten die Engländer an und stellten sich in Schlachtordnung auf – vielleicht 4000 Mann. Sie waren nicht deutlich zu erkennen, aber jeder wußte: Da drüben, in der ersten Reihe, Schulter an Schulter, warteten jetzt die Sieger von Crécy und Azincourt, die Langbogenschützen.

Die französischen Soldaten fieberten der Entscheidungsschlacht entgegen – sie hatten den Geschmack des Siegs noch auf der Zunge. Dunois und die anderen waren jedoch dagegen. Diesmal auch Jeanne. Nur im Falle eines Angriffs wollte sie sich heute auf einen Kampf einlassen. Aber wie man aus allen Schlachten wußte, griffen die Engländer nie an. Sie hatten keine Kavallerie, und ihre Langbogenschützen mußten von sicheren Positionen aus operieren. Bewegungslos standen beide Heere sich gegenüber. Die Heißblütigsten unter den Franzosen hielten die Spannung nicht aus und machten Anstalten, sich allen Befehlen zum Trotz auf den Gegner zu stürzen. Jeanne ließ Priester aus der Stadt kommen und die feierlichsten Hymnen singen, die sie im Repertoire hatten. Die Gemüter beruhigten sich langsam.

Nach einer Stunde kam Bewegung in die Reihen der Engländer – sie zogen ab, Richtung Meung, stromabwärts.

Orléans war gerettet.

Soldaten und Zuschauer brachen in Freudengeheul aus, Bürger

und Söldner fielen sich in die Arme. Die Truppen erwartete ungeduldig den Befehl, die Verfolgung aufzunehmen. Aber für den Fall eines freiwilligen Abzugs hatte Jeanne den Engländern schriftlich Schonung von Leib und Leben zugesagt. Und außerdem war Sonntag.

»Laßt sie laufen«, rief sie. »Ihr bekommt sie ein andermal.«

Das allerdings war mit La Hire nun doch nicht zu machen. Er gab seinem Schlachtroß die Sporen, und ein gutes Hundert seiner Leute folgte ihm in wildem Galopp. Sie setzten den Engländern bis kurz vor Meung nach und kamen am Abend mit mehreren englischen Geschützen und Wagen voller Munition und Belagerungsgerät zurück. Bei der Plünderung der Schanzen stießen die Bürger von Orléans unter anderen Gefangenen auf den Herold der Jungfrau – in Ketten, aber am Leben.

Keine drei Monate, nachdem sie aus Vaucouleurs aufgebrochen war, hatte Jeanne ihr erstes Versprechen eingelöst – die unbesiegbaren Engländer waren besiegt, Orléans war befreit, die endgültige Niederlage Frankreichs abgewendet. Die ganze Stadt war im Freudentaumel – zwei Tage lang wurde der Sieg mit Gottesdiensten, Jeanne mit Umzügen und Festmälern gefeiert. Und das einzige, was der eine oder andere im Stillen bedauerte, war, daß Glasdale ertrunken war. Für den hätte es ein saftiges Lösegeld gegeben.

Der König ließ sich in Orléans nicht blicken. Aber er schickte Dunois einen Brief, in dem er Gott, seinen Heerführern und seinen Truppen für den Erfolg dankte und der Jungfrau seine Anerkennung dafür aussprach, daß sie bei allen Angriffen »persönlich anwesend« gewesen sei.

Wer sich auch nicht sehen ließ, war Trémoille.

ZWISCHENSTÜCK

Die Ehre des weiblichen Geschlechts

Mit einem Schlag ist Jeanne d'Arc das Idol Europas. Ihr Sieg bei Orléans – und wer bezweifelt, daß es ihr Sieg war? – ist das Medienereignis des Jahres 1429, eine Sensation, die von Lübeck bis Neapel Aufsehen erregt. Die Flugblattschreiber haben ihr Thema gefunden. Die Vertreter der großen italienischen Handelshäuser berichten aufgeregt in Fortsetzungen über die Heldentaten der Jungfrau nach Mailand und Venedig. Die Korrespondenten der Hofjournale graben sogar erbauliche Geschichten über ihre Kindheit aus. Allen Berichten gemeinsam ist die Überzeugung, Augen- oder Ohrenzeuge von Ereignissen geworden zu sein, die in der Geschichte nicht ihresgleichen haben. »Wir wissen«, schreibt ein italienischer Korrespondent, »daß alles, was sie sagt, stets in Erfüllung ging. Wahrscheinlich ist sie gekommen, um wunderbare Dinge in dieser Welt zu vollbringen.«

Den ersten schriftlichen Niederschlag außerhalb von Orléans findet ihr Sieg in Paris, wo der Kanzleischreiber des Parlaments unter den Tagesereignissen des 10. Mai eine Jungfrau erwähnt, die auf Seiten der Franzosen vor Orléans gekämpft haben soll. Diese Nachricht scheint ihn noch eine Weile beschäftigt zu haben, denn er ergänzt seinen Eintrag um eine kleine Skizze. Sie zeigt ein schlankes Mädchen im knielangen Kleid, ein wenig mürrisch, mit Stupsnase und langem, offenem Haar, in der Linken ein großes Schwert, in der Rechten ein flatterndes Banner. Das erste Portrait von Jeanne d'Arc. Und selbstverständlich ein Phantasieprodukt, so wie die anderen Jeanne-d'Arc-Bildchen auch, die jetzt europaweit in Mode kommen – in Regensburg verkauft man sie für 16 Groschen das Stück.

Das erste Jeanne-d'Arc-Portrait – eine Skizze des Kanzleischreibers des Pariser Parlaments, gezeichnet zwei Tage nach der Befreiung von Orléans. (Edition du Conseil Général des Vosges)

Passend dazu schießen Phantasiegeschichten über ihre Kindheit und ihre Wunderkäfte ins Kraut. Bei ihrer Geburt schon soll eine unerklärliche Freude die Einwohner von Domrémy überwältigt haben. Alle gallischen Hähne von Domrémy seien in dieser Nacht in ein Begrüßungskonzert ausgebrochen. Später dann hätten Spielkameraden bemerkt, daß ihre Füße bei einem Wettlauf den Boden nicht mehr berührten. Solange sie die Schafe ihres Vaters hütete, sei ihr nie ein Lämmlein abhanden gekommen. Mit einem üppig wuchernden Geflecht von Legenden verschaffen ihre Zeitgenossen ihrem Gefühl des Außerordentlichen, des Unerklärlichen Luft.

Ihr prominentester Fan ist König Sigismund, der Kaiser des Heiligen Römischen Reichs Deutscher Nationen. Zwar unterstützt der Kaiser seit 1416 offiziell die burgundisch-englischen Interessen, zwar hat er 1417 Frankreich sogar mit Krieg gedroht – das hindert ihn aber nicht, die Vorgänge in Frankreich mit derselben Neugier und Sensationslust zu verfolgen wie seine Untertanen, die sich auf den Straßen und in den Wirtshäusern von Basel, Speyer, Mainz, Straßburg, Köln und Lübeck die Köpfe über die Jungfrau heißreden, wie aus einschlägigen Dokumenten hervorgeht. Jedenfalls läßt sich der Kaiser durch seinen Schatzmeister Eberhard von Windecken über die Unternehmungen der Jungfrau in ausführlichen Berichten auf dem laufenden halten. Und unter dem Eindruck dieser Nachrichten ergreifen im deutschen Reich immer mehr Menschen für den politischen Gegner Frankreich und gegen den offiziellen Verbündeten England Partei. Jeanne d'Arc ist das, was man heute als Sympathieträger bezeichnet – und dem haben die Engländer nichts entgegenzusetzen. Dagegen sind auch Langbogenschützen machtlos.

In Briefen und Chroniken feiern deutsche Geschäftsleute und Geistliche Jeanne d'Arc als ritterliche Kriegsheldin, als eine Frau, die Initiative ergreift und die gesamte militärische Führung Frankreichs an Tapferkeit und Tatkraft übertrifft. Einige

Kleriker stört, daß sie Männerkleidung tragen soll – was nichts an der generellen Einschätzung ändert, daß Gott durch sie ins Zeitgeschehen eingegriffen hat. Man sucht nach Vorbildern für sie in der Geschichte und finden sie nur in den starken Frauen des Alten Testaments – oder in den berühmtesten Feldherren der Antike. Ein Geistlicher aus Speyer erklärt sich ihre Taten sogar aus einer glücklichen Verbindung von Instinkt und Intelligenz.

In Frankreich selbst grassiert ein regelrechtes Jeanne-d'Arc-Fieber, mit allen Folgen für die Betroffene, die vom modernen Starrummel her bekannt sind. Für das Volk steht fest: Sie ist eine Heilige – oder ein Engel Gottes, vom Himmel herabgestiegen. Unbehelligt kann sie sich nirgendwo mehr in der Öffentlichkeit zeigen. Nur mit der Hilfe Gottes, sagt Jeanne d'Arc einmal, könne sie sich der abgöttischen Verehrung der Massen erwehren. Zentrum des Jeanne-d'Arc-Kults ist verständlicherweise Orléans, wo der Magistrat ins Stadtbuch eintragen läßt, die Befreiung der Stadt sei das größte Wunder in nachbiblischer Zeit.

Zum Abschied macht dieser Magistrat Jeanne d'Arc zwei Prachtgewänder zum Geschenk, die endgültig alle äußeren Unterschiede zwischen der Bauerstochter und einer Adligen von vornehmster Abstammung verwischen: Von nun an ist sie, für alle sichtbar, über die eisernen Regeln der spätmittelalterlichen Welt erhaben, die jedem Menschen seinen sozialen Rang nach seiner Geburt zuweisen. Aufstiegschancen bieten nur das Schlachtfeld und die Kirche – zwei Bereiche, die Männern vorbehalten sind. Damit nimmt Jeanne d'Arc einen einzigartigen Sonderstatus in der französischen Gesellschaft ein. Daß eine Frau, alle geltenden Regeln mißachtend, eine Blitzkarriere machen kann, die ausschließlich auf Leistung beruht – das dürfte für ihre Zeitgenossen das größte aller Wunder sein.

Die Kanzlei Karls VII. schlachtet die Befreiung von Orléans sofort propagandistisch aus. Im Gegensatz zum Dankschreiben des Königs, in dem Jeanne d'Arcs Anteil am Sieg mit einer lauwarmen Formulierung eher übergangen wird, streichen die offiziellen Rundschreiben an alle europäischen Herrscher ihren Einsatz groß heraus. Und damit niemandem verborgen bleibt, daß Gott die Seiten gewechselt hat, liegt diesem Schreiben eine Kurzfassung jenes Abschlußberichts bei, in dem sich die Gottesmänner der Untersuchungskommission von Poitiers sehr vorteilhaft über die Jungfrau äußern. Der Sekretär Karls VII. läßt sich in einem Schreiben an den deutschen Kaiser sogar dazu hinreißen, Jeanne d'Arc mit Alexander dem Großen, Hannibal und Caesar zu vergleichen.

Zu der Begeisterung in Frankreich und der staunenden Bewunderung in Deutschland und Italien steht die englische Reaktion natürlich in schroffem Gegensatz. Die Legende von der englischen Unbesiegbarkeit ist zerstört. Ein englischer Kaufmann in Brügge gesteht einem italienischen Kollegen, diese Niederlage raube ihm den Verstand. Die Tatsache, daß die englische Armee sich bis Orléans stets überlegen gezeigt hat, und der Umstand, daß eine Frau bei den dortigen Kämpfen die Hand im Spiel hatte, läßt eine natürliche Erklärung für die Niederlage der Belagerer ausgeschlossen erscheinen. Daß Gott die Seiten gewechselt hat, ist aber ebenfalls undenkbar. So bleibt nur der Teufel als Urheber dieser Tragödie übrig – und aus der Hure wird ein Teufelsweib im wahrsten Sinn des Wortes: eine Hexe. Für den Herzog von Bedford, der die undankbare Aufgabe hat, die Nachricht vom Scheitern der Belagerung dem König nach London zu melden, gibt es jedenfalls nur eine Erklärung: Dieser Schicksalsschlag ›wurde zum großen Teil durch Aberglauben und blinde Furcht verursacht, die eine Anhängerin und Spionin des Teufels, ›die Jungfrau‹ genannt, die von Zaubersprüchen und schwarzer Magie Gebrauch machte, ausgelöst hat.‹ Mit anderen Worten: Bedford schätzt die psychologische Wirkung der Jungfrau auf seine Soldaten als verheerend ein.

Die Burgunder übrigens nehmen die Nachricht von der Nieder-

Jeanne d'Arcs Ankunft in Chinon – deutscher Wandteppich aus dem 15. Jahrhundert. (AKG, Berlin)

lage der Engländer mit einer gewissen Schadenfreude auf – ein Verbündeter, der hin und wieder seine Grenzen gezeigt bekommt, ist ein guter Verbündeter. Der Herzog von Burgund – ein ausdauernder Hasser, der für den französischen König nicht das geringste übrig hat – ist von der Jungfrau immerhin so stark beeindruckt, daß er ihr nach der Niederlage der Engländer einen Dolch übersendet – ein Geschenk, mit dem er zweifellos den Geschmack der waffenvernarrten Heldin von Orléans trifft.

IV. AKT

Ah, mein kleiner Herzog, du hast Angst?

Der König spürte, daß seine Augen feucht wurden, und daß sich sein Lächeln nicht unterdrücken lassen würde. Auch seine Begleiter lächelten, aber es schien nicht dasselbe Lächeln zu sein. Jeanne ritt auf ihn zu, an ihrer Seite Dunois. Er hatte noch nie einen Sieger gesehen. Kriegsgewinnler gab es an seinem Hof, das ja, aber keine Sieger. Und jetzt kam ihm eine Siegerin entgegen. Auf einem Schlachtroß, schwarz wie die Nacht, in einer weißen Rüstung, ein Siegerlächeln auf dem Gesicht. Ein zierlicher Page lief hinter ihrem Pferd und trug ihr Helm und Standarte nach. Er mußte sich jetzt zusammennehmen. Jeanne zügelte ihr Pferd neben dem seinen und beugte den Kopf so tief, wie es ihr Harnisch erlaubte. Sollte er sie umarmen? Er hätte sie jetzt gerne umarmt. Aber seine Leute starrten ihn an, Dunois starrte ihn an, alle starrten ihn an. Er umarmte sie nicht. Wenigstens rang er sich ein paar Worte des Dankes ab,

ein Lob für ihre Unerschrockenheit und den beflügelnden Einfluß auf seine Soldaten.
Aber auch Jeanne war noch zu beeindrucken. Das stellte sie fest, als sie sich Loches näherten. Die Festungsmauern des Schlosses ragten bis in den Himmel, die längsten Sturmleitern würden nicht einmal bis zur halben Höhe reichen. Und über diesen gigantischen Festungsanlagen thronte der mächtige weiße Klotz des alten Bergfrieds. Alles hier war noch größer, noch imposanter als in Chinon. Und die Räume, die ihr zugewiesen wurden, waren – nun, standesgemäß durfte sie nicht sagen, aber – nicht schlechter jedenfalls als die von Alençon zum Beispiel. Schade, daß sie nur wenige Tage bleiben würden. Ihre Wunde mußte noch ausheilen, und dann ginge es weiter nach Reims, zur Krönung.
Da hatte sie sich geirrt. Nicht einmal Alençon teilte ihre Ungeduld. Trémoille, der seine Fleischmassen mit unendlicher Langsamkeit durch die Gänge des Schlosses bewegte, schien das Zeitgefühl hier in Loches zu bestimmen. Und der König verbrachte Stunde um Stunde mit Strategiebesprechungen, zu denen sie keinen Zutritt hatte. Ihre Stimmen drängten, und der König ließ sich Zeit. An schönen Tagen lieh sie sich manchmal den ältesten Sohn des Königs von seiner Amme aus, den siebenjährigen Ludwig, und spielte mit ihm in den Schloßgärten. Jeanne empfand beinahe mütterliche Gefühle für ihn, seit ihr bewußt geworden war, daß es in ihrer Hand lag, ob dieser aufgeweckte, etwas altkluge kleine Kerl jemals König würde.
Sonst widmete sie sich der Post. Fast täglich trafen Briefe ein. Die einfachen Fälle bearbeitete Pasquerel nach Absprache mit ihr. In heikleren Angelegenheiten wandte sie sich an Gilles de Rais – Alençon schied leider aus, weil er nicht schreiben konnte. Herrn de Rais gelangen Formulierungen, auf die sonst niemand gekommen wäre, und selbst lateinische Zitate waren ihm geläufig. Aber Herr de Rais besaß eben auch eine Bibliothek mit den Schriften antiker Klassiker, und einen privaten Knaben-

chor, der ihn auf seinen Reisen begleitete, und – aber lassen wir das. Gilles de Rais war ein Kapitel für sich.

»Was heißt auf Latein: ›Hilf dir selbst, dann hilft dir Gott‹? Bitte bringt das an geeigneter Stelle in unserer Antwort an die Ratsherren von Toulouse unter, Herr de Rais.«

Die Ratsherren von Toulouse hatten sich mit einer gewundenen Darlegung der finanziellen Misere ihrer Stadt an sie gewandt und die Bitte geäußert, Jeanne möge ihnen aus der Klemme helfen. Anfragen dieser Art wurden zügig abgelehnt – Finanzpolitik war nun mal nicht ihr Gebiet. Und was wollte die Herzogin von Mailand? Gilles las vor, der parfumgetränkten Briefbogen zitterte leicht in seinen goldberingten Fingern: Vor Jahren habe man sie ihres Herzogtums beraubt, nun habe sie von den Heldentaten der Jungfrau gehört und neue Hoffnung geschöpft – ob die Jungfrau nicht für eine Weile nach Italien kommen und ihr Herzogtum zurückerobern wolle? Hier war zweifellos größeres Zartgefühl gefragt. Gilles wußte in etwa, was er zu antworten hatte: Zur Zeit hätten andere Projekte Vorrang, aber sobald alle Engländer wieder da seien, wo sie hingehörten, wolle man ihre Bitte wohlwollend prüfen. Jeanne setzte ihr Kreuz darunter.

»Jeanne, geliebte Jeanne«, stöhnte Gilles, »wann wirst du endlich lernen, deinen süßen Namen zu schreiben?«

Die Freizeitgesellschaft der Höflinge hielt sich mit Palastfesten bei Laune. Auf einem dieser Feste tauchte La Hire in einem bemerkenswerten Kleidungsstück auf: einem rosaroten Mantel, in den hunderte kleiner, silberner Glöckchen eingearbeitet waren. Man war ja einiges gewöhnt – auch Jeanne selbst kleidete sich inzwischen in dem aufreizend extravaganten Stil, der bei den affektierten jungen Adligen am Hof in Mode war –, aber La Hires Kostüm stellte selbst die bizarrsten Kreationen der Hofschneider in den Schatten. Höhepunkt dieser Nacht war ein komisches Ballett, das La Hire, hinkend und bimmelnd, mit seinem Freund Poton de Xaintraills aufführte – auch deshalb ein

großer Lacherfolg, weil viele darin eine Parodie auf die letzte Tanznummer des Königs erkennen wollten. Gilles wand sich in Lachkrämpfen, von denen er sich bis zum Ende des Fests nicht mehr erholte.
Am nächsten Morgen wieder die übliche Sitzungsroutine: Lagebesprechungen, Strategiediskussionen, wie immer hinter verschlossenen Türen. Die Herren waren unfähig, sich für eine der beiden militärischen Vorgehensweisen zu entscheiden, die, wie Jeanne von Alençon wußte, zur Debatte standen: entweder auf Chartres ziehen, die Normandie erobern und gleich im Anschluß Paris belagern oder zunächst die englischen Stützpunkte an der Loire angreifen, um sichere Nachschubwege in den Norden zu bekommen. Jeanne hielt beides für falsch und versuchte, wenigstens Alençon auf ihre Seite zu ziehen.
»Wenn der Dauphin erst einmal gesalbt und gekrönt ist, kann er mit ganz anderer Autorität auftreten als bisher. Und sobald alle Franzosen ihn als König anerkennen müssen, sobald sie an ihn glauben – und er an sich –, werden die Engländer immer mehr an Macht einbüßen, bis sie am Ende gezwungen sein werden, aufzugeben.«
So mochte das Volk denken. Alençon waren solche Gedankengänge genauso fremd wie jedem anderen am Hof. Er hätte lieber weitergekämpft – wozu war man denn da? Aber selbst, wenn Jeannes Überlegungen nicht ganz unvernünftig waren – auf den Ausgang der Beratungen hatte auch er kaum noch Einfluß. Der König fragte ihn in letzter Zeit nicht mehr oft nach seiner Meinung.
Eines Tages gab Jeanne ihrer Nervosität nach, klopfte an die Tür des Sitzungsraums in der Stirnwand des großen Saals, platzte hinein, ohne auf Antwort zu warten, und warf sich dem König zu Füßen – weniger eine Geste der Ehrerbietung als der Verzweiflung.
»Edler Dauphin, haltet Euch doch nicht so lange mit Beratungen auf, Ihr verschwendet nur Zeit. Ich beschwöre Euch, so

schnell wie möglich nach Reims zu gehen, um Euch krönen zu lassen.«
Da der König stumm blieb und nur wie erstarrt dasaß, ergriff Christophe de Harcourt das Wort. Ob die Krönung in Reims ein Einfall ihrer Stimmen sei? Selbstverständlich. Ob sie den Anwesenden und vor allem dem König nicht einmal verraten wolle, wie man sich ihre Verständigung mit diesen Stimmen genau vorzustellen habe? Jeanne schoß das Blut ins Gesicht. Ja, lächelte der König jetzt, auch er frage sich das tatsächlich seit langem. Immer, wenn sie auf Widerstand treffe, antwortete Jeanne zögernd, immer, wenn sie auf taube Ohren stoße – und das geschehe unablässig –, ziehe sie sich zurück und klage ihr Unglück Gott, und nach dem Gebet vernehme sie stets eine Stimme, und diese Stimme sage: Geh, Tochter Gottes, laß dich nicht einschüchtern! Versuch es noch einmal, ich bin bei dir, ich werde dir helfen! Und jedesmal erlebe sie dann einen Augenblick so überwältigender Freude, daß sie wünschte, er möge ewig dauern.
Die Herren schauten sich an. Vor ihnen stand Jeanne – am ganzen Leib zitternd, die weitaufgerissenen Augen nach oben verdreht. Man wartete, bis sie wieder bei Sinnen war, dann sagte der Bischof von Castres:
»Deine Stimmen nennen dich ›Tochter Gottes‹?«
»Ja«, sagte Jeanne. »Seit der Erstürmung der letzten Schanze vor Orléans.«

Wieder erfüllte das Scheppern von Rüstungen und das Rumpeln von Geschützkarren die stille Sologne. Bei Selles und Romorantin wurde das Heer für den Feldzug gegen die englischen Stellungen an der Loire zusammengezogen. Und zum ersten Mal seit Menschengedenken brauchte ein französischer König keine Armee aus spanischen, italienischen, schottischen oder deutschen Söldnern zusammenzuwürfeln. Zum ersten Mal konnte er auf eine beständig anwachsende Zahl französischer

Freiwilliger zurückgreifen. Der Herzog der Bretagne – bis vor kurzem noch ein Parteigänger der Engländer – bedauerte in einem Schreiben, seiner schweren Krankheit wegen nicht persönlich an dem bevorstehenden Feldzug teilnehmen zu können – sein Sohn aber sei mit Hilfstruppen im Anmarsch. Und der achtzehnjährige Guy de Laval beschwor seine Mutter in einem Brief, sie möge so viele Länder verkaufen oder verpfänden, wie für die Aufstellung eigener Truppen nötig sei.

Der junge Herr de Laval, der noch nicht wußte, was Krieg war, schrieb diesen Brief nach einem Besuch bei Jeanne in ihrer Herberge in Selles. Jeanne hatte sich Zeit für ihn genommen, hatte Wein kommen lassen und ihm zum Schluß mit den Worten zugeprostet: Das nächste Glas, lieber Herr de Laval, werde ich mit Euch in Paris trinken!

›Man braucht sie nur anzusehen‹, fuhr er in seinem Brief fort, ›man braucht ihr nur zuzuhören – alles an ihr erscheint einem göttlich, egal, was sie tut. Ich habe sie auf ihrem Pferd gesehen, einem schwarzes Schlachtroß. Sie war in weißer Rüstung, aber ohne Helm, und ihre Hand spielte mit einer kleinen Streitaxt. Neben ihr ritt ihr Bruder, ebenfalls in weißer Rüstung, und hinter ihr lief ein Page, der ihr entrolltes Banner trug.‹

Laval versiegelte den Brief und traf sich später mit seinem Freund Alençon zu einer Tennispartie. Nach dem Spiel vertraute Alençon ihm an, der König habe zwar ihn mit dem Oberkommando über sämtliche Streitkräfte betraut, lege aber gleichzeitig größten Wert darauf, daß bei allen Entscheidungen, auch militärischen, den Eingebungen der Jungfrau Gehör geschenkt werde. Alençon mußte grinsen. Trémoille habe getobt, aber – dieser Feldzug werde Freude machen. Er und die Jungfrau, das gebe ein gutes Gespann.

Am 12. Juni, über einen Monat nach dem Sieg von Orléans, brachen sie endlich auf. Jeanne und Alençon ritten voraus, wie üblich. Sie führten ein Heer von lediglich 600 Bewaffneten an, aber weitere sechs- oder siebentausend würden folgen – eine

Armee dieser Größe mit Schleudermaschinen und Kanonen stellte eine recht träge Masse dar. Jeanne war mit der Entwicklung letztendlich nicht weniger zufrieden als Alençon. Jargeau, Meung, Beaugency – alle diese englischen Stützpunkte an der Loire lagen näher an Reims als Chartre, wo Trémoille sie partout hatte hinschicken wollen. Waren diese Städte erst einmal befreit, konnten die Engländer ihnen auf dem Weg nach Reims wenigstens nicht in den Rücken fallen.
Sie kamen durch Orléans, wo begeisterte Bürger sich ihnen in Scharen anschlossen, und zogen weiter nach Jargeau auf der anderen Loireseite. Die englische Garnison hier stand unter dem Befehl des Grafen von Suffolk und mochte aus 700 Soldaten bestehen. Den ersten Angriff auf die Vororte schlugen die Engländer zurück. Den zweiten Angriff führte Jeanne mit wehender Standarte selbst an. Nach zweistündigem Kampf waren die Vororte erobert. Jeanne beobachtete mit Sorge, daß vor allem die schlechtbewaffneten Bürger aus Orléans sich für unverwundbar hielten, solange sie in der Nähe war. Und in der Nacht beging sogar Alençon die Leichtfertigkeit, keine Wachen aufzustellen. Daß die Engländer keinen Ausfall unternahmen, wurde wiederum auf ihre magische Ausstrahlung zurückgeführt.
Am nächsten Morgen erschienen den versammmelten Hauptleuten plötzlich die Mauern von Jargeau zu hoch und die eigenen Kräfte zu schwach. Ihre Beratung zog sich hin, die Zeit verstrich. Stürmen oder nicht? Jeanne mischte sich ein.
»Meine Herren, Ihr habt nichts zu befürchten. Gott ist mit uns. Wenn ich davon nicht überzeugt wäre, dann würde ich lieber zu Hause Schafe hüten als mich hier der Gefahr auszusetzen, getötet zu werden.« Und zu Alençon gewandt: »Vorwärts, mein Herzog, stürmen wir!«
Alençon war trotzdem nicht wohl. Auf den Mauern brachten die Engländer ihre Kanonen in Stellung. Dazwischen lief eine Art waffenstarrender Goliath herum, fuchtelte mit zwei

Schwertern und brüllte Verwünschungen. La Hire blinzelte in die Sonne. Jeanne legte ihren Arm um Alençon und blickte ihm ins Gesicht.

»Ah, mein kleiner Herzog, du hast Angst? Weißt du nicht mehr, daß ich deiner Frau versprochen habe, dich unversehrt zurückzugeben? Dies ist der Augenblick, zu handeln! Kennst du nicht das Sprichwort: Hilf dir selbst, dann hilft dir Gott?«

Das Trompetensignal ertönte, der Angriff begann. Jeanne hielt sich in Alençons Nähe – dies schien nicht sein bester Tag zu sein. Die Engländer verschossen Steinkugeln aus Kanonen und Feldschlangen, der Goliath warf eine Sturmleiter nach der anderen um und schickte den Stürzenden Felsbrocken hinterher.

»Weg da!« schrie Jeanne Alençon zu und zeigte auf die Öffnung eines Kanonenrohrs zwischen den Zinnen der Stadtmauer. »Du stehst genau in der Schußlinie!«

Alençon sprang zur Seite, die Kugel tötete den Mann, der hinter ihm gestanden hatte. La Hire hinkte zu seinem besten Geschützmeister hinüber und zeigte auf den Goliath: »Schieß den ab!« Der Goliath fiel, in die Brust getroffen, hintüber. An seiner Stelle erschien der Herold des Grafen von Suffolk auf der Mauer und bat brüllend um Waffenstillstand. Der Schlachtenlärm übertönte ihn. Drei französische Kugeln zerfetzten den größten der Befestigungstürme, Mauerstücke polterten nach allen Seiten hinab. Jeanne hangelte sich gerade selbst mit ihrer Standarte eine Sturmleiter hinauf, als ein Stein sie auf die eiserne Sturmhaube traf. Sie fiel, rappelte sich im Graben sofort wieder auf und schrie:

»Weiter, Freunde! Unser Herr hat das Urteil über die Engländer gesprochen! Noch in dieser Stunde gehören sie uns! Nur Mut!«

Der Erstürmung folgte ein Gemetzel. Suffolk und einige der unverletzten Engländer versuchten, sich über die Loirebrücke auf die andere Seite zu retten. Er wurde genauso gefangengenommen wie alle übrigen. Die wertvollen Gefangenen wurden aus

Sicherheitsgründen mit dem Schiff nach Orléans geschickt. Die Wertlosen, etwa fünfzig, mußten laufen. Etliche von ihnen wurden unterwegs gelyncht – Opfer der ungestillten Rachsucht der Bürger von Orléans. Die französischen Verluste beliefen sich auf zwanzig.
Über Orléans, wo weitere Verstärkung wartete und Guy de Laval zu ihnen stieß, zog das französische Heer nach Meung. Die 200 Mann starke englische Garnison dort wurde keines Angriffs gewürdigt – man eroberte lediglich den befestigten Loireübergang, ließ eine kleine Wachmannschaft zurück und zog am 16. Juni nach Beaugency weiter. Die Stadt, nicht viel größer als Meung, wurde von 500 Engländern verteidigt, die sich nach den ersten Angriffen in den massiven, rechteckigen Schloßturm aus normannischer Zeit und die umgebenden Klostergebäude zurückzogen. Alençon ließ die Schloßanlage während der Nacht bombardieren.
Am nächsten Morgen erreichten ihn kurz hintereinander zwei Nachrichten. Noch in der Dämmerung trafen Boten ein, die ihm mitteilten, Arthur de Richemont lagere mit seinen Truppen eine Meile vor Beaugency. Alençon verlor die Fassung. Er oder ich, brüllte er, und machte Anstalten, die Belagerung abzubrechen und mit dem ganzen Heer abzuziehen. Jetzt gingen mit Jeanne die Nerven durch. Warum abbrechen? Richemont sei doch Franzose? Richemont, erklärte Alençon atemlos, sei ein Kotzbrocken und habe am Hof Hausverbot. Wieso, wenn man fragen dürfe? Richemont und Trémoille seien Todfeinde. Kurz bevor Jeanne in Chinon aufgetaucht sei, habe er, Alençon, noch in Trémoilles Auftrag Krieg gegen diesen Richemont geführt. Jeanne erinnerte sich an Alençons sonderbaren Vertrag mit Trémoille, verstand aber immer noch nicht. Egal, der König habe jedenfalls jeden Kontakt mit Richemont verboten – leider sei dieser grobschlächtige, hinterhältige Haudegen ganz nach dem Geschmack der einfachen Soldaten, und jetzt biete er perfiderweise auch noch seine Unterstützung an! Wenn man

Richemont mit Gewalt zu vertreiben versuche, könne man sich nicht einmal der eigenen Leute sicher sein.
Die nächste Nachricht verhinderte, daß zwei französische Heere unter den Augen des Gegners aufeinander losgingen. Die englischen Feldherren Talbot und Fastolf seien mit einer großen Armee im Anmarsch auf Beaugency. Was das bedeutete, konnte sich jeder ausmalen. Talbot gierte nach Rache für Orléans, und Fastolf dürfte zumindest klarstellen wollen, daß Engländer sich nicht von den Zauberkünsten eines Bauernmädchens ins Bockshorn jagen lassen. Alençon geriet nun völlig außer sich. Jeanne vertrat die Auffassung, die Herrschaften sollten ihre Privathändel später austragen, schwang sich aufs Pferd, ritt Richemont entgegen und reichte ihm die Hand.
»Herr Richemont, ich habe Euch nicht gerufen. Aber da Ihr nun einmal hier seid – herzlich willkommen.«
Alençon gab klein bei. Eine Hundertschaft wurde als Bewachung der im Schloß verbarrikadierten Engländer zurückgelassen, der Rest saß auf und zog dem anrückenden Feind entgegen. Auf einer Anhöhe ließ Alençon seine Armee Aufstellung nehmen. Ganz in seiner Nähe flatterte Richemonts Banner. Alençon sah nicht hin und konzentrierte sich auf die flimmernde, endlose Ebene der Beauce und auf die Staubwolke, die von Norden her näherkam. Offenbar mehrere tausend Mann, aber an Zahl wohl doch den eigenen Streitkräften unterlegen. Alençon schützte die Augen gegen das gleißende Licht der Nachmittagssonne: Das englische Heer bot den bekannten Anblick. Vorweg ein Ritter mit weißer Standarte, dahinter der staubaufwirbelnde Treck der Geschützkarren und Proviantwagen, dann das eigentliche Heer, ein langes, schmales Band aus glitzernden Helmen, und schließlich, noch weit in der Ferne, die Nachhut aus berittenen Elitesoldaten, burgundische Hilfstruppen. Wie erwartet, hielt dieser Zug auf Höhe des französischen Heeres an, die Ritter saßen ab, und die Langbogenschützen schlugen angespitzte Pflöcke vor sich in den Boden, schräg nach außen

gerichtetet. Diese Barriere hielt jedem Kavallerieangriff stand – nur für den Fall, daß ein nennenswerter Teil der feindlichen Reiterei den Geschoßhagel der Langbogenschützen überleben sollte. In kurzer Zeit waren die englischen Verteidigungslinien aufgebaut. Es war immer wieder beeindruckend.
Und dann geschah lange Zeit nichts. Niemand rührte sich von der Stelle, beide Heere verharrten in gespannter Ruhe bewegungslos auf ihren Ausgangspositionen. Die Franzosen hatten die Lektionen von Crécy und Azincourt gelernt, und die Engländer hatten sich noch keine neue Taktik einfallen lassen. In dieser Situation kam für keines der beiden Heere ein Angriff in Frage.
Nach einer Weile wandte sich Alençon an Jeanne, so daß alle Umstehenden, auch Richemont, es hören konnten.
»Was sollen wir machen?«
»Ihr werdet gute Sporen brauchen.«
»Was soll das heißen? Daß sie uns in die Flucht schlagen werden?«
»Im Gegenteil. Die Engländer werden nicht einmal dazu kommen, sich zu verteidigen. Und ihr werdet euren Pferden die Sporen geben müssen, wenn ihr sie noch einholen wollt.«
Die Jungfrau hatte mit ihren letzten Prophezeiungen bewiesen, daß sie eine gute Witterung für zukünftige Ereignisse besaß, eine Ahnung, die beinahe die Präzision einer sinnlichen Wahrnehmung hatte. Aber diesmal schien ihre Vorhersage nicht einzutreffen. Am späten Nachmittag stand man sich immer noch abwartend gegenüber. Da schickten die Engländer zwei Herolde los. Die Franzosen mögen drei Männer bestimmen, brüllte der eine, dann könne man die Sache unten vor den englischen Linien im Zweikampf ausmachen. Die Herren – und Damen – Feinde dürften sich die Kämpfe auch ruhig aus der Nähe ansehen.
Alençon drehte sich nach Jeanne um. Die rümpfte nur kurz die Nase. Nein, auch in diese Falle würde man nicht tappen.

»Es ist spät geworden«, rief er hinüber. »Geht in euer Quartier, schlaft euch erst einmal aus. Morgen werden wir uns dann aus der Nähe sehen!«
Kurz vor Sonnenuntergang rückte das englische Heer ab in Richtung Meung, das französische kehrte nach Beaugency zurück. In der Nacht führte Alençon die Kapitulationsverhandlungen mit den eingeschlossenen Engländern im Schloß, die über das Schicksal ihrer Kameraden in Jargeau Bescheid wußten. Im Morgengrauen zog die ganze englische Garnison ab – unbehelligt, wie vereinbart, aber durch den Schwur, zehn Tage lang das Schwert in der Scheide zu lassen, vorübergehend außer Gefecht gesetzt. Jeanne war froh über den unblutigen Ausgang dieser Belagerung. Sie liebte den Kampf. Sie liebte die Gefahr. Aber sie verabscheute das Blutvergießen.
Dann, kaum hatte sich der kleine Trupp der Engländer davongemacht, die Nachricht vom erneuten Anmarsch des englischen Heers. Richemont gab den Befehl zum Aufbruch, Alençon konnte sich nur zähneknirschend anschließen. Man rückte in drei Abteilungen aus: Vorweg die Spezialtruppe La Hires, die besten Reiter Frankreichs, vorzüglich bewaffnet – ein halbes Hundert von ihnen erkundete als Späher das Gelände und hielt die Verbindung mit den anderen Truppenteilen aufrecht. Dann das Hauptheer unter der Führung von Alençon, Dunois und – ja, unangenehmerweise – auch Richemont, und schließlich die Nachhut, der Jeanne sehr zu ihrem Ärger zugeteilt worden war. Aber gut, Alençon hatte sie mehr oder weniger verhohlen wissen lassen, daß eine offene Feldschlacht etwas anderes sei als die Erstürmung einer Schanze, und daß sie zu kostbar sei, um zwischen den Fronten verheizt zu werden. Hauptsache, man habe sie überhaupt dabei. Hatte der Graf von Suffolk nach seiner Gefangennahme nicht selbst zugegeben, daß seine Leute von dem Augenblick an, als sie die Jungfrau vor Jargeau unter den Angreifen entdeckten, wie gelähmt gewesen seien? Ihrer Zuversicht tat diese Zurücksetzung im übrigen keinen Abbruch. »Und

wenn wir die Engländer vom Himmel holen müßten – wir kriegen sie«, hatte sie ihm zugerufen, als sie sich trennten. »Greift an, sobald ihr sie seht, sie werden die Flucht ergreifen!«

Von den Engländern keine Spur. Das französische Heer bewegte sich durch sanft geschwungenes Ackerland, Kornfelder, soweit das Auge reichte, die schnurgerade Horizontlinie da und dort unterbrochen von den Kirchtürmen kleiner Dörfer, von Windmühlen, deren Flügel sich in der leichten Brise langsam drehten, von kleinen Laubwäldern, deren willkommenen Schatten das Heer nach einer halben Stunde spätestens wieder verließ, um in das blendende Licht der weiten, goldenen Ebene einzutreten – und darüber ein hoher blauer Himmel, wie er sich nur über einem so flachen Land wie der Beauce wölben konnte. Hier und da ragte ein Kruzifix aus den Feldern, mit Ähren umwunden, ein harmloser Zauber. Die Dächer der kleinen Stadt Patay tauchten am Horizont auf.

Da sahen die Späher La Hires einen Hirsch, der in langen Sprüngen einem Wäldchen zujagte. Und kurz darauf hörten sie Geschrei. Sie verstanden nicht, was da gerufen wurde, aber eines wußten sie: Es war Englisch gewesen. La Hire sprengte los, seine Ritter hinterher. Jenseits des Wäldchens bot sich ihnen ein Bild, das ihnen vor Freude den Atem stocken ließ – ein Bild vollkommenen Durcheinanders. Die Ritter der englischen Nachhut saßen gerade ab und lösten ihre Sporen. Die Bogenschützen waren dabei, die ersten Pflöcke einzuschlagen. Alles drängte sich zwischen zwei langgezogenen Hecken, die offenbar als natürliches Bollwerk herhalten sollten. Im Hintergrund hatten sich Geschützkarren und Proviantwagen, bei einem überhasteten Wendemanöver vermutlich, ineinander verkeilt. Der Hauptteil des feindlichen Heers war dort bei den Wagen – weit genug entfernt, um fürs erste keine Gefahr darzustellen.

La Hire und seine Männer gingen sofort zum Angriff über. Nicht von vorn, wie sich die Engländer das gewünscht hatten, sondern gleichzeitig gegen die offenen Flanken. Sie brauchten nur zuzuschlagen – eingekeilt zwischen den beiden Hecken war den feindlichen Bogenschützen Flucht unmöglich, und die Langbogen nutzten jetzt auch nichts mehr. Talbot wurde gefangengenommen, der Rest erschlagen. Fastolf, der anfangs noch brüllend versucht hatte, Ordnung in das Chaos der Geschützkarren und Proviantwagen zu bringen, kam herangaloppiert, erfaßte mit einem Blick das Desaster, wendete auf der Stelle und gab seinem Pferd die Sporen. Vielleicht war noch Zeit, in aller Eile eine zweite Verteidigungslinie aufzubauen und die Kanonen in Stellung zu bringen.

Als seine Männer ihren Kommandeur in fliegender Hast herankommen sahen, gerieten sie in Panik. Offenbar war alles verloren. In kopfloser Flucht stob das Heer auseinander. Fastolf, vor Verzweiflung außer sich, riß sein Pferd wieder herum, um sich nun in die aussichtslose Abwehrschlacht zwischen den Hecken zu stürzen, wurde aber von seinen Offizieren daran gehindert: Jetzt gehe es nur noch darum, die eigene Haut und vor allem den eigenen Kopf zu retten. Fastolf wendet noch einmal und peitschte sein Pferd nach Norden, Richtung Paris.

Dem Hauptheer unter Alençon blieb nichts anderes übrig, als die Verfolgung aufzunehmen. Die französischen Ritter trieben die letzten Fliehenden bis Janville, dem englischen Hauptquartier, vor sich her. Dort fanden die Flüchtlinge die Stadttore verschlossen. Die Bürger von Janville hatten mitbekommen, was geschehen war – und nutzten die Gelegenheit zur Rebellion. Fastolf, der ein gutes Pferd hatte, schaffte es bis nach Paris.

Als Jeanne mit der Nachhut eintraf, war alles erledigt. Die verwüsteten Kornfelder waren mit Leichen übersät. Sie saß gerade ab, als Gefangene zusammengetrieben wurden. Einem dieser Gefangenen schlug ein Bewacher vor ihren Augen sein Schwert in den Schädel. Jeanne schrie auf, lief zu dem Sterbenden, legte seinen blutigen Kopf in ihren Schoß und hielt ihn weinend in den Armen, bis er tot war.

Jeanne d'Arc greift an, Lithographie aus dem 19. Jahrhundert.
(AKG, Berlin)

Getötet wurden an diesem 18. Juni außerdem noch etwa 2 000 weitere Engländer – als Gefangene samt und sonders wertlos, da einfache Leute niedrigster Herkunft, Bauern und Handwerker, wie sie nun schon seit fast einem Jahrhundert vom englischen Oberkommando zum Sterben nach Frankreich geschickt wurden. Gefangen und am Leben gelassen wurden etwa 200. Die Zahl der französischen Verluste belief sich auf drei – der glänzende Abschluß einer einzigartigen Siegesserie.
Ihrem Beichtvater Pasquerel fiel es an diesem Tag nicht leicht, Jeanne zu trösten. In Orléans hatte sie noch geglaubt, nur der Anblick französischen Bluts könne sie erschüttern. An diesem Nachmittag war ihr klar geworden, daß die Nationalität vergossenen Bluts keine Rolle spielte. Am Abend hatte sie sich soweit gefaßt, daß sie im Zelt von Alençon an der Vorführung des wertvollsten Gefangenen teilnehmen konnte. Als er eintrat, sah Talbot sie im Halbdunkel des Hintergrunds auf einem Klapp-

stuhl sitzen, immer noch in weißer Rüstung. Die Hexe hatte ihn ein zweites Mal besiegt.
»Mein lieber Talbot«, begrüßte ihn Alençon, »wer hätte heute morgen gedacht, daß es so kommen würde?«
Talbot zuckte die Achseln. Er war Mißerfolg nicht gewöhnt, aber er hatte 56 Jahre Zeit gehabt, das Chaos dieser Welt zu studieren.
»So ist das Kriegsglück«, gab er zurück.
Ausgerechnet der französische König schien ähnlich zu denken. Während ganz Orléans dem glorreichen Augenblick entgegenfieberte, in dem ein überglücklicher König auf den Stufen der geschmückten Kathedrale eine überglückliche Jungfrau – und die übrigen überglücklichen Heerführer – zu Trompetenfanfaren und Posaunenstößen umarmte, feierte dieser König im privaten Kreis mit Herrn Trémoille auf dessen Stammschloß Sully. Die Helden von Patay zogen in Orléans ein, durch Straßen, in denen die rotgrünen Fahnen des Hauses Orléans und die blauen des Königs neben den weißen der Jungfrau wehten – aber sie mußten ohne den König feiern. Und selbstverständlich auch ohne den Herrn Trémoille.

ZWISCHENSTÜCK

Heilige und Intriganten

Als Jeanne d'Arc von Christophe de Harcourt aufgefordert wird, ihr intimstes Geheimnis zu lüften und Auskunft über die geheimnisvolle Kommunikation mit ihren Stimmen zu geben, ist sie zutiefst irritiert – eine der seltenen Situationen, in denen sie in Verlegenheit gerät. Nicht nur, daß es ihr immer lieber ist, man glaubt ihr aufs Wort, ohne lange nachzufragen, ohne große Erklärungen zu verlangen, sondern – eine Frage wie diese empfindet sie schlichtweg als unanständig. Außerdem befindet sie sich in einer Zwickmühle. Verweigert sie die Auskunft rundweg, müßte sie eine schwere Einbuße an Glaubwürdigkeit und Ansehen hinnehmen. Hat sie vielleicht gar nichts zu erzählen? Niemand der Anwesenden bezweifelt ja die Möglichkeit solcher übersinnlichen Erfahrungen. Aber eben deshalb gehen auch alle davon aus, daß sich darüber wie über jede andere Erfahrung in klaren Worten sprechen läßt. Erteilt sie aber die gewünschte Auskunft, riskiert sie, den Herren eine peinliche Überraschung zu bereiten – in Anbetracht der Erschütterung, die nicht nur die Begegnung mit ihren Heiligen selbst, sondern schon der Gedanke daran bei ihr auslöst.

Jeanne reagiert geistesgegenwärtig wie immer: Sie sagt nicht zu viel und nicht zu wenig, sie faßt sich kurz. Mehr als ihre Worte bestätigt ihre Ergriffenheit in diesem Augenblick den Anwesenden, daß sie von ihr nicht an der Nase herumgeführt werden. Später in ihrem Leben, als sie unangenehmen Fragen nicht mehr aus dem Weg gehen kann, wird sie deutlicher werden. Denn sie hat es ja nicht nur mit Stimmen zu tun. Was ihr widerfährt, ist die Gegenwart leibhaftiger Heiliger – die sie bei einer Gelegenheit zumindest sogar umarmt und deren Duft sie als lieblich in Erinnerung behält. Was Jeanne in solchen Augenblicken kurz und bündig unter ihren »Stimmen« zusammenfaßt, sind Menschen aus Fleisch und Blut, die sich von anderen nur dadurch unterscheiden, daß sie jetzt im Himmel – oder im Paradies – leben, und daher zu Überbringern göttlicher Botschaften taugen.

So wie sie ihr Verhältnis zur eigenen Person als eine Beziehung zwischen irdischem Geschöpf und himmlischen Mächten versteht, so definiert sie auch die gegebenen politischen Verhältnisse in religiösen Kategorien, insbesondere die Institution des Königtums. Nach frühmittelalterlicher Vorstellung regieren die Könige ihre Reiche im Auftrag und in Stellvertretung des auferstandenen Christus, gelten mithin als Stellvertreter Christi auf Erden, lange bevor der Papst diesen Titel für sich reklamiert. Und Gott bzw. Christus setzt Könige zu Herrschern ein, so wie Könige ihrerseits Vasallen einsetzen – als Regenten von Ländern, die zwar dem König gehören, in denen dieser aber auf die Ausübung der Regierungsgewalt zugunsten seiner Vasallen verzichtet, solange jene sich an die Spielregeln halten.

Diese uralte Vorstellung des Königtums als einer quasi göttlichen Institution liegt auch Jeanne d'Arcs Überzeugung zugrunde, das Königreich Frankreich gehöre Gott, und Gott übertrage es im Augenblick der Krönung in Reims auf den König als seinen Stellvertreter. Genaugenommen geschieht diese Übertragung allerdings nicht durch den – weltlichen – Krönungsakt als solchen, sondern durch die vorherige Salbung des Königs nach biblischem Vorbild mit dem heiligen Salböl. Diese Salbung ist es, die einen Thronfolger in den Augen des Volkes zu einem Herrscher macht, der nicht nur durch seine legitime Abstammung, sondern vor allem aufgrund göttlicher

Die Vision als Skulptur – Jeanne d'Arc mit ihren Heiligen
(Leo Linder, Düsseldorf)

Bestätigung berechtigt ist, sich König zu nennen. Deshalb bezeichnet Jeanne d'Arc Karl VII. beharrlich als Dauphin, als Thronfolger – in ihren Augen reicht es eben nicht, sich selbst zum König auszurufen, um Stellvertreter Gottes zu werden. Solange das Volk in dieser Sache ähnlich denkt wie sie, oder besser: sie ähnlich denkt wie das einfache Volk – solange kann der Dauphin Karl nicht mit derselben Resonanz bei seinen Untertanen rechnen wie ein in Reims gesalbter und gekrönter König. Ihr Drängen auf eine rasche Krönung ist also nicht die fixe Idee einer romantischen Schwärmerin, sondern die Schlußfolgerung einer klugen Psychologin, die die Stimmung im Volk besser als jeder andere bei Hof kennt und sie ernster als jeder andere nimmt.

Das Denken der Jeanne d'Arc spiegelt die Vorstellungswelt der einfachen Leute aber auch in anderer Hinsicht. Ihr Bild der Wirklichkeit ist religiös gefärbt, ja getränkt. Die religiöse Sättigung der Wirklichkeit führt bei ihr jedoch nicht zu der fatalistischen Schlußfolgerung, der Mensch sei, gegen die göttlichen Beschlüsse machtlos, seinem Schicksal ausgeliefert und akzeptiere daher am besten klaglos den Lauf der Dinge. Ganz im Gegenteil – nach ihrer Überzeugung ist Gott der Machtlose von beiden, solange sich niemand findet, der seine Absichten in die Tat umsetzt. Gott kann nicht selber kämpfen, wie sie ihren Prüfern in Poitiers erklärt, aber er kann den Sieg schenken, wenn hochmotivierte und gut ausgerüstete Soldaten sich tapfer für seine Pläne ins Zeug legen. Von nichts kommt nichts – einmal von einer Sache überzeugt, deren Richtigkeit von Gott durch seine Heiligen tagtäglich bestätigt wird, gibt es für sie nur eins: diese Sache in die eigenen Hände nehmen und loslegen. Ein praktischer, von allen theologischen Haarspaltereien unbelasteter Standpunkt – fast könnte man sagen: eine Bauernregel.

Außergewöhnlich ist, was sie daraus macht: die Dimension der Aufgabe, die sie sich stellt, die Dynamik, mit der sie ans Werk geht, und ihr Anspruch, Sachwalterin Gottes zu sein, solange die göttliche Bestätigung für Karl durch die Krönung in Reims noch aussteht.

Gott, Frankreich, Königtum – die Männer der Praxis um sie herum denken natürlich anders, nämlich bestenfalls an die nächste Schlacht und gewöhnlich nur an die nächste Intrige. Arthur de Richemont zum Beispiel. Er ist ehrgeizig, selbstsüchtig, verschlagen und schamlos. Aber nicht deswegen reagiert Alençon allergisch auf ihn. Denn Richemont ist nicht ehrgeiziger, selbstsüchtiger, verschlagener und schamloser als die meisten anderen Figuren im blutigen Spiel um die Macht in Frankreich. Nur – Richemont gilt am Hof als Unperson, nachdem er das Opfer einer Palastintrige geworden ist, zu der er selbst die wichtigsten Elemente beigesteuert hat.

Eigentlich hat Karl VII. ihn von Anfang an verabscheut. Weder seine Manieren noch seine Karriere sind in den Augen des jungen Königs eine Empfehlung für diesen Mann. 1415, in der katastrophalen Schlacht bei Azincourt, hat er auf Seiten der Franzosen gekämpft, ist verwundet und als Gefangener nach England gebracht worden. Dort profiliert er sich als glühender Verfechter der englischen Interessen, wird von seinen neuen Auftraggebern als Gesandter an den Hof der Herzogs der Bretagne geschickt und heiratet die Schwester des Herzogs von Burgund. Ein eingeschworener Gegner Karls VII., sollte man meinen. Und plötzlich wechselt er wieder die Seiten, gewinnt – unbegreiflicherweise – das Vertrauen von Karls Schwiegermutter Yolanda von Aragon und macht am Hofe Karls Karriere. Er erlaubt sich, zwei der engsten Freunde seines Königs ermorden zu lassen – und im Jahr, bevor Jeanne d'Arc auftaucht, ist er französischer Kriegsminister, de facto der mächtigste Mann Frankreichs.

Er macht nur einen Fehler: Er schleust seinen alten Freund Trémoille in den Hof ein und plaziert ihn als Berater in die nächste Nähe des Königs. Und Trémoille nutzt die erstbeste Gelegen-

heit, seinen bisherigen Gönner und derzeitigen Rivalen Richemont zu entmachten. Er zettelt Streit mit ihm an, zieht den König mit hinein, stellt ihn vor die Wahl – er oder ich – und setzt durch, daß Richemont vom Hof gejagt und verbannt wird. Nicht genug damit, treibt er den ehemaligen Kriegsminister Frankreichs mit Alençons Hilfe auch militärisch in die Enge – einer der Gründe, weshalb dem französischen König im Winter 1428/29 keine Truppen für die Befreiung von Orléans zur Verfügung stehen. Mit anderen Worten: Anstatt gegen die Engländer zu kämpfen, setzt Trémoille Orléans und das Schicksal Frankreichs für die eigenen Machtinteressen aufs Spiel.
Erst Jeannes Auftritt in Chinon beendet diesen irrwitzigen Kleinkrieg innerhalb des französischen Lagers. Und Jeannes Erfolge sind es wohl auch, die Richemont dazu bestimmen, ungeachtet aller Aversionen gegen ihn in Beaugency einen neuen Annäherungsversuch zu machen. Karl, das wird er inzwischen ahnen, dürfte in Zukunft die bessere Partie sein.
Der Wutausbruch, mit dem der Herzog von Bedford die Nachricht vom Ausgang der Schlacht bei Patay aufnimmt, hätte ihn in seinem Gefühl nur bestärkt. Zum ersten Mal seit Menschengedenken entscheiden die Franzosen eine offene Feldschlacht für sich, und dann gleich dermaßen deutlich, daß alle von einer Rache für Azincourt sprechen! Sämtliche englische Garnisonen der Beauce haben ihre Sachen gepackt und sind nach Paris geflohen! Eine Katastrophe für das englische Ansehen in Frankreich, ja in Europa, schlimmer noch als die Niederlage von Orléans!
Fastolf fällt vorübergehend in Ungnade. Erst nachdem sich die Wogen geglättet haben, erkennt Bedford, daß den gefangenen Talbot die größere Schuld an diesem Desaster trifft. Vor der Schlacht nämlich war es zum Streit zwischen den Kommandeuren gekommen. Nach dem Fall von Jargeau hatte Fastolf für die übrigen Garnisonen an der Loire keine Chance mehr gesehen und für einen taktischen Rückzug nach Paris plädiert. Talbot,

der seine Niederlage vor Orléans unbedingt wettmachen wollte, war weiterhin für Angriff gewesen und hatte sich durchgesetzt. Wäre bei ihm nicht gekränkte Soldatenehre im Spiel gewesen, hätte er sich Fastolfs Einschätzung vermutlich angeschlossen. Denn das muß beiden klar gewesen sein: Die flache, offene Landschaft der Beauce eignete sich nicht für eine Verteidigungsschlacht nach bewährtem englischen Muster. Und daß die Stärke des eigenen militärischen Konzepts nicht im Angriff lag, war ihnen natürlich auch bewußt.

Es kommt aber noch etwas anderes hinzu, über das man nicht offen spricht: das Problem der Desertationen. Englische Soldaten laufen in Scharen von der Fahne, wenn es gegen die Jungfrau geht. Aber auch diejenigen, die beim Heer bleiben, sind davon überzeugt, daß gegen die Hexe kein Kraut gewachsen ist. Zahlreiche Chronisten berichten, daß im englischen Heer eine abergläubische Furcht vor Jeanne d'Arc um sich greift. Ein burgundischer Historiker – als Sprecher des politischen Gegners sicher glaubwürdiger als die freudetrunkenen Kommentatoren der französischen Seite – beschreibt dieses Jeanne-d'Arc-Syndrom: »Ihr vor allem wurden diese Siege zugeschrieben, und keiner glaubte daran, daß die Feinde des französischen Königs ihr noch irgend etwas entgegenzusetzen hätten. Wo sie auftauchte, brach aller Widerstand zusammen. Und jeder war sich sicher, daß Karl sein Königreich in absehbarer Zeit zurückgewinnen würde, und zwar durch ihre Hilfe, ohne daß irgend jemand es hätte verhindern können.«

V. AKT

Es hat sich erfüllt, was Gott wohlgefällt

Von den Fenstern des Sitzungssaals im Schloß von Gien hatten die Herren des Kronrats einen weiten Blick: über die Schornsteine und Schieferdächer der Stadt und die breite, schimmernde Wasserfläche der Loire auf das unüberschaubare Menschen- und Pferdegewimmel am anderen Ufer, wo jetzt irgendwo zwischen den Zelten und Lagerfeuern und Wimpeln und Lanzenbündeln die Jungfrau herumlief und Truppen musterte – ihre Lieblingsbeschäftigung in diesen Tagen.

»Ich sehe sie noch vor mir, damals in Chinon«, sagte der Graf von Vendôme vom Fenster her. »Sie steht da in der Tür, und ich gehe auf sie zu und schnuppere ein bißchen, und gleich habe ich ihn in der Nase, diesen Duft von Holzkohlefeuern und Stallmist und Nächten im feuchten Stroh. Wie eine riesige Maus steht sie vor mir, grau in grau, mit dieser unmöglichen Kapuze.

Und schaut sie euch heute an. Von morgens bis abends in voller Rüstung und immer mit dieser Spielzeugaxt, als müsse sie jeden Augenblick einer Armee von Bildhauern Modell stehen.«

»Man muß sich das einmal vorstellen«, ließ sich der Erzbischof von Reims aus seiner Ecke vernehmen. »Vor fünf Monaten noch hat sie mit Eutern hantiert und Ställe ausgemistet, vor vier Monaten noch hat sie sich auf einem Klepper für 16 Francs fortbewegt, und jeder hätte sie ungestraft als Ausreißerin bezeichnen dürfen, auf die zu Hause eine Tracht Prügel wartet. Und vorgestern abend, im Schloßgarten, kommt sie mir entgegen – ich traue meinen Augen nicht! Enge Stiefel bis über die Knie – nicht einmal diese überlangen Sporen hatte sie abgenommen –, Beinkleider aus krebsrotem Samt – genauso eng wie die Stiefel –, lindgrünes Wams, mit Gold bestickt – genauso eng wie die Stiefel und die Beinkleider, ein Geschenk von Gilles de Rais, nehme ich an –, und weißer Pelzbesatz an Kragen und Ärmeln – bei dieser Hitze! Polarfuchs, wenn ich mich nicht getäuscht habe, russischer Polarfuchs!«

»Ihr seid doch einer von denen gewesen, die ihr in Poitiers dieses schöne Zeugnis ausgestellt haben: demütig, gottesfürchtig, ohne Fehl und Tadel ...«, unterbrach ihn der König.

»Das gebe ich zu. Wir haben uns damals einiges von ihr gefallen lassen, und jeder hat gelacht, weil sie so drollig war, und hinterher hat jeder gedacht, das Mädchen ist in Ordnung. Aber von dieser drolligen Jeanne ist nichts mehr übrig. Und trotzdem lassen wir uns weiterhin alles von ihr gefallen.«

»Was müssen wir uns denn von ihr gefallen lassen?« fragte Alençon scharf zurück. »Daß wir noch keine Schlacht, an der sie teilgenommen hat, verloren haben? Daß sich da drüben das größte Heer versammelt, das wir je gesehen haben – nur weil sie vorgemacht hat, wie schnell sich die Verhältnisse ändern lassen? Wenn ich durch die Stadt gehe, wenn ich durchs Lager gehe – von allen Seiten höre ich dasselbe: Das Königreich Frankreich geht herrlichen Zeiten entgegen. Was wollen wir denn mehr?«

»Alençon, mein lieber Alençon«, schaltete sich Trémoille ein, »wir wissen, daß du gerne mit ihr zusammenarbeitest. Und ihr habt das in Patay ja auch nicht schlecht gemacht. Aber von uns hier haben nicht wenige inzwischen den Eindruck, daß du Wachs in ihren Händen bist. Komm doch mal zu dir und sperr die Augen auf. Es geht doch längst nicht mehr darum, ob Wir noch mehr wollen – es geht inzwischen nur noch darum, ob Sie mehr will.«

Er ging zum Fenster hinüber.

»Wissen wir eigentlich, welche Ambitionen sie hat? Hat sie es dir vielleicht schon verraten? Schau doch mal hier aus diesem Fenster. Das da draußen ist kein Heer, das ist ein Aufstand. Das haben wir gar nicht mehr unter Kontrolle. Was sich da zusammenbraut, das läßt sich mit Fug und Recht als die ›Armee der Jungfrau‹ bezeichnen. Und wer da draußen kommandiert, der kommandiert auch hier drinnen.«

»Machen wir uns doch nichts vor, Alençon – gegen ihren Willen läuft zur Zeit überhaupt nichts«, ereiferte sich jetzt der Graf von Vendôme. »Alle Kommandeure – fast alle – sind dafür, als nächstes, und zwar so bald wie möglich, in die Normandie einzufallen, Chartres zu befreien und den Engländern den Rückzugsweg abzuschneiden. Mit dem Heer da draußen wäre das ein Kinderspiel. Ein paar von uns würden lieber die letzten besetzten Städte an der Loire zurückerobern, also Cosne und La Charité. Beides vernünftige Vorschläge. Aber anstatt diese beiden Möglichkeiten zu diskutieren, sitzen wir hier herum und zerbrechen uns die Köpfe über den unsinnigsten aller Vorschläge, nämlich ›auf der Stelle‹, wie sie so schön sagt, nach Reims zu ziehen.«

»Und der Weg nach Reims ist, wie ich höre, gar nicht ungefährlich«, bemerkte der König.

»Was soll das heißen, Majestät – ›nicht ungefährlich‹?« fuhr ihn der Graf von Clermont an. »Auxerre, Troyes, Châlons, Reims – alles burgundische Städte! Der Herzog von Burgund wird kaum tatenlos zuschauen, wie wir in der harmlosen Absicht, Euch krönen zu lassen, durch sein Gebiet spazieren. Und das bloß, weil eine Siebzehnjährige uns erzählt, Gott hätte es gern so und nichts könne dabei schiefgehen. Wir wollen nur hoffen, daß Gott dem Herzog von Burgund eine Vision ähnlichen Inhalts geschickt hat.«

»Tja«, lächelte Trémoille, »und warum werden wir uns trotzdem für Reims entscheiden? Das kann ich Euch sagen: Um mit der Krönung des Königs der Krönung der Jungfrau zuvorzukommen.«

»Das ist doch absurd!« schrie Alençon auf. »Dafür gibt es doch überhaupt keine Anhaltspunkte!«

»Bitte, bitte, Herr Alençon. Das Volk macht heute schon keinen Unterschied mehr zwischen ihr und Frankreich. Für das Volk repräsentiert dieses Bauernmädchen Frankreich – nicht unser König hier. Bisher haben Wir uns für Frankreich gehalten. Die Zeiten sind vorbei. Heute wird die Politik auf der Straße gemacht oder auf den Schlachtfeldern, und zwar von einer Volksheldin. Soll es in Zukunft in der Politk um Popularität gehen? Dann gnade uns Gott. Seien wir ehrlich – mit jedem Sieg dieser Jungfrau reißt das feine Gewebe unserer Diplomatie, all der Absprachen, Stillhalteabkommen und, wenn ich so sagen darf, augenzwinkernden Einverständnisse, die den Krieg so erträglich machen, immer weiter ein. Heute bestimmt eine Masse, die sich nicht entblödet, die Hufe eines Pferdes zu küssen, auf dem eine Bäuerin sitzt, die Richtlinien der Politik in Frankreich.«

»Wenn Jeanne morgen auf die Idee käme, nicht den König, sondern sich selbst in Reims krönen zu lassen«, ließ sich der Erzbischof von Reims aus seiner Ecke vernehmen, »das Volk würde mitspielen. Und große Teile der Armee auch.«

»Und die Kirche?« fragte Trémoille. »Macht die Kirche dieses Spiel etwa nicht mit? Wie viele Priester überall im Land lesen denn schon Messen für sie? Wie viele schließen sie denn schon ausdrücklich in ihre Gebete vor dem Altar ein? Und wie viele singen für sie Hymnen auf die ›Jungfrau‹, wenn sie mit den Fingern schnippt? Ich sehe das Bild schon vor mir: Die Kathedrale von Reims, angefüllt mit grölendem Pöbel und besoffenen Soldaten, und der Bischof von Orléans, assistiert von einer Handvoll Dorfpfarrern, setzt der Jungfrau als Volksbischof die Krone Frankreichs aufs Haupt – ihre Majestät, Jeanne I.«

»Und La Hire singt das Te Deum. Amen. Aber selbst, wenn wir Glück haben sollten«, sagte der Graf von Vendôme, »und nicht sie, sondern der König wird gekrönt – es wird auch ihre Krönung sein, das können wir gar nicht verhindern. Warum, Majestät, wenn man fragen darf, habt Ihr zum Beispiel gestern Eure Gemahlin wieder nach Hause geschickt?«

»Weil sie in Bourges sicherer aufgehoben ist als in Reims.«

»Gut. Man könnte auch sagen: Weil in Reims kein Platz für eine zweite Königin sein wird. Es ist doch offensichtlich, daß die Jungfrau sie nicht dabei haben will. Hat sie das Schloß nicht genau in dem Augenblick schmollend verlassen, um draußen im Lager zu wohnen, als die Königin hier eintraf? Sie glaubt, der Platz neben dem König gehöre ihr. Oder soll ich sagen: Neben ihr sei höchstens noch Platz für den König?«

»Und wie wird es nach der Krönung heißen?« schnaubte der Graf von Clermont. »Seine Majestät, Karl VII., König von Jeannes Gnaden. Die europäischen Fürsten zerreißen sich jetzt schon die Mäuler über uns.«

»Ihr steigert Euch in etwas hinein«, entgegnete Alençon. »Sie hat, wie jeder weiß, der sie kennt, keine eigenen Ambitionen. Sie führt lediglich den Auftrag ihrer Stimmen aus. Und die kommen nach übereinstimmender Meinung aller, auch der hier Versammelten, denke ich, von Gott«

»Die Stimmen?« ließ sich der Erzbischof von Reims aus seiner Ecke vernehmen. »Diese Stimmen sprechen, was uns und das Volk angeht, mit der Stimme der Jungfrau Jeanne – das ist entscheidend. Die Stimmen mögen es ja gut meinen. Eine andere Sache ist, was die Jungfrau aus ihrem Auftrag macht. Oder glaubt Ihr, die Stimmen hätten ihr befohlen, tagsüber gepanzert wie ein Rhinozeros und abends aufgetakelt wie der König von Saba – verzeiht den kleinen Scherz, Alençon – herumzulaufen? Gut, gut. Aber ich meine wirklich, das mit der ›Tochter Gottes‹ geht zu weit. Sollten ihre Stimmen sie tatsächlich so nennen, bewegen sie sich nicht mehr auf dem Boden der Heiligen Schrift und der Kirchenväter.«

»Wollt Ihr damit zum Ausdruck bringen«, sagte der König, »sie sei eine Hexe?«

»Um Himmels Willen, nein. Aber ist zwischen Hexe und Heiliger nicht noch viel Raum für anderes? Demagogin? Aufwieglerin? Rebellin?«

»Das ist doch Unsinn, hochverehrter Herr Erzbischof«, brauste Alençon wieder auf. »Das heißt, die Jungfrau zu dämonisieren, und das ganze französische Volk gleich mit. Sie hat uns damals ihr Programm mitgeteilt, und wir sind einverstanden gewesen. Dieses Programm war klar, für jeden verständlich, und sie hat sich daran gehalten. Wir haben nur nicht geahnt, wie schnell alles gehen würde. Das mag Euch unheimlich vorkommen, mir ist es das manchmal auch. Aber bis jetzt ist alles glänzend gelaufen, sie hat noch keinen einzigen Fehler gemacht, und ihre militärischen Fähigkeiten sind außerordentlich – kurz: sie ist ein Gewinn für die Armee, und ein Gewinn für Frankreich, wenn ich das sagen darf. Und nach der Krönung wird der König die Chance haben, die Herzen der Menschen so zu erobern, wie Jeanne das in den letzten Wochen gemacht hat. Wenn er das möchte.«

»Herr Alençon hat recht«, lächelte Trémoille. »Die Krönung des Königs ist sicher das kleinere Übel. Wir sollten nach Reims aufbrechen, und zwar so schnell wie möglich. Mal sehen, wie lange die Mittel der Herrschaften da draußen, die sich jetzt so eifrig um das Banner der Jungfrau scharen, vorhalten werden. Und bis die Kassen leer sind, beschäftigen wir sie alle mit einem schönen Krönungszug nach Reims. Was sagt Ihr dazu, Majestät?«

»Mit anderen Worten – sie bekommt wieder ihren Willen«, sagte der König.

Mitten im Lärm und Getümmel eines Heerlagers, das inzwischen auf etwa 12000 Soldaten angewachsen war, hatte Jeanne ihr eigenes Kanzleizelt aufgeschlagen. Ihre Schreiber nahmen der königlichen Kanzlei die Arbeit ab. Wie sie die ganze Gesellschaft oben im Schloß kannte, brauchten die für einen Brief drei Tage, das ging hier schneller. Die Vorlage hatte sie den Schreibern persönlich diktiert: »Jesus, Maria. An die liebe Stadt soundso. Ich, Jeanne, die Jungfrau, habe in acht Tagen alle Engländer aus allen Stützpunkten, die sie an der Loire hatten, hinausgeworfen. Ich bitte und ersuche Euch, darauf vorbereitet zu sein, uns in den nächsten Tagen zur Krönung des edlen Königs Karl nach Reims zu begleiten oder Euch dort zu versammeln und unser Eintreffen zu erwarten.« Ein weiteres Schreiben gehe an den Herzog von Burgund, allerdings mit leicht verändertem Text, sie komme darauf zurück.

Es war unglaublich, es war geradezu wunderbar! Die Leute strömten in hellen Scharen herbei – bereit, mit ihr bis ans Ende der Welt zu gehen. Selbst La Hire hatte zugeben müssen, ein Heer von dieser Größe noch nie gesehen zu haben. Und sogar Ritter, die zu arm waren, sich eine standesgemäße Ausrüstung zu kaufen, meldeten sich bei ihr, als Armbrustschützen, als Bogenschützen, zu Fuß oder auf klapprigen Ponys – Hauptsache, sie durften überhaupt mitkommen. Der Proviant war knapp, das stimmte, aber das war nicht ihr Problem. Sie zahlte für ihre eigene Truppe, und sie zahlte gut. Soweit war alles bestens, auch Gien als Ausgangspunkt für einen Zug nach Reims ideal – das einzige, was noch ausstand, war der Befehl zum Abmarsch.

Jeanne konnte aus der Haut fahren bei dem Gedanken daran, wie alles ständig verschleppt wurde.

»Wie lange wollen die hohen Herren ihr Palaver eigentlich noch

fortsetzen?« sagte sie am Abend zu Alençon. »Nicht, daß die Krönung am Ende noch an einem König scheitert, der gar nicht gekrönt werden möchte. Los, Alençon, mach denen da oben Beine. Laß uns die Krönung hinter uns bringen. Ich jedenfalls werde morgen mit meinen Leuten abziehen und vorausreiten, ich ertrage es hier nicht länger. Wirst du mitkommen?«
Alençon hielt es nicht für ratsam, den ganzen Hof mit einer solchen Eskapade unter Druck zu setzen. Aber Jeanne ließ sich nicht davon abbringen. Am nächsten Morgen brach sie mit ihren Leuten auf, Richtung Auxerre, Richtung Reims.

Damals war es Nacht gewesen. Es hatte geregnet, unaufhörlich. Einmal hatten Wölfe geheult. Sie waren dicht aufeinanderfolgend durch kriegsverwüstetes Gelände gezogen, mit umwickelten Hufen. Wie lange war das jetzt her? Vier Monate? Nichts hatte sich verändert, hier im burgundischen Gebiet – zerstörte Gehöfte, verwilderte Felder. In drei Tagen wäre sie von hier aus in Vaucouleurs, in Domrémy. In zweien, sie ritt heute besser. Ob ihre Familie nach Reims käme, ihr Vater? Ob er sie immer noch in der Maas ersäufen wollte? Ob Laxart sich sehen lassen würde? Oder Baudricourt? Hatte sie eigentlich der Stadt Vaucouleurs einen Brief geschickt? Der Herr Stadtkommandant Baudricourt. Sie mußte lächeln. Und Jean de Metz. Jean de Metz.
Am 30. Juni vereinigte sich, auf halbem Weg zwischen Gien und Auxerre, die Truppe der Jungfrau mit dem Heer des Königs. Jeanne war in ihrem Element. Dieses gewaltige Heer war eine Bestie, wild, gefährlich und schön – eine Bestie, die nach ihrem Zuchtmeister lechzte, einem Dompteur, der ihrer Wildheit Zügel anlegen – oder ihr die Zügel schießen lassen konnte. Und sie beherrschte alle Spielarten des Imponierens, Schmeichelns, Zuredens, Drohens, so daß diese Bestie sich in süßem Gehorsam vor ihr duckte und ihr die eisernen Stiefel leckte. Keine Situation, in der sie sich nicht durchgesetzt hätte. Überall, wo ein Tumult entstand, sich zwei oder hundert in die Haare gerieten,

ging sie dazwischen, zu Pferd oder zu Fuß, so unerschrocken und entschieden im Auftreten wie jeder Heerführer, der seine Männer seit vielen Jahren und vielen Schlachten kannte.
Bei Auxerre angekommen, fanden sie alle Zugbrücken hochgezogen und alle Stadttore verriegelt. Eben noch guter Laune, weil der Herzog von Burgund sich nicht blicken ließ, bezweifelte der König nun schon wieder die Durchführbarkeit des Unternehmens. Jeanne wurde gerufen. Die war dafür, der Stadt sofort mit Belagerung und Stürmung zu drohen und die Drohung im Fall ihrer Wirkungslosigkeit umgehend wahrzumachen – Auxerre werde nicht schwer zu nehmen sein. Trémoille, mit halbgeöffneten Lippen, starrte an ihr vorbei ins Leere. Drei Tage lang wurde verhandelt. Dann lieferten die Bürger von Auxerre Proviant und ließen durch ihre Unterhändler wissen, sie würden keinen Augenblick zögern, dem König die Schlüssel der Stadt auszuhändigen, sobald Troyes, Châlons und Reims sich zu diesem Schritt entschlossen hätten. Eine Leerformel, mit der der König sich auf Trémoilles Empfehlung hin zufriedengab. Einen feindlichen Stützpunkt im Rücken, zog das Heer weiter, Richtung Troyes.
Troyes. Mit dem Namen dieser Stadt verband sich alles, was der König in seiner Jugend an Schmach hatte hinnehmen müssen: der Vertrag, in dem die Krone Frankreichs dem englischen König zugesprochen worden war, die Beteuerung seiner Mutter, daß er ein Zufallsprodukt und Bastard sei, und die Hochzeit seiner eigenen Schwester mit dem König von England, Heinrich V. Troyes konnte man nicht umgehen, Troyes mußte sich beugen – eine Frage des Prestiges. Vorsichtshalber hatte Jeanne einen Boten mit einem Brief vorausgeschickt: Jeanne die Jungfrau gebiete, Karl als den edlen König von Frankreich anzuerkennen, andernfalls sie mit Gottes Hilfe in alle unbotmäßigen Städte eindringen werde, um gegen allen Widerstand einen guten und festen Frieden zu schließen. »Erwarte umgehend Antwort, Jeanne.«

Aber die Bürger von Troyes, durch die Standfestigkeit ihrer Nachbarstadt Auxerre ermutigt, dachten nicht daran, vor dem Dauphin und seiner Dirne zu kuschen. Ihre Antwort bestand aus drei Kanonenkugeln, die niemanden verletzten, und einem Ausfall der englisch-burgundischen Garnison, dem La Hires Leute im Handumdrehen ein Ende machten. Das war's fürs erste. Die Stadttore von Troyes blieben verschlossen, der König berief den Kriegsrat ein.

Jeanne unterhielt sich gerade mit Gilles de Rais über die besorgniserregend knappen Verpflegungsrationen der Soldaten, als ihr ein Mönch in brauner Kutte auffiel, der, drei Frauen im Büßergewand im Gefolge, zwischen den Zelten umherirrte.

»Wenn das nicht Bruder Richard ist«, grinste Gilles. »Großer Gott, er ist es. Man erkennt ihn an seinem Harem. Er sammelt Jungfrauen.«

»Wer ist das?«

»Ein Spinner, würde ich sagen. Großer Prediger mit einer Nase fürs Jüngste Gericht. Er hat gerade den Antichrist in Babylon ausgemacht. Der sucht dich, jede Wette.«

Jemand hatte dem Mönch Jeanne gezeigt, er kam näher. Ein Würstchen mit einer Himmelfahrtsnase, deutlich kleiner als sie selbst. Mit einem Ruck blieb er stehen, hob an, mit dröhnender Stimme Lateinisches zu rufen, schlug mit wehenden Ärmeln mehrere Kreuzzeichen in die Luft, ließ sich dann von einer seiner Jungfrauen eine Schale reichen und verspritzte schwungvoll Weihwasser in ihre Richtung. Da konnte sich der gute Pater Fourier in Vaucouleurs eine Scheibe von abschneiden.

Jeanne sah sich das eine Weile vom Rücken ihres schwarzen Schlachtrosses aus an und rief dann:

»Nehmt allen Euren Mut zusammen und kommt ein wenig näher! Ich werde nicht davonfliegen, großes Ehrenwort!«

Brüllendes Gelächter der umstehenden Soldaten. Der Mönch schickte seine Jungfrauen fort und ließ sich vor ihr auf die Knie fallen, die dünnen Arme in gekonnter Anbetungsgeste ausge-

breitet, Augen und Mund weit aufgerissen. Das ging ja schnell bei dem Mann. Eben noch als Hexe verdächtigt, im nächsten Moment als Heilige verehrt – Jeanne mochte das nicht, sie hatte es selbst mit Heiligen zu tun und wußte, daß sie keine war. Sie stieg vom Pferd und kniete vor dem Knieenden nieder. Bequem war das nicht, aber da Bruder Richard nicht zum Aufstehen zu bewegen war, unterhielt man sich eben so. Über die großen Umwälzungen, die der Welt in Kürze bevorständen, den Anbruch eines neuen, lichteren Zeitalters und das furchtbare Schicksal, das die Engländer in naher Zukunft erwarte.
Kaum in die Stadt zurückgekehrt, predigte Bruder Richard mit Donnerstimme, die Jungfrau Jeanne kenne alle Geheimnisse Gottes, und wenn sie wolle, könne sie mit dem ganzen französischen Heer über die Stadtmauern fliegen oder auch einfach hindurchmarschieren, als seien sie aus Papier.
Leider nützte auch das nichts. Nach einer Woche des Wartens und Beratschlagens hungerte das halbe Heer, und wären nicht die Stangenbohnen gewesen, die es in der Umgebung von Troyes im Überfluß gab, man hätte das Unternehmen abbrechen müssen. Am 9. Juli, als niemand mehr Stangenbohnen sehen konnte, plädierten die Ratgeber des Königs für Rückzug, Trémoille empfahl die sofortige Auflösung des ganzen Heers. Der König ließ Jeanne rufen – der Zug nach Reims sei ihre Idee gewesen, was nun? Jeanne fiel vor ihm nieder.
»Werdet Ihr tun, was ich Euch jetzt sage?«
»Wenn es vernünftig ist, werde ich es gern in Erwägung ziehen.«
»Edler Dauphin – stellt die Beratungen augenblicklich ein und befehlt dem Heer, sofort mit der Belagerung zu beginnen. Bei Gott, in spätestens drei Tagen werden wir in Troyes einziehen, auf die sanfte oder die unsanfte Tour.«
Wenn es eine Stadt gab, von der er sich nichts bieten lassen wollte, dann Troyes. Der König gab seine Zustimmung. Dann solle man der Jungfrau auch gleich den Oberbefehl über die

Angriffstruppen übertragen, schnaubte Trémoille. Nicht nur Alençon, auch andere wie La Hire und Dunois hatten nicht das geringste dagegen. Und Trémoille, der die Jungfrau noch nie in Aktion erlebt hatte, wurde von Stunde zu Stunde gereizter. Jeanne wechselte ihr schwerfälliges Schlachtroß gegen einen schnellen Traber, galoppierte von einem Heerhaufen zum anderen, wies jedem seine Ausgangsstellung zu, ließ Sturmleitern gegenüber den strategisch günstigsten Abschnitten der Mauer stapeln, befahl, die Gräben an diesen Stellen mit Reisigbündeln aufzufüllen, plazierte die Artillerie so, daß sie nicht die eigenen Leute gefährdete, und brachte sogar die vornehmsten der Ritter dazu, sich an allen Arbeiten zu beteiligen. Noch vor Sonnenuntergang war alles für den Angriff vorbereitet.

»Mir wäre kein besserer Schlachtplan eingefallen«, sagte Dunois zu Trémoille. »Raffinierter geht's nicht. Aber Ihr braucht Euch nicht zu wundern, Herr Trémoille – dies ist schon ihre dritte Belagerung.«

In der Morgenkühle, noch bevor die letzten ihre Rüstungen angelegt hatten, noch bevor der erste Kanonenschuß abgefeuert werden konnte, übertönte das Kreischen des Fallgatters und das Rasseln der Zugbrücke den Lärm des erwachenden Lagers, und aus dem langen Schatten des Torturms trat eine kleine Gruppe würdevoller Herren ins Licht der aufgehenden Julisonne – einer im Ornat des Bischofs, die anderen in der Amtstracht der Stadträte von Troyes. Man brachte sie zum Zelt des Königs. Da es nicht viel zu verhandeln gab, einigte man sich rasch: Die Stadt huldigt dem König von Frankreich, der König seinerseits vergißt, welchen Kummer die Stadt ihm in den letzten Jahren bereitet hat, und die englisch-burgundischen Besatzungssoldaten dürfen ungeschoren abziehen, ja, sogar ihre Gefangenen mitnehmen. Diesmal starrte Jeanne mit halbgeöffneten Lippen schweigend ins Leere. Aber als sich das Stadttor für die Soldaten der Garnison wieder öffnete, versperrte das Heer der Jungfrau ihnen den Weg, und Jeanne forderte die Herausgabe der

Gefangenen. Um des lieben Friedens willen kaufte der König sie frei – das Geld dafür mußte Trémoille vorstrecken.

Jeanne organisierte nicht nur die Belagerung, sondern auch den feierlichen Einzug der Sieger, und ritt, den König an ihrer Seite, sämtliche Heerführer im Gefolge, durch die engen, fahnengeschmückten Straßen von Troyes, vorbei an jubelnden Menschen, die noch am Abend zuvor in panischer Angst Zuflucht in den Kirchen gesucht hatten. Etliche von ihnen, darunter Bruder Richard, wollten hinterher über ihrem unbedeckten, hocherhobenen Kopf einen großen Schwarm weißer Schmetterlinge tanzen gesehen haben.

Die Stadttore von Châlons öffneten sich von selbst. Der König legte seine Hand kurz auf den Schlüssel der Stadt, und die Frage der Loyalität war damit geklärt. Wie schon in Troyes mußte der König sich allerdings auch in Châlons von Trémoille darauf aufmerksam machen lassen, daß die Herberge der Jungfrau von einer bei weitem größeren Menschenmenge belagert wurde als das Stadtpalais, in dem der König und seine engsten Berater abgestiegen waren, und daß vor der Herberge der Jungfrau Sprechchöre »Tochter Gottes!« riefen, während vor seinem Palais niemand irgend etwas rief.

Jeanne versuchte, sich dem Rummel um ihre Person so gut es ging zu entziehen. Sobald sie sich in der Öffentlichkeit zeigte, war das natürlich unmöglich – zahllose Hände streckten sich ihr entgegen, mit Gebetbüchern, Heiligenbildern, Kleidungsstücken von Kranken, die sie berühren sollte. Jeanne gab sich alle Mühe, zu lächeln, während sie ein ums andere mal der Menge zurief:

»Berührt sie doch selbst! Eure Finger sind genauso gut wie meine!«

Einer Versuchung konnte oder wollte sie nicht widerstehen. Auf die inständige Bitte zweier Elternpaare hin stand sie deren neugeborenen Töchtern Pate, die dann beide auf den Allerweltsnamen Jeanne getauft wurden.

Am Morgen des 14. Juli machte man sich an die letzte Etappe. Kaum jemand arbeitete in den goldgelb wogenden Feldern; sich selbst überlassen zog das Vieh träge grasend über die ersten abgeernteten Äckern. Aber auf allen Straßen wanderten Menschen in kleinen und großen Gruppen nach Norden. Jeanne blickte sich immer häufiger nach Reisenden um, die sie gerade überholt hatte – einige beritten, die meisten zu Fuß, Leute aus allen Gegenden Frankreichs, jeder verriet sich durch seinen Dialekt. Die Aufrufe, zur Krönung nach Reims zu kommen, hatten ihre Wirkung getan. Sie achtete kaum auf das Gespräch zwischen Dunois und dem König, der im übrigen ähnlich unruhig schien wie sie. Sah der von hinten nicht aus wie Laxart? Er war es nicht. Hatte die nicht Ähnlichkeit mit ihrer Mutter? Aber sie war es nicht. Sie hätte jetzt ohnehin nicht viel Zeit, aber in Reims würde ihr wahrscheinlich noch weniger Zeit bleiben – wenn sie die Organisation der Krönungsfeierlichkeiten den Hofbeamten überließ, käme ihnen noch Bruder Richards Weltuntergang dazwischen – hier auf dem Weg könnte man wenigstens ein paar Worte wechseln, ein paar Fragen stellen, ein paar Grüße ausrichten. Da hörte sie jemanden »Jeannette!« rufen und zuckte zusammen. Sie warf den Kopf herum: ihr Onkel Jean, mit vier anderen aus dem Dorf! Sie hielt ihr Pferd an, stieg ab, umarmte alle, konnte kaum reden, stotterte, wurde rot.
»Wir fragen uns immer, wie du das machst, Jeannette«, sagte der Onkel. »Hast du vor gar nichts Angst?«
»Nein«, sagte Jeanne, »ich fürchte nur eins – Verrat.«
Sie brach in Tränen aus, zog ein rotes Wams aus ihrer Satteltasche, drückte es ihm in die Hand, umarmte noch einmal alle und sah zu, daß sie wieder Anschluß fand.
Einige Meilen vor der Stadt, im Schloß des Erzbischofs von Reims, der noch nie einen Fuß in seine Stadt gesetzt hatte, nahm man Quartier. Tagelang gespanntes Warten: Wie würden die Bürger von Reims reagieren? Es war klar – nicht nur der König hatte ihnen einen Brief geschickt. Auch der Herzog von

Burgund dürfte ihnen geschrieben haben, um Himmels Willen keinen Verrat zu begehen, auch der englische König dürfte ihnen mitgeteilt haben, daß Ungehorsam gravierende Folgen haben würde. Von allen dreien hatte der französische König im Augenblick allerdings die überzeugendsten Argumente – ein Heer von über 12 000 Soldaten. In den frühen Morgenstunden des 16. Juli erschien im erzbischöflichen Schloß eine Abordnung aus Reims mit dem Schlüssel der Stadt. Am Abend desselben Tags zog der König mit dem ganzen Heer durch das südliche Tor in die Stadt ein, während die englisch-burgundischen Besatzungstruppen sich durch das nördliche davonmachten.

Reims, endlich. Es war geschafft. Sie hatte es geschafft! Am Ende der Straße ragte blendendweiß die Kathedrale in den tiefblauen Sommerhimmel. Sie ritt neben dem König, aber sie spürte die Bewegung des Pferds nicht mehr. Der Druck der Rüstung auf ihren Schultern ließ nach, sie selbst schien kein Gewicht mehr zu haben. Sie hatte den Eindruck, von einem Wirbel erfaßt zu werden, zu schweben. Aus großer Höhe erkannte sie unter sich den König, die bunte, bewegte Menschenmenge, ihr eigenes schwarzes Schlachtroß. Der Jubel, das Hufgeklapper, die Fanfarenstöße, alle Geräusche erreichten sie nur sehr gedämpft, wie durch Glas. Aber deutlich und riesengroß sah sie die silberglänzende Rosette im Zentrum der verästelten, in tausend bewegte Einzelteile zerspringenden Front der Kathedrale auf sich zukommen, viel schneller, als der Zug unter ihr sich vorwärtsbewegte. Einer der steinernen Propheten an der Fassade rückte lächelnd zur Seite, um ihr auf seinem Sockel Platz zu machen. Von hier oben aus sah Jeanne die weite Ebene der Champagne, die zerklüftete Landschaft der geschuppten Dächer von Reims, die verstopften Straßen, schwarz vor Köpfen, und wie der Triumphzug sich langsam näherte; sah sich selbst in ihrer glänzenden Rüstung, daneben den König in seinem golddurchwirkten Mantel, dahinter die Heerführer mit ihren Standarten, dahinter das Heer, beschienen vom letzten

Sonnenlicht, das sich als weicher Schimmer über den ganzen Zug legte. Sie schloß die Augen. Das Dröhnen der Glocken steigerte sich in ihrem Kopf zu einem unerträglichen Brausen. Als sie die Augen wieder öffnete, hatte der steinerne Prophet neben ihr seinen Blick wieder starr und ernst in die Ferne gerichtet.
Nach dem üblichen Abendessen – geröstetes Brot, verwässerter Wein – sprach sie lange mit ihrem Beichtvater Pasquerel. Er habe sie jetzt von Tours an begleitet, sei in allen Kämpfen und bei allen Siegesfeiern und auch während der langen Wartezeiten nicht von ihrer Seite gewichen, habe alles aus nächster Nähe miterlebt.
»Vater Pasquerel, was haltet Ihr von all dem? Wie glatt alles gelaufen ist, wie leicht uns alles gefallen ist, das ist mir selbst oft nicht geheuer gewesen. Der Pfeil in meiner Schulter war kein hoher Preis, wenn man bedenkt, in wie vielen Gefahren wir geschwebt und was wir zuwege gebracht haben. In letzter Zeit wird mir bisweilen schwindlig, ich glaube dann, zu träumen und im nächsten Moment in Domrémy im Haus meines Vaters auf dem Küchenboden aufzuwachen. Warum gerade ich? Warum hat Gott ausgerechnet mich auserwählt, solche unerhörten Taten zu tun?«
Aber alles, was Pasquerel darauf sagen konnte, war, daß Gottes himmlische Bücher voll wunderbarer, unergründlicher Lehren seien, welche die Menschen bestenfalls ganz allmählich begriffen und deren Weisheit oft erst sehr viel später ans Licht komme und daß Gottes Wunder oft gerade dem, durch den sie sich vollziehen, am meisten zu schaffen machten.
An den Vorbereitungen der Krönungsfeierlichkeiten beteiligte sie sich in dieser Nacht nicht mehr. Die Hofbeamten hatten ihr bedeutet, daß diesmal alles anders als bei früheren Krönungen sei, daß nun alles sehr schnell zu gehen habe und die morgige Krönung gewissermaßen übers Knie gebrochen werden müsse, weil die Engländer viele Insignien und Krönungsutensilien entwendet hätten und man sich weiß Gott wie behelfen müsse, um

morgen früh alles beisammen zu haben – sie möge sich derweil etwas erholen, die Zeremonie werde, so oder so, fünf Stunden dauern.

Eine solche Unruhe hatte sie noch nie verspürt. Weder vor dem Angriff auf die Brückenfestung von Orléans noch vor der Erstürmung von Jargeau noch vor der Schlacht bei Patay. Nicht einmal vor ihrer ersten Begegnung mit Baudricourt. Eine solche Unruhe, daß ihr die Standarte in der Hand zitterte – noch nie. Eigentlich war sie doch Menschenmassen in allen Stadien der Erregung bis hin zur Ekstase gewöhnt, eigentlich hatte sie doch stets einen kühlen Kopf bewahrt – am ersten Abend in Chinon genauso wie später im hitzigsten Gefecht. Auch kannte sie ja fast alle, die jetzt mit ihr zusammen in feierlicher Langsamkeit die Stufen zur Kathedrale hinaufschritten, Bischöfe und Prälaten vorweg, dann unmittelbar vor ihr der König, neben und hinter ihr die Noblen des Reichs und ganz in ihrer Nähe Alençon, der vor einer Stunde noch schnell zum Pair von Frankreich ernannt worden war – als Ersatz für den Herzog von Burgund, der ihrer Einladung nach Reims doch nicht gefolgt war. Wie viele Dankprozessionen und Siegesparaden hatte sie nicht schon mitgemacht – und bei den meisten hatte sie schließlich selbst im Mittelpunkt gestanden, während in dieser Stunde eindeutig der König alle Blicke auf sich zog. Und trotzdem hatte sie nun das Gefühl, daß ihre Kräfte sie verließen.
Über ihnen türmte sich die Kathedrale zu einem weißen Gebirge auf, das sie mit einemmal als erdrückend empfand. Heilige und Himmelswesen liefen in Fünferreihen die spitz zulaufende Portalwölbung hinauf – zu entrückt, um sie im einzelnen erkennen zu können, zu fern, um ihr Trost zu spenden. Und von den Seitenwänden blickten Propheten und Kirchenväter ernst und kalt auf sie herab. Erst, als sie schon fast das weitgeöffnete Portal erreicht hatte, sah sie rechts, als letzte in der Reihe, die Gestalt einer jungen Frau. Der Bildhauer hatte ihr eine große Freude ins

lachende Gesicht geschrieben. Alles an ihr lachte, die Augen, die Wangen, der Mund, der ganze Körper – sie lachte vor Glück so laut, daß Jeanne es durch das Läuten der Domglocken und Psalmodieren der Chorherren hindurch zu hören meinte, ein helles, beglücktes Lachen. Sie erkannte es wieder, dieses unsägliche Glück, sie hatte es selbst oft erlebt. Auf dem Weg durchs Dunkel des hohen Kirchenschiffs zitterte ihre Standarte nicht mehr.

Das Veni Creator Spiritus erklang – jene Hymne, die ihre Priester gesungen hatten, als sich das Heer in Blois in Bewegung setzte, um Orléans zu befreien –, hier allerdings erscholl es unvergleichlich gewaltiger. Vor dem hell erleuchteten Altarraum teilte sich der Zug der Priester, der König nahm auf einem einzelnen Sessel vor den Altarstufen Platz, die höchsten Adligen des Reichs ließen sich auf Stühlen in seinem Rücken nieder. Vorne rechts, auf einem Podest, unter einem Baldachin von rotem Samt, stand der Thron.

Und wo war ihr Platz hier? Nicht unter den anderen – nicht bei der Masse des Volkes, der Söldner, Bürger und Bauern, die jetzt hereinströmten und jeden Winkel der Kathedrale füllten, nicht bei den Priestern und Chorherren, die jetzt den Altarraum umrahmten, nicht bei den Adligen. Für sie blieb nur ein Platz in dieser Kirche – der neben dem Altar, auf dem die Krone lag. Als einzige ging sie weiter, wandte sich am Altar der Versammlung zu, so daß sie das ganze Kirchenschiff und die blendende, funkelnde Farbenpracht der Gewänder und Kirchenfenster im Blick hatte, und stellte ihre Standarte ab. Es war die einzige Standarte hier, im ganzen Kirchenraum war keine andere zu sehen. Aber diese Standarte hatte in den letzten Monaten überall dort geweht, wo es am heißesten hergegangen war – es war nur recht und billig, daß sie nun auch im Augenblick des Triumphs dabei sein durfte.

Dort hinten, irgendwo in der Menge, mußte ihr Vater stehen. Laxart hatte ihn nach Reims begleitet, das wußte sie von ihrem Bruder Pierre. Gesehen hatte sie ihn noch nicht, und vom Altar

Skulpturen am Hauptportal der Kathedrale von Reims.

(Leo Linder, Düsseldorf)

aus war er ihm Gewühl der schiebenden, drängenden Masse im Halbdunkel zwischen den hochaufragenden Pfeilern natürlich auch nicht auszumachen. Das einzige, was sie durch die Schleier aufsteigenden Weihrauchs erkennen konnte, war der Erzbischof von Reims, der durch den langen Mittelgang auf sie zuschritt, die heilige Phiole in beiden Händen vor der Brust tragend. Die heilige Phiole hatte die Form einer Taube, ihr Körper bestand aus Gold, ihre Füße waren aus Korallen und kostbaren Steinen. Behutsam setzte der Erzbischof sie auf dem Altar neben der Krone ab. Sie enthielt das heilige Salböl, das seit ewigen Zeiten am Grab des heiligen Remigius in Reims aufbewahrt wurde. Gilles hatte es, wie sie wußte, dort in den Morgenstunden abgeholt.
Als Stille eingekehrt war, leistete der König, die Rechte auf einem edelsteinbesetzten Evangeliar, den Krönungseid: Er schwor, als Herrscher die Freiheit der Kirche zu achten, Gerech-

tigkeit walten zu lassen und Witwen und Waisen in seinen besonderen Schutz zu nehmen. Das Te Deum erklang, rein und schön. Danach segnete der Erzbischof mit erhobenen Händen die Reichsinsignien: die goldenen Sporen Ludwigs des Heiligen, den Ring, das Schwert, das Zepter und die Gerechtigkeitshand, ein Stab aus geschnitztem Elfenbein. Und jetzt, während der König vor seinem Sessel niederkniete, erhob sich Alençon, ergriff das gesegnete Schwert, berührte damit die Schultern des Königs und schlug ihn zum ersten Ritter des Reichs. Alle, auch Jeanne, knieten daraufhin nieder zum Großen Gebet.

Als nächstes folgte jener Akt, den sie so oft in ihren Träumen erlebt und immer wieder vorausgesagt hatte: die Salbung. In Wirklichkeit vollzog er sich allerdings anders, als sie ihn geträumt hatte. Daß sich der König zuvor bis auf Hemd und Hose entkleiden mußte, hatte sie nicht gewußt. Daß er sich vor dem Altar zu Boden werfen und, mit dem Gesicht nach oben, lang ausgestreckt daliegen mußte, genauso wenig. Und auch, daß der Erzbischof sich neben ihn auf die kalten Steinplatten legen würde, bevor er dem König je einen Tropfen des heiligen Öls mit einer goldenen Nadel auf Stirn, Schultern, Ellbogen, Brust und Hände träufelte, war ihr nicht klar gewesen. Sie wußte nur eins und glaubte es fest: Auf diese Weise waren die Herrscher Israels zu Königen über Gottes Volk geworden, und auf dieselbe Weise wurden die Herrscher Frankreichs zu Königen und Stellvertretern Gottes. Der Mann, der sich nun wieder erhob und seine Kleider anlegte, war nicht mehr der Dauphin. Es war der König von Frankreich – auch wenn die Krone immer noch an ihrem Platz auf dem Altar lag. Ihr Zittern stellte sich wieder ein, es ließ sich nicht unterdrücken.

Jetzt traten jene zwölf Männer nach vorn, die nächst dem König die höchsten Spitzen von Staat und Kirche darstellten.

Jeanne d'Arc, romantisch verklärt – mit Lorbeerkranz und Heiligenschein, Gemälde von Charles Amable. (AKG, Berlin)

c.a. Lenoir

Sie reichten ihm Ring und Zepter, sie legten ihm den blauen Mantel mit den goldenen Lilien um die gesalbten Schultern, sie nahmen vom Erzbischof die Krone entgegen und hielten sie über seinem Kopf in der Schwebe, bis er den Thron erreicht hatte. Dort setzten sie ihm die Krone auf.
Jeanne hielt es nicht länger aus. Kaum hatte der König den Thron bestiegen, lehnte sie ihre Standarte gegen den Altar und warf sich vor ihm zu Boden. Sie hörte sich selbst mit brüchiger Stimme sagen:
»Edler König! Jetzt hat sich erfüllt, was Gott wohlgefällt. Es ist sein Willen gewesen, Orléans zu befreien, so wie es sein Wille gewesen ist, daß Ihr in Reims gesalbt werdet. Von nun an wird niemand mehr die Augen davor verschließen können, daß Ihr der König seid und daß Euch das Königreich Frankreich wahrhaftig zusteht.«
Als der Jubel losbrach, stellte mancher fest, daß ihm die Stimme versagte. Dennoch ließen Hochrufe und Trompetenstöße die Pfeiler der Kathedrale erzittern. Der Zug formierte sich aufs neue und bewegte sich, durch ein Spalier jubelnder, schluchzender, weinender Menschen hindurch, auf das weit geöffnete Portal zu und hinaus ins gleißende Licht der Mittagssonne.
Jeanne verließ die Kathedrale mit leeren Händen. Ihre Standarte hatte sie als Zeichen ihrer Dankbarkeit auf dem Altar zurückgelassen.

ZWISCHENSTÜCK

Oh, einzigartige Jungfrau, du bist die Größte des Königreichs

»Während des Mysteriums befand sich die Jungfrau stets in der Nähe des Königs, in der Hand ihre Fahne haltend. Und es war sehr schön anzusehen, mit welcher Anmut sich der König und auch die Jungfrau bewegten.« Das berichten die Beobachter der Königin in Reims nach Bourges. Offenbar sind sie von dieser Krönung angetan gewesen, offenbar hat es sie nicht weiter gestört, daß diesmal in entscheidenden Punkten vom überlieferten, in allen Einzelheiten festgelegten Krönungsritual abgewichen wurde.

Streng nach den alten Regeln ist eigentlich nur die Salbung verlaufen, der eigentliche Kern des Krönungsrituals. Sie geht auf die Taufe des ersten Frankenkönigs Chlodwig um das Jahr 500 zurück. Damals, so die Legende, überbringt eine weiße Taube dem taufenden Erzbischof Remigius ein Fläschchen, das unter diesen Umständen nur ein vom Himmel gesandtes Salböl enthalten kann. Als bibelkundiger Mann weiß Erzbischof Remigius, daß schon die israelitischen Könige David und Salomon mit heiligem Öl zu Königen gesalbt worden sind, und setzt diese alttestamentarische Tradition mit der Salbung Chlodwigs fort. Seit jener Zeit wird dieses Fläschchen, die heilige Phiole, im Kloster des Remigius in Reims aufbewahrt. Krönen könnte man einen französischen König theoretisch überall, salben kann man ihn nur in Reims. Seit 1179 besitzt daher der Erzbischof von Reims das Krönungsprivileg. Die heilige Phiole übrigens zersplitterte 1793 unter den Hammerschlägen eines Revolutionärs – nur eine kleine Scherbe wurde gerettet.

Die Engländer, die schon auf die Nachricht vom Anmarsch des französischen Heers hin Krone und Zepter nach St. Denis, in die Grabkirche der französischen Könige bei Paris, geschafft haben, überlegen kurz vor ihrem Abzug, auch die heilige Phiole mitgehen zu lassen. Das wäre das sicherste Mittel, die Krönung zu verhindern, gleichzeitig aber auch der sicherste Weg, einen Aufstand der Bürger von Reims zu provozieren. Die Engländer rücken ohne die Phiole ab.

Von der Salbung abgesehen ist alles andere Improvisation. Nicht nur Krone und Zepter fehlen, auch vier der zwölf höchsten Repräsentanten des Reichs – drei Bischöfe und ein Herzog, der von Burgund. Richemont, dem das Recht zugestanden hätte, während er ganzen Zeremonie das Schwert zu halten, fehlt natürlich auch. In einer Blitzaktion werden vor der Krönung Ersatzleute ernannt – unter anderem Alençon, der dann anstelle des Herzogs von Burgund den König zum Ritter schlagen darf.

Die eklatanteste, unerhörteste Abweichung vom herkömmlichen Verlauf ist selbstverständlich die Teilnahme eines Bauernmädchens an exponierter Stelle, neben dem Altar – eine Sensation, mit der allerdings mancher gerechnet haben dürfte. Wer sie kennt, weiß, daß Formalia ihr gleichgültig sind, und ahnt, daß sie sich diesen Auftritt nicht entgehen lassen würde. Egal, wie behelfsmäßig es während der Zeremonie zugeht, egal, was das Volk von seinem neuen König wirklich hält – durch die Teilnahme Jeanne d'Arcs wird diese Krönung zu einem großen Publicityerfolg für Karl VII.

Die Engländer versuchen später, diesen Vorsprung für Karl mit einer ähnlichen Propagandaveranstaltung wettzumachen. Im selben Jahr wie Karl wird Heinrich VI. als Siebenjähriger in Westminster zum König von England gekrönt, zwei Jahre später segelt er seineaufwärts nach Paris, um in Nôtre Dame zusätzlich die französische Krone zu empfangen, die ihm nach dem Vertrag von Troyes zusteht. Die Pariser sind begeistert, die Vertreter der Zünfte reißen sich darum, den blauen Thronhimmel zu tragen, unter dem der junge König den Weg bis zur

Kathedrale zurücklegt. Diese Krönung endet jedoch als Parodie auf die Veranstaltung zwei Jahre zuvor in Reims. Diesmal fehlt die entscheidende Zutat, das Salböl, und das anschließende Festmahl wird zum Fiasko: Das vorgekochte, zähe Fleisch empfinden die Pariser als Zumutung, und selbst die Patienten eines Krankenhauses, für die ein Teil des Festmahls reserviert wird, finden es ungenießbar. Als sich dann auch noch das anschließende Turnier als armselige Veranstaltung entpuppt, haben die Engländer selbst bei den durch und durch englandfreundlichen Parisern viel von ihrem Kredit verspielt.

Auf Jeanne d'Arcs militärische Erfolge haben vor allem die Korrespondenten reagiert, auf die Krönung reagieren jetzt auch die Dichter. Allen voran Christine de Pisan (1365–1430), die sich bis zum Einmarsch der Engländer in Paris wiederholt in die politischen Auseinandersetzungen eingemischt und ihre Zeitgenossen immer wieder zum Frieden aufgerufen hat. Die letzten elf Jahre hat sie zurückgezogen hinter Klostermauern gelebt, jetzt tritt sie mit dem ersten Gedicht auf Jeanne d'Arc in französischer Sprache wieder an die Öffentlichkeit. In 56 Strophen besingt sie mit ungezügelter Begeisterung dieses einfache Mädchen, das mehr geleistet hat »als tausend Männer«. In allen ihren Werken hat Christine de Pisan die Kraft und die Weisheit der Frauen beschworen – jetzt liefert Jeanne d'Arc ihr und aller Welt den Beweis dafür, daß es kein Gebiet gibt, auf dem Männer gegenüber Frauen Überlegenheit beanspruchen dürfen. Mit ähnlich entfesseltem Enthusiasmus feiert sie der Dichter Alain in einem Prosagedicht: »Oh einzigartige Jungfrau, wert allen Ruhms, aller Lobpreisungen, göttlicher Ehren, du bist die Größte des Königreichs ...«

Einen ihrer neuen Verehrer wird Jeanne d'Arc gar nicht mehr los, auch er ein Mann des Wortes: Bruder Richard – sicher die schillerndste Gestalt, die Jeanne d'Arc, für die nächsten Monate wenigstens, in ihren Hofstat integriert. Wunder sind sein Spezialgebiet, und Wunder verspricht er sich vor allem von

Jungfrauen. Von Jeanne d'Arc erwartet er möglicherweise sogar jene größten Wunder aller Zeiten, die er für das Jahr 1430 bereits angekündigt hat. Denn Bruder Richard ist einer der wenigen männlichen Vertreter der Hellseherzunft. Von Juden in Jerusalem will er erfahren haben, daß der Weltuntergang nahe sei – in Babylon sei bereits der Antichrist zur Welt gekommen. Nun zieht er gegen die Eitelkeit der Welt zu Felde. Mit einer aufsehenerregenden Vortragsreihe hat er in den letzten Monaten die Pariser aufgewühlt – die Männer verbrennen nach seinen Predigten ihre Kartenspiele und Backgammonbretter, die Frauen ihre extravaganten Hauben. Aber die Behörden mögen es nicht, wenn jemand Umwälzungen ankündigt, die als einschneidende Veränderungen der politischen Verhältnisse interpretiert werden könnten. Bevor sie ihn verhaften, flieht er nach Troyes, wo er sich Jeanne d'Arc anschließt.

Für die ist die Krönung zwar der vorläufige Höhepunkt ihrer Mission, aber keineswegs ein voller Erfolg. Seit einiger Zeit schon denkt sie nämlich über Reims hinaus. Und ihre größte Hoffnung ist, daß es gewissermaßen als Nebeneffekt der Krönung zu einer Annäherung, einer politischen Versöhnung zwischen Karl VII. und Philipp dem Guten, dem Herzog von Burgund, kommt. Frieden mit Burgund, ein guter und sicherer Frieden, wie sie sich ausdrückt – das ist, das war zumindest bis Reims, ihr nächstes Etappenziel. Inständig hat sie gehofft, daß Philipp sich seiner Vasallenpflicht, dem gesalbten König von Frankreich zu huldigen, nicht mehr entziehen könne. Für sie ist es fast unvorstellbar, daß ein Vasall seinem von Gott berufenen König die schuldige Anerkennung verweigert. Natürlich – die zwangsläufige Folge wäre für den Burgunder der Bruch der Koalition mit England. Aber dafür kann sie ihm etwas bieten, das er unmöglich ablehnen kann: Frieden. Frieden mit dem gesalbten König Frankreichs. Die Chancen, daß Philipp darauf eingeht, stehen in diesem Augenblick nicht schlecht – schließ-

lich sind die Franzosen erstmals in der Lage, anderfalls mit Krieg zu drohen. Ihre Erfolge ermöglichen Jeanne d'Arc, oder Karl, endlich aus einer Position der Stärke zu verhandeln. Würden die Burgunder ihr Bündnis mit England aufkündigen, gerieten die Engländer auf dem Kontinent in eine beinahe aussichtlose Lage.
Jeanne d'Arc tut alles, was in ihrer Macht steht, um Philipp zur Teilnahme in Reims – oder wenigstens zu einem späteren Einlenken zu bewegen. Viel ist das nicht – zwei lange Briefe immerhin. Den letzten verfaßt sie am 17. Juli 1429, am Morgen vor der Krönung. Er verrät zweierlei. Einmal, daß Jeanne d'Arc auch nach Reims die Fäden in der Hand behalten will, weil sie sich auch in Zukunft für die politische Entwicklung in Frankreich verantwortlich fühlt. Und dann, daß sie, um ein politisches Ziel zu erreichen, ihre persönliche Abneigung gegen die Burgunder vergessen, auf Drohungen fast ganz verzichten und ungewohnt milde Töne anschlagen kann:
»Hoher Herr und mächtiger Fürst, Herzog von Burgund, die Jungfrau bittet Euch im Namen des Königs des Himmels …, daß der König von Frankreich und Ihr einen guten, festen und lang andauernden Frieden schließen mögt. Vergebt Euch gegenseitig von ganzem Herzen, wie man es von guten Christen erwartet; und wenn Ihr weiter Krieg zu führen wünscht, zieht gegen die Sarazenen … Der edle König von Frankreich ist bereit, mit Euch Frieden zu schließen, wenn er es mit seiner Ehre vereinbaren kann, und das liegt nur an Euch … Ich bitte Euch und flehe Euch mit gefalteten Händen an, daß Ihr keine Schlachten schlagt und uns nicht bekriegt …; und Ihr sollt wissen, mit wieviel Truppen Ihr auch gegen uns zieht, Ihr werdet nie gewinnen, und es wäre schade um die Schlacht und das Blut derer, die sich gegen uns stellen.«
Dieser Brief ist kein Mittel der psychologischen Kriegsführung mehr, wie ihre ersten Schreiben, dieser Brief ist, bei aller Naivität, ein politischer Brief. Man vergißt leicht, daß Jeanne d'Arc sich von

Anfang an eher als Politikerin denn als Kriegerin verstanden hat. Künstler haben sie immer nur als Amazone, vor einem Angriff, nach einer Schlacht, in jedem Fall bewaffnet und in Rüstung dargestellt. Und natürlich ist es verlockend, das Bauernmädchen als Ritter, die Frau in Verbindung mit den klassischen Attributen der Männlichkeit abzubilden. Mit demselben Recht aber könnte man sie auch in ihrer Rolle als Diplomatin zeigen. Eine recht undiplomatische Diplomatin, wohl wahr, auch keine sehr erfolgreiche – aber: Jeanne d'Arc hat immer bewiesen, daß sie kein gewöhnlicher Soldat, auch kein gewöhnlicher Heerführer ist, sondern jemand, der in politische Verhältnisse eingreift und politische Ziele verfolgt – mit militärischen wie mit diplomatischen Mitteln. Was sie von anderen Politikern unterscheidet, ist ihre impulsive, geradlinige Art und ihre Uneigennützigkeit – als einzige verfolgt sie tatsächlich ausschließlich politische Zwecke.

Dieser Brief an den Herzog von Burgund ist ein weiterer Beweis dafür. Er verrät, außer der üblichen eigenmächtigen Vorgehensweise, ein eigenständiges politisches Denken. Schon mit der Krönung in Reims hat sie die politische Absicht verfolgt, die Autorität und Durchsetzungsfähigkeit des Königs zu stärken. Ihr Brief an Philipp den Guten zeigt, daß sie darüber hinaus die Verständigung zwischen Frankreich und Burgund anstrebt. Und beides dient dem übergeordneten politischen Ziel, einen Krieg zu beenden, der sich inzwischen seit 90 Jahren hinzieht.

Aber sie überschätzt ihre Möglichkeiten. Appelle und Beschwörungen mögen bei Soldaten, bei Bürgern und vielleicht noch bei Theologen fruchten – bei Politikern ziehen sie nicht. Der Herzog von Burgund entsendet zwar Beobachter, aber er kommt nicht persönlich nach Reims. Und macht damit alle ihre Hoffnungen auf ein baldiges Ende des Kriegs zunichte.

VI. AKT

Bei meinem Stock, wir sind genug

Auf wen konnte sie sich eigentlich noch verlassen? Nicht einmal Alençon hatte ihr verraten, daß seit zehn Tagen schon ein Waffenstillstand mit Burgund in Kraft war. Was dasselbe wie ein Waffenstillstand mit England war. Wofür sollte diese Waffenruhe gut sein? Was war damit gewonnen? Von Reims aus hätte man Paris in vier Tagen erreicht, und keine drei Tage später hätte sie in jeder beliebigen Pariser Kneipe mit Guy de Laval auf den Sieg anstoßen können. Und wo waren sie jetzt? In Jouarre? In Rebais? Oder in La Ferté? Seit sechzehn Tagen irrten sie nun planlos umher. Tagsüber schleppte sich das Heer in sengender Hitze von einem Provinznest zum nächsten, an jedem Dorfbrunnen kam es zu Schlägereien, und abends durfte sie sich in Kleinstädten bejubeln lassen und Kinder übers Taufbecken halten.

Schön, das Heer war leicht zusammengeschmolzen, man hatte

Garnisonen in den Städten zurücklassen müssen, einige waren an Typhus, andere an der Ruhr gestorben, und ein paar hatten sich aus dem Staub gemacht. Aber unmittelbar nach Reims hätte es jeder Franzose mit zehn Engländern aufgenommen. Und auch mit einem Heer von 8 000 Mann wäre Paris noch zu überwältigen gewesen. Inzwischen war aus der Armee in ihrem Rücken ein Haufen schwitzender, lustloser Streithähne geworden – genau die Art von Heer, das sie nie hatte anführen wollen. Und das einzig Vernünftige, das der König seit seiner Krönung zustande gebracht hatte, war, ihrem Heimatdorf Domrémy in Zukunft und für alle Zeiten die Steuern zu erlassen. Auf ihre Bitte hin. Seine Feldherrnkunst erschöpfte sich darin, Paris nicht zu nahe zu kommen.

In vier Tagen, hatte sie von Trémoille erfahren, würde der Waffenstillstand auslaufen. Und dann? Die burgundischen Unterhändler waren ja schon fast fester Bestandteil der französischen Armee. Wahrscheinlich gehörten sie inzwischen dem Kriegsrat an. Daß sie selbst immer noch an der Spitze des Heeres ritt, bedeutete gar nichts mehr, das hatte sich so eingespielt. Was also machte sie noch hier? Wenn ihre Stimmen nicht gewesen wären, die unablässig von Paris sprachen, seit sie aus der Kathedrale von Reims ins grelle Sonnenlicht hinausgetreten war – sie würde sich nicht länger zur Galionsfigur machen lassen. Während hinter ihrem Rücken Trémoille, der König und die Burgunder ihr Süppchen kochten.

Egal, wie wütend Jeanne im Augenblick wieder einmal war – Alençon hatte nicht den geringsten Zweifel, daß sie der Armee erhalten bleiben würde. Jeder war in diesen Tagen gereizt, niemand verstand, welche Absicht der König verfolgte. Seit gestern ging es, ohne ersichtlichen Grund, nach Süden; irgendwann würde man auf die Seine stoßen, wo es nichts zu erobern und nichts zu verteidigen gab. Dazu kam die Hitze, der Staub, der Durst. Aber – wenn einer sich nicht beschweren konnte, dann war es Jeanne. Die siegte derzeit an allen Fronten und

ohne einen Tropfen Blut zu vergießen. Auf die Nachricht von der Krönung hin hatten sich die meisten Städte zwischen Reims und Paris, eben noch burgundisch, ohne zu zögern der Herrschaft des Königs unterstellt, man hatte nicht einmal mit Belagerung drohen müssen. Und dann diese hemmungslose Begeisterung, die ihr allerorten entgegenschlug.
Unterwegs liefen Kinder in Scharen neben ihrem Pferd her und schrien sich heiser, bis sie atemlos und staubbedeckt aufgaben: Angelique! Angelique, du Engelgleiche! – man beachtete sie schon längst nicht mehr. Kinderchöre warteten an den Ortseingängen und sangen, wenn sie vorbeiritt, Lieder auf die Jungfrau – Lieder, die in den letzten Monaten so populär geworden waren, daß man sie tagsüber in allen Gassen und des abends in allen Tavernen hörte. Und wo immer man sich zur Nacht einquartierte, rissen sich die Stallknechte der Gasthöfe darum, wenigstens eines ihrer zwölf Pferde versorgen zu dürfen, jedes davon kostbarer als alles, was diese Leute je zu Gesicht bekommen hatten. Im nächsten Moment strömten dann Frauen und Männer zusammen, hielten ihr Medaillons hin, in die ihr Name eingraviert war, und ließen keine Ruhe, bis sie ihr in der Kirche unter den Darstellungen der Heiligen ihr eigenes Bild, ihre eigene Statue gezeigt hatten. Das Geschäft mit Jungfrau-Jeanne-Artikeln blühte, die Medaillons waren Massenware, selbst Alençon hatte sich in Soisson eins gekauft.
Und die ›Armee der Jungfrau‹ wuchs unaufhörlich. Auf jedem Dorfplatz schlug Jeanne schon in den frühen Morgenstunden im Schatten der größten Platane ihr Rekrutierungsbüro auf und suchte sich unter den Freiwilligen die besten Leute aus – alles Bauernburschen, die sie vergötterten und die sich nichts sehnlicher wünschten, als für die Jungfrau zu kämpfen. Die nahmen von niemandem Befehle an, nur von der Jungfrau. Bisweilen versuchte Jeanne, die bizarrsten Auswüchse dieses Kults zu beschneiden, oft bat sie die Leute, ihr Portrait aus der Reihe der Heiligenbilder zu entfernen. Dennoch – Alençon hatte in keiner

Weise den Eindruck, Jeanne würde statt dessen lieber daheim die Schafe ihrer Eltern hüten, wie sie gestern dem Erzbischof von Reims gegenüber behauptet hatte.
Am 8. August hatte das französische Heer die Seine fast erreicht – keiner zweifelte mehr, daß es den König endgültig zu seinen Schlössern an der Loire zog –, als La Hires Späher meldeten, der Herzog von Bedford erwarte sie mit einer starken Streitmacht an der Brücke von Bray. Eine andere gab es im weiten Umkreis nicht. Das Heer machte kehrt, und jetzt ging es auf demselben Weg zurück bis nach Senlis im Norden von Paris. Diesmal allerdings mit Bedfords Armee auf den Fersen. Jeanne und La Hire rieben sich die Hände – es sah nach einer Entscheidungsschlacht aus.
Zwei Tage später überreichte ein englischer Bote einen Brief des Herzogs von Bedford an den französischen König. Der öffnete ihn, sah den Ausstellungort und ließ den Brief halb ohnmächtig fallen: ›ausgestellt in Montereau‹. Da war es wieder, dieses Bild, das er seit zehn Jahren zu verdrängen suchte: die Seine, die Brücke von Montereau, das Blut, das ihm ins Gesicht spritzt, und dann der zerschmetterte Schädel des Herzogs von Burgund unten auf dem Straßenpflaster. Er hatte den Schlag nicht ausgeführt, aber Schreckensbilder und Gewissensqualen peinigten ihn seither schon bei der Erwähnung des Namens Montereau. Er bat Trémoille, den Brief vorzulesen.
»Wir tun Euch, Karl von Valois, der Ihr Euch ohne Grund König nennt, kund, daß Ihr gegen die Krone meines Herrn, des natürlichen und rechtmäßigen Königs von England und Frankreich frevelt, indem Ihr dem gemeinen Volk sagt, daß Ihr Frieden und Sicherheit bringt. Damit verführt und betrügt Ihr das unwissende Volk, und das gelingt ...«
»Weiter!«
»... und das gelingt Euch nur mit Hilfe abergläubischer und verworfener Menschen wie dieses liederlichen und übelbeleumundeten Frauenzimmers, das in Männerkleidern einhergeht und sich unzüchtig verhält ...«

Das reichte. Er hätte diesen ganzen unseligen Krieg lieber aus sicherer Entfernung durch Verhandlungen aus der Welt geschafft. Aber jetzt war er entschlossen, es auf eine Entscheidungsschlacht ankommen zu lassen.
Am 16. August ging die Sonne feuerrot auf und verwandelte sich augenblicklich in eine weißglühende Scheibe. Ausgedorrte Felder, verbrannte Stoppeln, so weit das Auge reichte. Die Franzosen auf ihrer Seite versammelten sich zur Messe und Beichte, die Engländer einen Kanonenschuß entfernt schlugen Doppelreihen angespitzter Pflöcke in den knochenharten Boden, verstärkten diesen Wall mit Dornengestrüpp und verbarrikadierten sich in einer Wagenburg aus Proviantkarren. Die Franzosen schwangen sich auf die Pferde und teilten sich in zwei Flügel, das Hauptheer unter Alençon und die Vorhut unter La Hire, Dunois und Jeanne auf. Die Leibgarde des Königs wurde von Trémoille und dem Grafen von Vendôme kommandiert. Über den Stellungen der Engländer wehten zwei Flaggen – die englische und die französische.
In eine Staubwolke gehüllt kam La Hire von einem Erkundungsritt zurück. An Zahl seien die englischen Streitkräfte zwar unterlegen, ihre Stellungen aber so gut befestigt, daß ein Frontalangriff aussichtslos sei. Der Kriegsrat beschloß, die Engländer durch kleine, gezielte Attacken zu einer offenen Feldschlacht zu provozieren. Jeanne nahm ihre neue Standarte und jagte zweimal im Galopp dicht an den feindlichen Stellungen vorbei. Der aufgewirbelte Staub entzog die Engländer vorübergehend den Blicken der Franzosen. Jeannes Auftritt war das Signal für eine Reihe kurzer, massiver Reiterangriffe, die zu nichts führten, weil die Engländer immer wieder in Deckung gingen. Ein dichter gelber Nebel hüllte die Kämpfenden ein, zeitweilig war zwischen Freund und Feind kaum noch zu unterscheiden, weil alle gleichermaßen gelb eingefärbt waren. Zwei französische Kanonen, die einige Proviantwagen zerfetzten, wurden bei einem englischen Ausfall von der burgundischen

Reiterei erbeutet. Jeanne, nach ihrer Meinung gefragt, gab widersprüchliche Auskünfte – jeder merkte, daß sie genauso ratlos und nervös wie alle anderen war. Da preschte Trémoille vor, glitt bei einem riskanten Wendemanöver kurz vor den englischen Stellungen mit seinem Pferd aus und wälzte sich keuchend im Staub. Der Staub rettete ihm womöglich das Leben – an diesem Tag wurden selbst wertvolle Gefangene erschlagen, aber bevor die Engländer den Unfall überhaupt bemerken konnten, war Trémoille von Soldaten der königlichen Leibgarde umringt. Die hatten Mühe, den massigen Leib des königlichen Favoriten wieder aufs Pferd zu setzen.

Bei Sonnenuntergang brach das französische Heer den Versuch ab, die Engländer zur Feldschlacht zu bewegen. Offenbar suchten sie gar nicht die Entscheidung. Offenbar verfolgten sie nur das Ziel, die Franzosen von Paris fernzuhalten.

Die Tatsache, daß Bedford sich am nächsten Tag durch Rückzug einer Fortsetzung der Kämpfe entzog, ließ es die Stadtväter der großen Stadt Compiègne nördlich von Paris ratsam erscheinen, sich ebenfalls dem König von Frankreich zu unterwerfen. Drei Tage nach Einzug des Heers empfing der König dort erneut burgundische Unterhändler. Und eine Woche später verkündete Trémoille eine viermonatige Waffenruhe – von der Paris ausdrücklich ausgenommen war – sowie die Verpfändung der wichtigsten Städte nördlich der Seine an die Burgunder. Der Herzog von Burgund war wieder Herr der Lage, der Erfolg von Reims weitgehend zunichte gemacht und die Glaubwürdigkeit des Königs – und damit auch der Jungfrau – zerstört.

Jeanne war Mißerfolg nicht gewöhnt, das hatte sie mit ihrem Gegner gemein. Aber im Gegensatz zu Talbot etwa war sie jung, ungestüm – und für den König und sein Reich persönlich verantwortlich. Als sie abends Alençon traf, war sie entschlossen, das Schicksal Frankreichs in die eigenen Hände zu nehmen.

»Mein lieber Herzog, sag Deinen Leuten und den anderen Kommandeuren, daß es morgen losgeht. Bei meinem Stock, ich will Paris aus größerer Nähe sehen als bisher!«

Alençon übernahm es, dem König Jeannes Entschluß mitzuteilen, Paris anzugreifen. Der reagierte einsilbig, wünschte einen schönen Sieg und ließ sie ziehen. Gemeinsam ritten Jeanne und Alençon mit ihren Truppen voraus nach Senlis, wo sich beide für die Nacht im Bischofspalast einquartierten. Weil einer ihrer Traber seit gestern lahmte, ging Jeanne am nächsten Morgen hinunter in den bischöflichen Pferdestall, suchte sich das beste Pferd heraus und befahl Pasquerel, eine Empfangsbescheinigung auszustellen. Die Knechte des Bischofs gingen dazwischen, Jeanne drohte ihnen kurz mit dem Kreuzfahrerschwert, der Bischof wurde gerufen und kam, notdürftig bekleidet, in den Hof gelaufen, in den sich der Streit inzwischen verlagert hatte und wo Jeannes Leibwächter jetzt demonstrativ unbeteiligt herumstanden. Der Bischof verlangte sein Pferd zurück, Jeanne rief ihm über die Schulter zu, sie werde eine angemessene Zahlung anweisen, und verließ grußlos und im leichten Trab das bischöfliche Grundstück. Auf halbem Weg nach St. Denis stellte sie fest, daß das Pferd ihren Ansprüchen nicht genügte, daß Kraft und Geländegängigkeit zu wünschen übrig ließen – was hatte dieser Bischof bloß für Pferde? –, rief einen Pagen und schickte ihn mit dem Pferd zurück nach Senlis.

St. Denis war eine Geisterstadt. Sie ritten weiter bis nach La Chapelle, einem Dorf vor den Toren von Paris, und schlugen dort ihr Lager auf. Bevor die Armee des Königs und die übrigen Kommandeure eintrafen, wollte sie sich einen Überblick über die Stadt und ihre Festungsanlangen verschafft haben. Von Alençon begleitet, stieg sie über enge Leitern ins Dachgeschoß einer der Windmühlen, die auf der höchsten Erhebung standen. Vor ihr lag, zum Greifen nah, Paris.

Sie hatte dergleichen noch nicht gesehen. Aber dergleichen gab es ja auch nirgendwo sonst zu sehen, nirgendwo. Alençon hatte zwar schreiben nie gelernt, konnte aber lesen und wußte daher, daß Paris mit 100 000 Einwohnern die größte Stadt der Christenheit war, vor Venedig. Die Schatten ziehender Wolken wanderten über ein abwechselnd hell- und dunkelgraues Meer von Dächern, Kaminen, Wehr- und Kirchtürmen, das sich bis zum Horizont erstreckte. Alles überragte der trutzige, kantige Baukörper von Nôtre Dame mit seinen stumpfen Türmen, gröber, roher als die Kathedrale von Reims und irgendwie bedrohlich mit dem hohlen Riesenauge seiner Rosette. Und dieses Monster von einer Stadt verschanzte sich hinter einem doppelten Grabenring und einer schier endlosen Stadtmauer, deren Höhe weniger beeindruckend war als die Mächtigkeit ihrer Tore und Befestigungstürme.

Die restlichen Truppenverbände trafen am nächsten Tag, dem 26. August, in La Chapelle ein. Der König, Trémoille und der Erzbischof von Reims waren in – Senlis sagten einige, Compiègne andere, jedenfalls auf Distanz geblieben. Jeanne war glücklich, den jungen Guy de Laval unter den Kommandeuren begrüßen zu dürfen – er führte ein eigenes kleines Kontingent an. Guy machte die Geste des Zuprostens, Jeanne lachte. Nein, sie hatte nicht vergessen. La Hires Männer vertrieben die Engländer aus ihren Stützpunkten vor der Stadt, überrannten einige kleine Bollwerke – und die nächsten Tage vergingen mit Warten auf den Angriffsbefehl des Königs.

Jeanne schäumte vor Wut. Warum nicht den König vor vollendete Tatsachen stellen? Das sei Hochverrat, bemerkte der Graf von Clermont. Gilles de Rais, seit Reims Marschall von Frankreich, verwies auf die allen bekannte Tatsache, daß die Pariser seit Tagen Kanonen auffuhren, Fässer mit Steinen hinter den Zinnen der Stadtmauer aufstellten, Wehrübungen abhielten und daß des Nachts selbst hier draußen noch das Hämmern der Steinmetze zu hören sei, die im Akkord Kanonenkugeln zuschlugen. Jeanne und Alençon wurden beauftragt, zum König zu reiten.

Sie trafen ihn in Senlis und wurden nach dem Abendessen zu

ihm gelassen. Es kam zu einer heftigen Auseinandersetzung, aus der Jeanne sich weitgehend heraushielt. Wenn der König die Jungfrau desavouiere, ruiniere er seinen eigenen Ruf; noch säßen er und sie im selben Boot; wenn er jetzt nicht den Angriffsbefehl erteile, würden sie morgen ohne Befehl losschlagen. Trémoille versuchte, Alençon zu besänftigen, der fauchte ihn an, ob er auch von den Parisern Geld bekomme. Jeanne warf sich dazwischen – sie sei absolut sicher, daß Paris sich ergeben werde und der König in spätestens drei Tagen in Paris einziehen könne. Der König schwieg. In derselben Nacht noch ritten sie zurück, Alençon vor Zorn unfähig, zu sprechen.

Am nächsten Tag, dem 7. September, bequemte sich der König mit seinen Beratern nach St. Denis; am folgenden Morgen erteilte er den Befehl zum Angriff. Jeanne hatte fast die ganze Nacht mit Beten verbracht.

Auf französischer Seite waren 10 000 Mann im Einsatz, die Armee der Jungfrau eingerechnet. Gilles kommandierte die Hauptstreitkräfte, Jeanne zusammen mit Alençon und La Hire die Vorhut. Beide, Angreifer wie Verteidiger, setzten Artillerie ein. Nach kurzer Zeit herrschte auf der ganzen Länge der Stadtmauer zwischen dem Tor von St. Honoré und dem von St. Denis ein Inferno aus Kanonendonner, Flammenblitzen, Funkenregen und schwarzem Qualm. Armbrustpfeile jagten in dunklen Wolken hin und her. Die Kanonen der Verteidiger schossen zu kurz, offenbar herrschte Pulvermangel in Paris. La Hires Männer eroberten das Bollwerk am St. Honoré-Tor. Jeanne koordinierte das Auffüllen des Wassergrabens mit großen Reisigbündel.

Wie langsam das ging! Ein Reisigbündel nach dem anderen versank spurlos. Allem Anschein nach war dieser Graben außergewöhnlich tief. Sie ließ sich selbst in den ersten, trockenen Graben hinab, kletterte dann den Erdwall zum zweiten Graben hinauf und prüfte die Wassertiefe mit ihrer Lanze. Da

fehlte nicht mehr viel. Kurze Zeit später konnte sie vom Grabenrand aus das Zeichen zum Sturmangriff geben. Die Artillerie zielte auf die Zinnen, die Sturmleitern wurden aufgerichtet, die ersten faßten auf der Stadtmauer Fuß. In der Stadt brach Panik aus, man hörte es an den hysterischen Schreien zwischen den Schüssen. Jeanne brüllte aus Leibeskräften:
»Ergebt euch dem König von Frankreich – oder wir stürmen die Stadt und töten euch alle gnadenlos!«
Ein Armbrustschütze oben auf der Mauer zielte und schoß. Der Pfeil durchschlug ihre Beinschiene und drang in ihren Oberschenkel ein. Jeanne kroch in den trockenen ersten Graben hinunter. Sie ging hinter dem Kadaver eines Esel in Deckung, zog sich den Pfeil aus dem Schenkel und schrie den Angreifern auf den Sturmleitern weiterhin Befehle zu. Da sah sie, wie ihr Standartenträger, zwischen die Augen getroffen, zu Boden sank. Mit ihm ihre Standarte. Sie beachtete den Zwischenfall nicht, sie schrie weiter Befehle. Als Gilles eine Viertelstunde später zu ihr in den Graben stieg, lag sie immer noch hinter dem Esel, schreiend und lehmverschmiert. Er trug sie zu ihrem Pferd, sie wehrte sich heftig. Die ersten Kommandeure zogen ihre Truppen zurück.
In der Abenddämmerung wurde der Angriff eingestellt. Bei der anschließenden Besprechung im Hauptquartier fand der König Worte höchsten Lobs für die Tapferkeit der Jungfrau, bezifferte die Verluste – nach den Angaben seiner Kommandeure – auf siebenhundert Tote und eine noch weit höhere Zahl von Verwundeten und verkündete mit dem Hinweis auf die Verletzung der Jungfrau das Ende der Belagerung von Paris.

Es war noch früh, aber das Feldlager war schon weitgehend abgebrochen. Jeanne suchte sich ihren Weg zwischen Stapeln zusammengelegter Zelte, wartenden Packpferden, verkohlten Holzscheiten, zerbrochenen Sturmleitern und Haufen zerbeulter Helme. Die Leute fluchten ungeniert. Zwar wurde es still, wenn sie vorbeikam. Aber von Alençon wußte sie, was die Leu-

te redeten. Die Jungfrau habe sie betrogen, als sie ihnen gestern versprach, die nächste Nacht würden sie in Pariser Betten schlafen. Sie entdeckte Guy de Laval – der wich ihrem Blick aus. Ihre letzte Zuflucht war La Hire.
Auf dem Weg zu seinem Zelt jagte sie Huren. Es war sinnlos, in einer Armee, die nie mehr kämpfen würde, für Disziplin zu sorgen. Aber der Anblick von Huren versetzte sie in maßlose Wut. Sie ging auf eine mit gezücktem Schwert los und zog ihr die flache Klinge über den Rücken. Die halbe Klinge wirbelte aufblitzend durch die Luft und fiel zu Boden. Das Schwert mit den fünf Kreuzen, das Schwert aus St. Catherine-de-Fierbois, war zerbrochen. Und alle Umstehenden hatten es gesehen. Sie steckte den Stumpf in die Scheide.
Da sah sie La Hire, er hinkte fluchend um ein Geschütz. Sie saß ab und ging auf ihn zu, ebenfalls humpelnd, wegen der Wunde. Sie mußten beide lachen.
»Wir sind für die Tat auf dem Schlachtfeld – und für klare Verhältnisse«, sagte er. »Aber der König weiß nicht, was ein Schlachtfeld ist, und umgibt sich mit Leuten, die nichts mehr hassen als klare Verhältnisse. Du hättest es fast geschafft, klare Verhältnisse zu schaffen. Zusammen hätten wir es fast geschafft. Zusammen würden wir es immer noch schaffen. Wenn du der König wärst und ich die Jungfrau.«
Er umarmte sie. Sie wußte hinterher nicht, ob er in diesem Moment gelacht oder geweint hatte.
Am Vorabend des endgültigen Aufbruchs brachte sie eine vollständige Rüstung mit Schwert, die sie einem Gefangenen vor Paris abgenommen hatte, in der Grabkirche der französischen Könige in St. Denis dar, wie es unter Rittern und Adligen zum Dank für die Genesung von einer Kriegsverletzung Brauch war.
Am 13. September, viereinhalb Monate nach ihrer Ankunft in Orléans, schloß sie sich widerwillig einem Heer an, das schon vor seiner Ankunft in Gien in Auflösung begriffen war und dessen Reste vierzehn Tage nach der Ankunft offiziell entlassen

wurden. Nach der Niederlage und dem Chaos drohte ihr jetzt die Erfahrung der Einsamkeit: La Hire nahm von ihr Abschied, um wieder auf eigene Faust Schlachten zu schlagen, und auch ihr schöner Herzog, Jean d'Alençon, um wohlbehalten, wie sie es versprochen hatte, zu seiner Frau zurückzukehren. In den Gängen und Sälen des Schlosses von Gien traf sie nur noch selten auf Bekannte – den König, den Erzbischof von Reims, Trémoille und – wenigstens der war geblieben – Gilles de Rais.

Jeanne konnte diese herablassende Väterlichkeit, mit der Trémoille ihr in der Öffentlichkeit begegnete, kaum ertragen. Wenn sie im Kronrat neue Truppen verlangte, redete er besänftigend auf sie ein wie auf ein übergeschnapptes Burgfräulein. Daß er sich oft für Stunden mit den burgundischen Unterhändlern zurückzog, war der einzige Vorteil dieser sinnlosen Verhandlungen. Einmal wurde er scharf – als Alençons Brief eintraf: Jetzt sei es an der Zeit, Trémoilles Plan einer Eroberung der Normandie aufzugreifen, um den Engländern den Weg zur Küste abzuschneiden – wenn Jeanne mitkomme, sei die Normandie schon so gut wie befreit. Man sah Trémoille an, wie es ihn bei diesem Gedanken schauderte. Auch der Erzbischof von Reims winkte ab: Die Jungfrau habe ihren Platz in der Nähe des Königs – Alençon könne jetzt dafür sorgen, daß die Leute dereinst in denselben hohen Tönen von seinen eigenen militärischen Fähigkeiten sprächen wie er in diesen Tagen bei jeder Gelegenheit von Jeannes. Der König schloß sich ihrer Meinung an – schon deshalb, weil Trémoille der einzige war, der einen solchen Feldzug hätte finanzieren können.

Welche Wahl blieb ihr überhaupt? Was die an Apathie grenzende Unentschlossenheit des Königs anging, hatte die Salbung keine Abhilfe geschafft. Aber da er jetzt einmal König war, zählte allein sein Wille. Tatsächlich nutzte er seine neugewonnene Handlungsfreiheit, aber seine Verhandlungspolitik erschien ihr töricht, um nicht zu sagen fatal. Man durfte Engländer und Burgunder nicht wieder zu Atem kommen lassen!

Der König war in letzter Zeit wieder freundlicher zu ihr, aber in allen Streitfragen entschied er zugunsten von Trémoille. Wenn die Politik des Hofs einzig darauf abzielte, sie kaltzustellen, um die Verhandlungen mit Burgund nicht zu belasten, konnte sie ebenso gut nach Hause gehen.
Domrémy würde sich im selben Augenblick in einen Wallfahrtsort verwandeln. Das Volk verehrte sie nach wie vor als Heilige, daran hatte sich erstaunlicherweise durch den Mißerfolg vor Paris nichts geändert. Ihre Eltern könnten dann einen größeren Beherbergungsbetrieb aufziehen und ihre weltberühmte Tochter gegen Eintritt zeigen – zu einem lebenden Bild erstarrt, wie sie manchmal bei Hoffesten zu sehen war. In voller Rüstung, die Standarte in der einen, das Schwert in der anderen Hand. Oder sie würde von morgens bis abends Gegenstände berühren, die ihr von kreischenden Verehrern hingehalten wurden. Die Engländer hatten eine Hure aus ihr gemacht, die Franzosen eine Heilige – dazwischen schien es für eine Frau, die aus dem üblichen Rahmen fiel, nichts zu geben.
Schlimmer als die Vorstellung einer Heiligen auf Lebenszeit erschien ihr nur noch die Alternative, die sie dem Erzbischof von Reims gegenüber erwähnt hatte: Bäuerin auf Lebenszeit. Für den Erzbischof spielte sie gelegentlich das Mädchen im roten Kleid, weil der seit ihrem Auftritt in Reims glaubte, sie wegen ihres ›gotteslästerlichen Hochmuts‹ kritisieren zu müssen. In Wirklichkeit wollte sie nur eins: weiterhin ihre Arbeit tun. Da es im Augenblick keine Arbeit für sie gab, mußte sie sich selbst beschäftigen.
Sie bat Gilles, ihr das Schreiben beizubringen. Das war schwieriger als gedacht, Jeanne sah die nächste Niederlage kommen. Gilles machte aus seiner Verzweiflung keinen Hehl.
»Jeanne, meine liebe Jeanne! Vielleicht zittert deine Hand weniger, wenn du mit dem Schwert in den Sand des nächsten Turnierplatzes schreibst!«
Und dann gestand er ihr, daß er es in der Lazarettatmosphäre

des Hofs nicht mehr aushalte. In Zukunft wolle er sich auf seinen Schlössern am Unterlauf der Loire in der Gesellschaft guter Freunde ganz der Musik, der Kunst und der Wissenschaft widmen. Sie solle ihn einmal besuchen.

Als der Hof – ohne Gilles – nach Bourges umzog, konnte sie immerhin ihren Namen kritzeln:

Ende Oktober hatte Trémoille Arbeit für sie. Ob sie es mit Perrinet Gressard aufnehme? Gressard war einer der berüchtigtsten Raubritter und Söldnerführer Frankreichs. Sein Stützpunkt war die starkbefestigte Stadt La Charité am Oberlauf der Loire. Von dort aus behinderte er die Loireschiffahrt und terrorisierte die Bevölkerung, mal im Auftrag der Engländer, mal im Dienst der Burgunder. Jeanne konnte sich denken, weshalb Trémoille sie auf Gressard hetzte. Vor vier Jahren hatte der ihn überfallen, gefangengesetzt und erst gegen die unvorstellbare Summe von 20 000 Ecus wieder laufen lassen. Jetzt sollte sie den Tresor La Charité knacken. Aber ein Feldzug gegen Gressard war besser als nichts.

Kurz vor Weihnachten traf sie, niedergeschlagen wie noch nie, in Jargeau ein. Die letzten zwei Monate hatten ihren Ruf als Versagerin gefestigt. Ohne Geld, mit viel zu geringen Vorräten an Munition und einem viel zu kleinen Heer ausländischer Söldner hatte sie fünf Wochen lang in Regen und Kälte vor La Charité ausgeharrt, die Stadt gelegentlich beschießen lassen, einen aussichtslosen Sturmangriff nach zwei Tagen abgebro-

chen und schließlich, als sie sich das Scheitern der Belagerung eingestehen mußte, auch noch fast alle Geschütze im Schlamm der Uferwiesen zurücklassen müssen. Sie hatte sich selbst nichts vorzuwerfen – niemand, der vom König so hängen gelassen worden wäre wie sie, hätte gegen Gressard etwas ausrichten können. In Zukunft würde sie nicht mehr die Drecksarbeit für Trémoille erledigen.
Eine angenehme Seite hatte dieser unselige Abstecher nach La Charité gehabt: Sie war Bruder Richard vorübergehend losgeworden. Jetzt, in der gutgeheizten Herberge in Jargeau, hatte sie ihn wieder am Hals. Seine neuste Idee: Sie möge dem Schatzkanzler des Königs seine derzeitige Favoritin, Catherine de la Rochelle, empfehlen, eine Hellseherin mit einschlägigen Visionen auf dem Gebiet des Finanzwesens. Jeanne nahm sie ins Verhör und erfuhr, daß Catherine Nacht für Nacht Besuch von einer blassen Dame in goldenem Gewand bekam und daß diese blasse Dame ihrerseits von Goldschätze zu wissen behauptete, die man für die Konsolidierung des königlichen Etats verwenden könnte.
»Gut«, sagte Jeanne, »heute nacht werden wir uns diese Dame gemeinsam ansehen.«
Sie lag mit aufgerissenen Augen im Bett, neben sich Catherine. Es war stockdunkel, sie bemühte sich, wach zu bleiben. Irgendwann schlief sie doch ein – ohne die Dame gesehen zu haben. Kurz, nachdem sie eingeschlafen sei, sagte Catherine am nächsten Morgen, sei die Dame erschienen. Jeanne legte sich mittags schlafen, ließ sich abends wecken und starrte wieder Seite an Seite mit Catherine in die Finsternis. Sie blieb die ganze Nacht wach, aber nichts geschah, keine Dame, gar nichts. Im Morgengrauen zog sie sich ihre Kleider über und empfahl Catherine zum Abschied, brav zu ihrem Ehemann zurückzukehren, sich um den Haushalt zu kümmern und ihren Kinder eine gute Mutter zu sein. Dann diktierte sie Pasquerel ein Gutachten, in dem sie dem König davon abriet, Catherine de la

Rochelle zu beschäftigen – sie sei eine Närrin und ihre Vision frei erfunden.

Wenigstens ihre Dienste als Oberhofseherin waren noch gefragt. Und eben diese Dienste waren es, die sich der Hof durch einen beherzten Akt kostenlosen Entgegenkommens auch in Zukunft sichern wollte. Zu der Zeit, als Jeanne 18 Jahre alt wurde, im Dezember 1429, erhob der König sie in den Adelsstand. Eine kleine Feierstunde im Schloß von Meung wurde anberaumt.

»Wir wollen uns dankbar erzeigen –« Trémoille, der den Adelsbrief in Gegenwart des Königs verlas, wandte ihr sein gedunsenes Gesicht zu und lächelte milde, »dankbar erzeigen für die zahlreichen und großen Wohltaten der göttlichen Macht, die Uns durch Unsere teure und vielgeliebte Jungfrau Jeanne aus Domrémy erwiesen wurden und die sich noch, das ist Unsere Hoffnung, durch das Wirken der göttlichen Gnade vermehren werden, weshalb wir es für schicklich und angemessen halten, sie und ihre ganze Familie zur Würde unserer königlichen Majestät zu erheben. Außerdem geschieht dies in Anbetracht der lobenswerten, willigen und nützlichen Dienste, die besagte Jeanne Uns und dem Königreich bei vieler Gelegenheit...«

Die hohe, heisere Stimme Trémoilles drang nur noch undeutlich an ihr Ohr. Sie selbst ließ das kalt. Sie selbst war damals in Tours bereits in den Genuß sämtlicher Adelsprivilegien gekommen, als der König sie mit Rüstung und Personal ausstattete. Sie hatte seither als Adlige unter Adligen gelebt, sie brauchte dieses Papier nicht. Aber ihr Vater Jacques – ein Adliger! Ihre Mutter Isabelle – eine Adlige! Einfache Bauern, jetzt einem Herrn von Baudricourt gleichgestellt! Ihr selbst gleichgestellt! Es war besser so.

»...heute und in alle Zukunft, jede Beeinträchtigung und Behinderung ferngehalten werde. Gegeben zu Meung im Monat Dezember im Jahr des Herrn 1429 im achten Jahr unserer Regierung.«

Trémoilles Stammsitz, das Wasserschloß Sully an der Loire.
(Leo Linder, Düsseldorf)

Trémoille drückte ihr die Hand, und in den nächsten Monaten spielte sie keine Rolle mehr. Eine lebende Legende ließ man nicht gehen – aber man wollte auch nicht das Risiko eingehen, daß sie weitere Kratzer abbekam. Der Höhepunkt des Monats Januar war für sie die Einladung zu einem Festessen in Orléans, das ihr zu Ehren veranstaltet wurde, der Höhepunkt des Monats Februar der Umzug des Hofs in Trémoilles eindrucksvolles Schloß in Sully, dessen massige Rundtürme ihr als architektonische Widerspiegelung der Körperwölbungen seines Besitzers erschienen. Der Monat März brachte Höhepunkte anderer Art. In Paris wurde eine Verschwörung frankreichtreuer Kaufleute, Handwerker und Geistlicher aufgedeckt, nachdem einer der Verschwörer unter der Folter gestanden hatte. Hunderte wurden verhaftet. Und in der Normandie zog Philipp der Gute ein großes Heer zusammen. Der König aber glaubte weiterhin an die vage versprochene Friedenskonferenz Anfang April in

Arras. Bei Jeanne trafen unterdessen verzweifelte Hilferufe aus jenen Städten ein, die sich im Sommer der Herrschaft des Königs unterstellt hatten. Jeannes beschwörende Antwortbriefe konnten nicht darüber hinwegtäuschen, daß ihre Verfasserin genauso hilflos und verzweifelt war wie ihre Empfänger. Der König verharrte in apathischer Untätigkeit. Alle Erfolge, alle Siege, alle Wunder – alles umsonst!

Ende März stellte sie mit d'Aulons Hilfe ein eigenes Heer aus italienischen Söldnern auf, setzte den König in dürren Worten von ihrem Aufbruch in Kenntnis und verließ Sully an der Spitze einer zweihundert Mann starken Privatarmee.

Sie zog nach Norden, jenen Städten zwischen Reims und Paris entgegen, die der Herzog von Burgund früher oder später angreifen würde, weil sie ihm den Weg nach Paris versperrten. Sie wußte, daß sie mit ihrer Miniaturarmee nichts ausrichten konnte. Aber irgend jemand mußte irgend etwas tun. Der König beging an Menschen Verrat, die weniger ihm als ihr vertraut hatten. Sie konnte diesen Menschen nur zeigen, daß nicht sie die Verräterin war – auch auf die Gefahr hin, als Heilige und Wundertier entzaubert zu werden. Daß die Jungfrau mit 200 Italienern eine englisch-burgundische Streitmacht aufhalten könnte, glaubten höchstens die Fanatischsten unter ihren Anhängern. Aber alle, auch ihre Gegner, sollten wissen, daß die Jungfrau nicht zu denen gehörte, die das einfache Volk als Milchkuh und Schlachtvieh ansahen, dessen Marktwert je nach der strategischen Bedeutung eines Ortes stieg oder fiel.

Immerhin war es mit 200 Mann und der Hilfe der Garnison von Lagny möglich, in einer blutigen kleinen Schlacht die 300 Mann starke Bande von Schindern und Plünderern des Franquet d'Arras zu zerschlagen und Franquet selbst gefangenzunehmen. Franquet war so etwas wie ein Pirat zu Land, ein freischaffender Söldnerhauptmann vom Schlage Gressards mit Sympathien für Burgund, und die Pariser würden ihn sicher gegen den Wirt des Gasthofs ›Zum Bären‹ austauschen, einen

der Anführer der gescheiterten Märzverschwörung. Als Jeanne erfuhr, daß der bereits hingerichtet worden war, lieferte sie Franquet der Stadt Senlis aus, die ihn nach vierzehntägigem Prozeß enthaupten ließ.
Sein Schwert behielt sie. Es paßte genau in die Schweinslederscheide, in der das Kreuzfahrerschwert einmal gesteckt hatte. Es lag gut in der Hand, war rasiermesserscharf und ideal für wuchtige Hiebe und langgezogene, treffsichere Streiche.
In Lagny warf sich eine Mutter vor ihr Pferd, deren Tochter seit der Geburt vor drei Tagen kein Lebenszeichen von sich gegeben hatte. Jeanne sah den Säugling in der Kirche vor dem Altar liegen, er war schwarz wie ihr Kettenhemd. Sie kniete nieder und betete. Sie hatte lange gebetet, als das Kind plötzlich menschliche Farbe annahm und dreimal gähnte. Dem Pfarrer blieb Zeit, es auf den Namen Jeanne zu taufen, bevor es starb.
Den ganzen April über zog sie mit ihren Italienern von Stadt zu Stadt und versprach den verängstigten Bürgern, der König werde sie nicht im Stich lassen. Sie wußte, daß das nicht wahr – oder zumindest sehr unwahrscheinlich war. Am 22. April, Ostersonntag, als sie frühmorgens allein die Wälle der Stadt Melun inspizierte, meldeten sich ihre Heiligen zurück. Das Licht leuchtete am Ende eines überdachten Wehrgangs auf, und Jeanne erschrak beinahe so sehr wie beim ersten Mal. Sie sank in die Knie und sah wie früher Katharina und Margarete aus dem Lichtkegel heraustreten.
»Jeanne«, sagte Katharina, »du wirst in Gefangenschaft geraten. Erschrick nicht! Nimm alles, was du erleiden mußt, willig hin. Gott wird dir beistehen.«
»Wann wird das geschehen? Wann?«
»Vor dem Johannistag im Juni.«
»Wann genau? An welchem Tag? Wo?«
»Das können wir dir nicht sagen. Aber sei beruhigt, Gott wird dir helfen.«
»Gott, wenn ich gefangen werden sollte, bitte ich Dich um die

Gnade, gleich sterben zu dürfen, damit mir die Qual einer langen Gefangenschaft erspart bleibt.«

»Was auch kommt, nimm alles hin. Gott meint es gut mit dir.«

Am 24. April, in Senlis, erfuhr Jeanne von der Landung des englischen Königs und 2 000 englischer Soldaten in Calais.

Am 8. Mai, dem Tag der Befreiung von Orléans im Jahr zuvor, las der Stadthauptmann von Compiègne, Guillaume de Flavy, ihr ein Rundschreiben des französischen Königs vor, in dem sich dieser in jammervollem Ton über den Herzog von Burgund beklagte, der ihn monatelang zum Narren gehalten habe.

Am 14. Mai dinierte sie in Gesellschaft des Erzbischofs von Reims, der die Verhandlungen mit den Burgundern geleitet hatte, und des Grafen von Vendôme mit Guillaume de Flavy in Compiègne. Die beiden Gesandten des französischen Hofs waren in Begleitung eines Heers von etwa 1 500 Mann, das von La Hires Freund Poton de Xaintrailles angeführt wurde.

Am 15. Mai verwickelten die Truppen von Jeanne und Xaintrailles eine Vorhut der Burgunder am anderen Ufer der Oise, die unmittelbar vor der Stadtmauer von Compiègne vorbeifloß, in ein Gefecht – ohne greifbares Ergebnis.

Am 16. Mai eroberte der Herzog von Burgund die Stadt Choisy.

Am 19. Mai, bei Soisson, trennten sich die Streitkräfte des Königs wieder von der winzigen Armee der Jungfrau. Xaintraille blieb bei Jeanne. Kaum hatten sie Soisson den Rücken gekehrt, verkaufte der Stadthauptmann von Soisson seine Stadt an die Burgunder. Jeanne kochte vor Wut, als sie davon erfuhr.

»Wenn ich diesen Kerl erwische, dann werde ich ihn eigenhändig vierteilen!«

Am 20. Mai schlug der Herzog von Burgund sein Hauptquartier 10 Kilometer nördlich von Compiègne auf und verteilte seine Truppen, insgesamt 6 000 Mann, auf mehrere Ortschaften direkt gegenüber der Stadt am Nordufer der Oise.

Am 21. Mai wartete Jeanne in Crépy-en-Valois vergeblich auf die versprochene Verstärkung.
Im Morgengrauen des 23. Mai gelangte Jeanne mit ihren Italienern auf Schleichpfaden zurück in die Stadt Compiègne. Es hatte eine Auseinandersetzung mit ihren Unterführern gegeben, denen eine Rückkehr in die belagerte Stadt zu riskant erschien. Jeanne war ihnen über den Mund gefahren.
»Bei meinem Stock, wir sind genug!«
Nachmittags gegen vier machte Jeanne zusammen mit Xaintraille, d'Aulon und einer gemischten Streitmacht aus Rittern und Söldnern, zusammen vielleicht 500, einen Ausfall, stürmte über die steinerne Brücke und die hölzerne Zugbrücke an deren Ende und durch das Tor des Brückenkopfs ans andere Ufer und auf das nächstgelegene Lager der Burgunder zu. Sie ritt einen feurigen Apfelschimmel – die Uferauen der Oise waren feucht und kein geeignetes Terrain für das schwere schwarze Streitroß, das sie sonst ritt. Als sie ihrem Pferd die Sporen gab, entfaltete sich ihr weißes Banner, und ihr scharlachroter, golddurchwirkter Umhang, den sie über der Rüstung trug, wehte im Wind. Sie kämpfte nie inkognito.
Die Burgunder sahen sie kommen, als es schon fast zu spät war. Jeanne zog ihr neues Schwert aus der Scheide, das Schwert des geköpften Franquet, und schlug zu. Es war ein herrliches Schwert, es ging leicht, fast mühelos durch Helme und Knochen. Es lechzte nach Blut, dieses Schwert, zu lange hatte es in der Scheide gesteckt. Ihre Feinde fielen oder flohen. Aber dann wurden es immer mehr, und plötzlich kamen sie von allen Seiten. Zweimal mußte sie fast bis zur Brücke zurückweichen, zweimal warf sie die Feinde wieder bis zum Lager zurück. Dann trafen Flüche brüllend die Engländer ein und schnitten ihr den Weg zur Brücke ab.
Die meisten Franzosen waren in wilder Flucht zurück in die Stadt gehetzt. Xaintraille und sie hatten den Rückzug gedeckt. Auch d'Aulon, der tapfere d'Aulon, war noch bei ihr, und Pierre, ihr Bruder. Die Feinde drängten sie jetzt in die Uferwiesen ab.

D'Aulon sprang vom Pferd und versuchte, um sich schlagend, mit der freien Hand ihr Pferd am Zügel auf die Brücke zu zerren. Aber noch hatte ihr Schwert nicht genug. In diesem Augenblick ging vorn, im Brückenkopf, die Zugbrücke hoch. Und drüben, im Stadttor, das Fallgatter herunter. Sie waren sofort umzingelt, ein Häufchen von vielleicht zehn. Xaintraille wurde überwältigt. D'Aulon niedergeschlagen. Sie riß ihr Pferd herum, um ihn herauszuhauen.

Da sah sie ihn im Augenwinkel. Sie sah ihn von hinten kommen, holte auch noch zum Schlag aus, verlor aber im selben Moment den Halt und stürzte rücklings zu Boden. Er hatte ihren Umhang zu fassen bekommen und sich mit seinem ganzen Gewicht drangehängt. Sie konnte nicht wieder aufstehen, sie konnte sich nicht einmal aufsetzen. Jemand zog ihr das Visier vom Gesicht. Vor das helle Grau des Abendhimmels schoben sich Köpfe, schlammbespritzte, blutverschmierte, schweißüberströmte, mit glotzenden, grinsenden, von fassungsloser Freude verzerrten Gesichtern. Als hätten sie ein halbes Tausend Ritter auf einmal gefangen. Als wäre ihnen ein König in die Hände gefallen.

Sie hatte das menschenmögliche getan.

ZWISCHENSTÜCK

Hinter den Kulissen

Vieles spielt sich in den Monaten vor ihrer Gefangennahme hinter den Kulissen ab. Es ist die Zeit emsiger diplomatischer Aktivitäten. Im Mittelpunkt aller Bemühungen steht ein Mann: Philipp der Gute, Herzog von Burgund.
Seit der gescheiterten Eroberung von Paris haben am Hof Karls VII. die Vertreter der sogenannten Friedenspartei, denen Jeanne d'Arc im Sommer 1429 den Wind aus den Segeln genommen hat, wieder das Sagen – vor allem Trémoille und Regnault de Chartres, der Erzbischof von Reims. Sie haben die ersten Kontakte zum Herzog von Burgund bereits vor dem Aufbruch des Heers nach Reims geknüpft. Ziel ihrer Politik ist, Philipp zur Neutralität zu bewegen, wenn man ihn schon nicht zu einem offenen Bruch mit England bewegen kann. Um dieses Ziel zu erreichen, ist Karl VII. zu weitestgehenden Zugeständnissen bereit: Er will auf alle militärischen Maßnahmen verzichten, Geiseln stellen, selbst Geldbußen akzeptieren und Städte, die sich eben erst auf seine Seite geschlagen haben, den Burgunder als Pfand überlassen – Hauptsache, Philipp der Gute läßt sich von seiner Bereitschaft überzeugen, für das Verbrechen von Montereau zu sühnen. Philipp akzeptiert alles, was ihm angeboten wird – und stellt im Gegenzug nicht mehr als die Verlängerung des Stillhalteabkommens und seine Beteiligung an einer Friedenskonferenz in Aussicht, die irgendwann im Lauf des Jahres 1430 – im April vielleicht oder Juni – in Arras einberufen werden soll. Mit anderen Worten: Karl setzt alles, was er mit Jeanne d'Arcs Hilfe gewonnen hat, wieder aufs Spiel, ohne konkrete Zusagen zu erhalten – nur, um den Burgunder gnädig zu stimmen.

Selbst bei seinen Untertanen stößt er mit dieser Politik auf Widerstand. Die Bürger von Compiègne widersetzen sich der vereinbarten Auslieferung ihrer Stadt an die Burgunder. Sie erklären dem Grafen von Clermont, lieber mit Frauen und Kindern untergehen zu wollen als der Gnade des Herzogs von Burgund ausgesetzt zu sein. Karl muß den burgundischen Unterhändlern gestehen, daß er nicht einmal in der Lage ist, sich bei seinen eigenen Untertanen Gehorsam zu verschaffen. In den Augen Philipps des Guten ist Karl jetzt nicht nur der Mörder seines Vaters, sondern obendrein ein Trottel.
Philipp genießt die Situation. Die Franzosen brauchen ihn und buhlen um seine Gunst – und die Engländer brauchen ihn erst recht. Sie überhäufen ihn mit Geschenken und Privilegien. Noch während Karl VII. und Jeanne d'Arc auf dem Weg nach Reims sind, lädt Bedford ihn nach Paris ein und umschmeichelt ihn mit einem spektakulären Programm aus rauschenden Festen und pompösen Gottesdiensten. Sein Versprechen, ein Heer aufzustellen, belohnen die Engländern mit großzügigen Geschenken. Am 13. Oktober 1429 ernennen sie ihn offiziell zu ihrem Statthalter im Königreich Frankreich; damit ist er, nach Bedford, der zweitmächtigste Mann im englisch besetzten Teil Frankreichs. Am 10. Januar feiert er in der flandrischen Bankenmetropole Brügge – jener Stadt, in der der Hundertjährige Krieg mit der Zerstörung der französischen Flotte durch die Engländer 1340 begann – seine dritte Hochzeit: Philipp der Gute, der reichste Fürst der Christenheit, heiratet die portugiesische Königstochter Isabella. Acht Tage dauert das Fest – acht Tage, in denen Rheinwein aus den Brunnen von Brügge fließt. Bei dieser Gelegenheit stiftet Philipp den Orden vom Goldenen Vlies und zeichnet damit prominente Gegner Karls VII. aus, darunter Johann von Luxemburg – jenen Mann, dessen persönliche Gefangene Jeanne d'Arc seit dem 23. Mai ist.
Danach setzt er sein Doppelspiel fort. Den französischen König hält er mit dem vagen Versprechen einer Friedenskonferenz

hin und nutzt die Zeit, um ein neues Heer aufzustellen. Aus England trifft am 23. April eine Flotte mit Soldaten, Proviant und Vieh in Calais ein. Die Aushebung dieser Truppe hat sich verzögert, weil viele Soldaten sich weigerten, an Bord zu gehen, als sie hörten, es gehe gegen die Jungfrau. Die Angst vor ihr sitzt den Engländern auch jetzt noch in den Knochen. Im Mai jedenfalls kann der Herzog von Burgund an die Rückeroberung aller Städte gehen, die im letzten Sommer von ihm abgefallen sind. Und wer weiß – danach könnte man sich ja auch wieder Orléans vornehmen.

Am 6. Mai gesteht Karl VII. in einem Rundbrief öffentlich das Scheitern seiner Politik ein: Nachdem der Herzog von Burgund »Uns eine zeitlang durch Waffenstillstände und sonstwie unter dem Anschein von Aufrichtigkeit hingehalten und enttäuscht hat, da er sagte und behauptete, er sei willens, zur Wohltat des Friedens zu kommen, den Wir so sehr gewünscht haben und wünschen, um das Los Unseres armen Volkes zu erleichtern, das, zum Mißfallen Unseres Herzens, durch den Krieg so viel gelitten hat und noch täglich leidet, begann er mit erheblicher Streitmacht gegen Uns und Unser Land und Unsere rechtschaffenen Untertanen Krieg zu führen.« Entgegenzusetzen hat er dem Burgunderherzog nichts.

Wohl aber Jeanne d'Arc. Aussichtslosigkeit schreckt sie nicht ab, das hat sie von Anfang an bewiesen, schon mit ihrem allerersten Besuch bei Baudricourt. Noch einmal versucht sie jetzt das Unmögliche. Da sie die Rückendeckung des Königs verloren hat – die der sogenannten Friedenspartei hat sie nie besessen –, heuert sie eine Privatarmee an. Begibt sie sich damit auf das Niveau der marodierenden Glücksritter und Söldernführer, läuft sie Gefahr, vulgär zu werden? Im Hinblick auf ihre Mittel kann sie es sich nicht mehr leisten, wählerisch zu sein – wenn sie nicht tatenlos mitansehen will, wie Karl alles, was sie auf Weisung ihrer Stimmen im Auftrag Gottes erreicht hat, verspielt. Noch fühlt sie sich ihrer Vision einer anderen, redlicheren, weniger menschenverachtenden Politik verpflichtet. Und unter Aufbietung ihres ganzen geradezu ehrfurchtgebietenden Muts setzt sie noch einmal alles daran, Karl vor dem Vorwurf der Unfähigkeit, der Heimtücke, des Verrats zu bewahren. Hat sie jemals mehr Größe bewiesen als in diesen Monaten, als sie – von ihren Freunden, von ihrem König, von ihren Stimmen verlassen – ganz auf sich gestellt ihr Leben und ihren Ruf aufs Spiel setzt, um das zu tun, was sie nach wie vor für das Richtige hält?

Ist sie dann Opfer eines Verrats geworden? Der Stadtkommandant von Compiègne, Guillaume de Flavy, gibt das Zeichen, die Zugbrücke hochzuziehen, als sie in nächster Nähe des Brükkenkopfs in ein Rückzugsgefecht verwickelt ist. Offenbar hat sie in diesem Augenblick gar nicht daran gedacht, sich selbst in Sicherheit zu bringen – möglich ist es jedenfalls nicht mehr. Viele Historiker geben zu Bedenken, daß es aus militärischer Sicht das Vernünftigste war, in diesem Augenblick den Zugang zur Stadt zu versperren – Engländer und Burgunder waren schon dabei, die Fliehenden bis in die Stadt hinein zu verfolgen. Als unbeirrbarer Parteigänger Karls VII. sei Flavy außerdem über jeden Verdacht erhaben. Aber verpflichtet ihn seine Treue zu Karl tatsächlich dazu, alles für die Rettung Jeanne d'Arcs zu tun? Ist die Ausschaltung der Jungfrau denn nicht im Sinne von Karl – und seinen Beratern?

Die Möglichkeit eines Verrats wird schon zu Lebzeiten Flavys heftig diskutiert. Flavy selbst ist jedes Verbrechen zuzutrauen – seine Skrupellosigkeit ist berüchtigt. Als sein Barbier ihm später die Kehle durchschneidet, erstickt seine eigene Frau den Sterbenden mit einem Kissen – und wird vom Vorwurf des Mordes freigesprochen, weil sie beweisen kann, daß er ihren Vater umgebracht und sie selbst zu ertränken versucht hat.

Außerdem ist Flavy Halbbruder des Erzbischofs von Reims, und der hat sich im Lauf des Sommers 1429 vom Fürsprecher zu einem der entschiedensten Gegner Jeanne d'Arcs entwikkelt. Als Delegationsleiter bei den Verhandlungen mit Burgund stört ihn die Eigenmächtigkeit und die Unberechenbarkeit der Jungfrau seit langem. Nachdem sie keinen Einfluß mehr auf den König hat, betreibt sie jetzt sogar Politik auf eigene Faust! An ihrer Verhaftung, sagt er später, sei sie selbst schuld: »Sie zeigte sich stolz auf die Kleider, die sie trug, und wollte auf keinen Rat hören, sondern tat, was ihr beliebte. Gott läßt sie die Gefangenschaft erleiden, weil sie aus Überheblichkeit handelte.«

Daß Trémoille diese Ansicht teilt, darf man annehmen, und wenn Trémoille sie teilt, dann teilt sie auch der König. In den Augen der entscheidenden französischen Politiker ist Jeanne d'Arc zu einer Belastung, einem Risikofaktor geworden – ganz abgesehen davon, daß Karl selbst den Ruf loswerden will, unter ihrem Pantoffel zu stehen. Warum soll es keine Pläne gegeben haben, sie aus dem Weg zu schaffen? Der Erzbischof von Reims kann ja sogar schon vor ihrer Gefangennahme einen Ersatzmann für sie aufweisen – einen Hirtenjungen namens Guillaume, der beteuert, von Gott gesandt zu sein, und von dem der Erzbischof behauptet, er könne nicht mehr und nicht weniger als die Jungfrau auch. Gemeinsam haben die beiden zehn Tage vor der Gefangennahme Jeanne d'Arcs Flavy in Compiègne besucht – was damals besprochen wurde, ist nicht bekannt. Aber beide wissen zu dieser Zeit von ihrer Absicht, an der Verteidigung der belagerten Stadt mitzuwirken. Und Flavy wäre der letzte, der einen entsprechenden Wink seines Halbbruders nicht verstände.

Ist Jeanne d'Arc verraten worden? Es gibt keine Beweise dafür, und Flavys Befehl, die Zugbrücke hochzuziehen, war militärisch zumindest korrekt. Daß die Jungfrau dabei auf der Strekke blieb, dürfte allerdings ein Nebeneffekt gewesen sein, der ganz nach dem Geschmack der Friedenspartei war.

Der Jeanne-d'Arc-Imitator des Erzbischofs von Reims übrigens, der gottgesandte Schäfer Guillaume, gerät im Jahr darauf bei einer Schlacht in der Champagne in Gefangenschaft, wird anläßlich der Krönung Heinrichs VI. zum französischen König als Beutestück im Triumphzug durch Paris geführt, anschließend in einen Ledersack eingenäht und in die Seine geworfen.

VII. AKT

Ich kann nicht anders

Der Soldat, der an diesem Nachmittag das Haupttor der Festung Beaulieu bewachte, verließ seinen Posten, um zu den aufgeschichteten Brennholzstapeln an der Mauer hinüberzugehen. Was sollte er wegen eines kleinen Geschäfts große Umstände machen. Da sah er im Vorübergehen zwischen zwei Holzstößen zusammengekauert eine graue Gestalt. Es war die Gefangene.

Sie leistete keinen Widerstand. Wie sich herausstellte, hatte sie Dielenbretter aus dem Holzfußboden ihrer Arrestkammer herausgerissen, sich ins nächsttiefere Stockwerk hinabgelassen und die diensthabenden Wächter in ihrem Wachtlokal eingeschlossen. Sie wurde für die nächsten Tage in eine lichtlose Zelle im Kellergewölbe der Festung eingesperrt und dann gefesselt und von einer Eskorte aus Lanzenträgern und Bogenschützen begleitet nach Schloß Beaurevoir gebracht. Man hatte ihr er-

laubt, vorher von ihren Mitgefangenen Jean d'Aulon, Poton de Xaintrailles und Pierre Darc Abschied zu nehmen.
Beaurevoir war ein Schloß, keine Festung, sehr groß, mit zahlreichen Türmen, umgeben von dichten Tannenwäldern. Wenn sie aus ihrem Turmfenster hinausschaute, sah sie unter sich nichts als Wald. Ihr neuer Aufenthaltsort war mehr als zwei Tagesritte von Compiègne entfernt, was ihre Befreiung erschwerte, aber die Kammer war halbwegs wohnlich, mit allem ausgestattet, was sie jetzt noch brauchte. Wie Beaulieu gehörte auch Beaurevoir dem Herzog von Luxemburg, zur Zeit Oberbefehlshaber der burgundischen Belagerungstruppen vor Compiègne, und wie schon in Beaulieu ließ er sich deshalb auch hier kaum blicken. Jeanne war froh, sein Gesicht nicht sehen zu müssen, dieses entstellte Gesicht mit der halbierten Nase und der leeren Augenhöhle.
Am zweiten Abend führte ihr Wächter sie über Treppen und Gänge in ein hellerleuchtetes Zimmer, in dem sie von drei Damen erwartet wurde. Bevor sich Befangenheit einstellen konnte, sagte die älteste von ihnen:
»Bisher waren wir drei Jeannes. Jetzt sind wir vier. Herzlich willkommen.«
Sie stellte sich selbst als Jeanne von Luxemburg, die Tante des Herzogs vor, die beiden andern als seine Ehefrau Jeanne und seine Tochter Jeanne. Die Tochter mußte in ihrem eigenen Alter sein, ein junges, schüchternes Mädchen mit langem, blondem Haar. Alle drei schienen sie sich vor Huren und Hexen nicht zu fürchten. Jeanne bat um Wasser für ihren Wein.
»Du mußt dich einsam fühlen«, sagte die Tante.
»Nein«, antwortete Jeanne. »Ich bin Einsamkeit gewöhnt. Einsam war ich immer. Der einzige Freund, den ich hatte, ist schon lange fort, und an Liebe habe ich nie gedacht. Aber manchmal würde ich mich jetzt über etwas Gesellschaft freuen.«
»Wenn du willst, kannst du die Abende mit uns verbringen, solange du bei uns bist. Aber was ist mit deinen Kleidern? Du

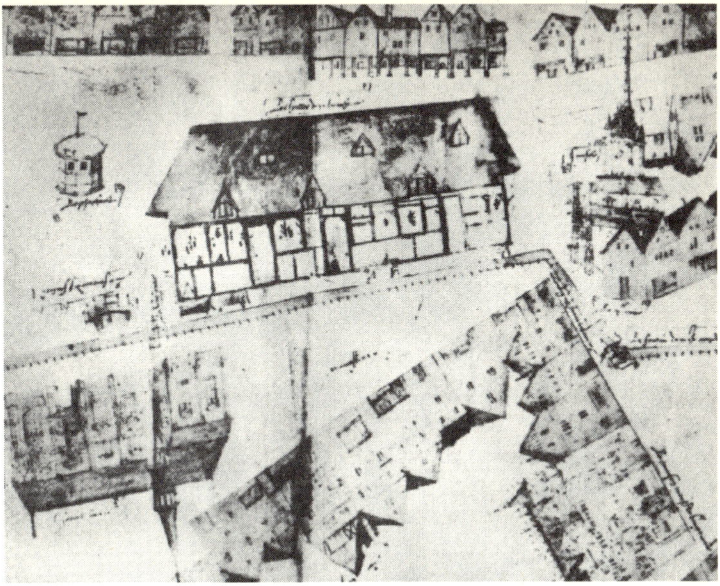

Der alte Marktplatz von Rouen, Zeichnung um 1525.
(Bibliothèque Nationale, Paris)

läufst immer noch herum wie ein Junge. Wir könnten dir Kleider von uns abgeben. Oder die kleine Jeanne näht dir welche.«
»Nein, bitte. Meine Kleidung geht niemanden etwas an. Ich fühle mich so wohler, und außerdem – Gott will, daß ich Männerkleidung trage. Aber wenn sich mir die Frage eines Tages stellen sollte, dann würde ich mich am liebsten von Euch zu Frauenkleidern überreden lassen.«
Die Damen lächelten. Dann faßte sich die Tochter ein Herz.
»Gib zu, daß du deine Männerkleider behältst, weil du wieder fliehen willst.«
»Würdet Ihr nicht fliehen wollen? Es ist doch das gute Recht jedes Gefangenen, fliehen zu wollen. Ich jedenfalls lasse mich

nicht gerne einsperren. Zumal ich in Compiègne gebraucht werde, das in diesen Tagen von Eurem Vater belagert wird.«
»Mein Mann«, sagte die Herzogin, »befürchtet, daß du dich durch Zauberkräfte befreien könntest. Er ist deinetwegen sehr in Sorge. Man erzählt sich sogar, die Jungfrau kenne Mittel und Wege, die höchsten Kerkermauern zu überwinden und aus den tiefsten Verliesen zu fliehen.«
»Die Leute haben auch immer behauptet, ich sei unverwundbar, Pfeile und selbst Kanonenkugeln würden an mir abprallen.«
Sie knüpfte ihr Beinkleid auf und entblößte ihren linken Oberschenkel, in dem der Armbrustpfeil gesteckt hatte, dann zog sie ihr Wams soweit über die linke Schulter, daß die große Narbe unterhalb des Schlüsselbeins sichtbar wurde.
»So unverwundbar ist mein Leib.«
Die Tochter strich mit den Fingern über ihre Narben.
»Jetzt kannst du sagen«, lächelte die Herzogin, »du hast die Wundmale der Jungfrau berührt.«
Bisweilen besuchte die Tante des Herzogs sie auch tagsüber in ihrem Turmgefängnis. Die Freude über ihre Besuche wurden allerdings immer häufiger durch die Nachrichten, die sie überbrachte, getrübt. Ein Brief mit dem Siegel der Heiligen Inquisition war für den Herzog abgegeben worden. In der Normandie trieben die Engländer eine Sondersteuer ein, um die Ablösesumme für sie bezahlen zu können. Über ihren Preis habe der Herzog schon mit dem Vertreter des englischen Königs verhandelt. Wenn dieser Handel zustande komme, dann gnade ihr Gott. In englischen Korrespondentenberichten sei immer häufiger von Hexenprozessen zu lesen – die Engländer sähen überall Hexen. In englischen Kirchen würde neuerdings sogar gebetet, Gott möge den König vor der Macht der Hexen schützen.
»Wird denn gar nichts unternommen, um mich hier herauszuholen? Warum läßt denn nicht auch der französische König sammeln? Und was ist mit Talbot? Wir haben doch damals Talbot gefangen. Man könnte mich doch gegen Talbot austauschen!«

Von Versuchen des Königs, sie zu befreien, auszutauschen oder auszulösen, war der Tante nichts bekannt. Alles, was sie wußte, war, daß überall in Jeannes Teil von Frankreich Bittgottesdienste für ihre Befreiung abgehalten wurden. In Orléans hatte es sogar Bittprozessionen gegeben, deren Teilnehmer barfuß wie die Büßer gelaufen seien. Aber der einzige Mensch, der im Augenblick wirklich etwas für sie tun könne, sei sie. Bei ihrem Tod erbe der Herzog den größten Teil ihres nicht unbeträchtlichen Vermögens, und so lange sie lebe, werde sie diese Erbschaft für die vierte Jeanne in die Waagschale werfen.

Seit gestern abend war der Herzog zurück, selbst hier oben bekam sie die Aufregung mit, die seine Besuche verursachten. Sie stand am Fenster – oft fiel ihr stundenlang nichts anderes ein als einfach hinauszusehen –, da hörte sie das kratzende Geräusch des Schlüssels, und ihre Kammertür ging auf. Herein trat der Herzog mit einem Geistlichen, einem Bischof vielleicht, einem hageren, alten Mann, dessen Gesicht von hämischer Freude genauso entstellt war wie das des Herzogs durch seine Kriegsverletzung. Die beiden Männer musterten sie, redeten aber weiter, als wäre sie nicht vorhanden.
»Das ist sie also«, sagte der Alte, »die Ursache meiner Trübsal bis gestern und heute der Quell meiner Freuden. Ja, die Ketzerei steht ihr ins Gesicht geschrieben. Wahrhaftig, Gott hat uns reich gesegnet mit ihrer Gefangennahme.«
Er wandte sich zum Gehen.
»Ihr verlangt viel, aber es ist ja nicht mein Geld, und die Engländer werden gerne geben.«

Sie stand am Fenster. Was sie sah, war indes nicht der trübe Septemberhimmel, nicht das endlose Zackenmuster des Walds und nicht der morastige Schloßgraben tief unten am Fuß des Turms. Was sie sah waren englische und burgundische Soldaten, die wie die Furien grölend und johlend um sie herumtanzten, war das befriedigte Grinsen des Herzogs von Burgund, waren die maskenhaften, grausig entstellten Züge des Herzogs von Luxemburg, war die kalte Gier im blutleeren Gesicht des Alten gestern. Was sie sah war die Stadt Compiègne, der die Belagerer angedroht hatten, alle, die älter als sieben seien, auszurotten mit Feuer und Schwert. Was sie sah, war der morastige Graben tief unter ihr. Sie schwang sich über die Fensterbrüstung und sprang.

Heimkehrende Jäger fanden sie und hielten sie für tot. Sie war aber nicht tot, sie hatte nicht einmal Knochenbrüche. Sie hatte lediglich Prellungen abbekommen, lag drei Tage lang bewußtlos, kam wieder zu sich, fing an zu toben, war wie von Sinnen, beruhigte sich dann wieder, und wurde einen Monat später, nachdem das alte Fräulein von Luxemburg auf einer Pilgerfahrt gestorben war, von Bewaffneten in die Stadt Arras gebracht, wo sie der Bischof Cauchon in Empfang nahm. Jeanne erkannte in ihm jenen Mann wieder, der damals in Beaurevoir an ihr Maß genommen hatte.
Ungefähr zu der Zeit, als Jeanne neunzehn Jahre alt wurde, ging sie aus dem Besitz des Herzogs von Luxemburg in den Besitz der Engländer über. Im Dezember 1430 hatten die das vom Herzog geforderte Kopfgeld für die Jungfrau endlich aufgetrieben – 10 000 Goldfranken in barer Münze, der höchste Betrag, den der Lösegeldkatalog überhaupt vorsah, die Auslösesumme für einen König. Das Geld bedeutete eine gewisse Kompensation für den Schock, den ihr Sprung aus dem Fenster beim Herzog ausgelöst hatte, und eine gewisse Linderung des Ärgers, den er über seine Niederlage vor Compiègne empfand. Selbst mit 6 000 Mann war der Stadt auch nach mehrmonatiger Belagerung nicht beizukommen gewesen.
In Arras übernahm Bischof Cauchon persönlich die Aufsicht über die Gefangene. Durch sicheres normannisches Gebiet ging es von dort nach Le Crotoy an der weitgeöffneten Mündung der

Somme. Zum ersten Mal sah Jeanne hier das Meer, die grauen Wellen, das Kommen und Gehen der Flut, den fernen Horizont. Ein eisiger Wind wehte von England herüber. Sie mochte das Meer nicht.
18 Tage blieben sie dort, dann setzten sie in einem Fährboot über die Sommemündung. Bischof Cauchon ließ sie nicht aus den Augen. Dieses in sich gekehrte, blasse Geschöpf hatte ihn erst aus Reims vertrieben und dann um seinen Bischofsitz gebracht, ihn, den Erzbischof von Beauvais, Berater des englischen Königs – es war nicht zu fassen! Im Augenblick schien das einzige Ungeheuerliche an ihr, daß sie aussah wie ein Junge und wie ein Mann im Sattel saß. Wenn es ihm nicht gelang, sie auf den Scheiterhaufen zu bringen, würden die Engländer sie ohne Prozeß, aber zweifellos im Rahmen eines recht unappetitlichen Volkfestes, in die Themse werfen. Die erste Lösung war erheblich mehr nach seinem Geschmack.
Am Abend des dritten Tags tauchten im trüben Dunst die düsteren Umrisse des Schlosses von Rouen vor ihnen auf.

Bischof Cauchon erhob sich, um die Voruntersuchung im Saal seiner Residenz in Rouen zu eröffnen. Von den 59 Kirchenmännern, die er als Beisitzer für dieses Verfahren hatte gewinnen können, waren die meisten anwesend. Auf dem Konzil zu Konstanz hatte Cauchon Sitzungen erlebt, die bei weitem schlechter besucht gewesen waren – selbst als es um die Verbrennung von Johannes Hus gegangen war. Stutzig machte ihn allerdings das Fehlen des Vize-Inquisitors Lemaître, mit dem er sich die richterliche Gewalt teilen wollte. Ohne einen Vertreter der Inquisition wäre man im übrigen gar nicht verhandlungsfähig. Niemand wußte etwas über seinen Verbleib.
»Gut, er wird noch kommen. Meine Herren! Wir alle wissen, worum es geht. Und alle – angefangen vom König von England und Frankreich über den Großinquisitor von Frankreich und die Universität von Paris bis zu den Domherren von Rouen –

alle sind wir von der Notwendigkeit und Nützlichkeit dieses Prozesses überzeugt. Wir stehen dabei vor der schwierigen Aufgabe, eine Angeklagte, die zahlreicher der Ketzerei und Hexerei nahestehender Verbrechen beschuldigt wird, nach Möglichkeit auf den Weg des Heils zurückzuführen und gleichzeitig das Selbstverständliche beweisen zu müssen, nämlich: daß Gott auf Seiten der Engländer steht. Die sogenannte Jungfrau hat in diesem Punkt, ich möchte sagen: weltweit Verwirrung gestiftet – es ist nun an uns, auch weltweit wieder für Klarheit zu sorgen. Mir liegt deshalb an einem schönen, sauberen Prozeß.«

Cauchon setzte sich und bat den königlichen Beamten Nicolas Bailly, der Versammlung seine Erkenntnisse mitzuteilen. Er habe die Zeugenbefragung in der Heimat der Angeklagten geleitet, jetzt erführe man gern, welche Anhaltspunkte für Hexerei sich dabei ergeben hätten?

»Keine.«

Cauchon sprang auf.

»Was soll das heißen?«

»Daß wir kein Belastungsmaterial auftreiben konnten. Die meisten haben die Aussage verweigert, etwa 15 haben Rede und Antwort gestanden. Aber alles, was dabei herausgekommen ist, ist ein Feenbaum in ihrem Heimatdorf, um den sie einmal im Jahr herumgesprungen ist – was auf das ganze Dorf zutrifft –, und ein Prozeß wegen Bruch des Ehegelöbnisses – der im Sande verlaufen ist. Ich hätte genauso gut Nachforschungen über meine eigene Schwester anstellen können.«

Cauchon machte Anstalten, sich auf ihn zu stürzen.

»Das ist alles? Mit solchen Banalitäten wollt Ihr uns abspeisen? Ihr seid ein ganz übles Subjekt, Bailly! Diese Reise könnt Ihr aus der eigenen Tasche bezahlen, das sage ich Euch!«

Thomas de Courcelles von der Universität Paris ging dazwischen.

»Lieber Bischof, an Belastungsmaterial wird es, denke ich, nicht

mangeln. Kommen wir zu den Anklagepunkten. Wie lautet die Anklage?«
Cauchon ließ sich betont langsam auf seinen Stuhl sinken, starrte aber weiterhin Bailly an.
»Es gibt keine. Nachdem Herr Bailly uns außer Dorftanz und Familienkrach nichts bieten kann, müssen sich die Anklagepunkte aus dem Verhör ergeben.«
Von hinten meldete sich Pater Nicolas de Houppeville zu Wort.
»Herr Bischof, Ihr habt zur Aufbewahrung der Angeklagten einen Eisenkäfig mit Hals-, Hand- und Fußfesseln bestellt. Ich habe mir das Ding gestern beim Schmied angesehen, die Gefangene wäre darin zu völliger Bewegungsunfähigkeit verurteilt. Haltet Ihr eine solche Maßnahme bei einer Angeklagten, gegen die vor Prozeßbeginn nicht einmal Anklage erhoben werden kann, für gerechtfertigt?«
Jean d'Estivet, im bevorstehenden Prozeß der Anwalt der Kirche, drehte sich nach ihm um.
»Das ist doch ganz harmlos, lieber Bruder, im Vergleich zu den Höllenqualen, die sie erwarten, wenn sie nicht rechtzeitig zur Einsicht kommt.«
Houppeville ließ sich nicht beirren.
»Noch haben wir sie nicht verurteilt. Es müßte doch ausreichen, ihr tagsüber Fußfesseln anzulegen und sie des Nachts ans Bett zu ketten – wo sie von fünf englischen Soldaten rund um die Uhr bewacht wird.«
»Dies hier ist kein Heiligsprechungsverfahren«, schnaubte d'Estivet. »Auch wenn die letzten Beweise erst noch erbracht werden müssen – verschiedene Tatsachen dürften kaum zu leugnen sein: Sie rebelliert ganz offen gegen die Natur, indem sie sich als Mann verkleidet. Sie rebelliert genauso offen gegen die Kirche, indem sich sich anmaßt, Gottes Willen zu kennen. Und sie rebelliert gegen Gott, indem sie mit dem Teufel paktiert!«
»Auch das wäre erst noch zu beweisen. Ist ihr wenigstens erlaubt worden, im Gefängnis zu beichten?«

»Eine Hexe, die beichtet«, lachte Cauchon auf, »wie sieht denn das aus?«
»Mir ist schon vor Monaten in Paris zu Ohren gekommen«, wandte sich Courcelle jetzt Houppeville zu, »daß sie sich mehrfach als Tochter Gottes bezeichnet hat. Seid Ihr nicht auch der Meinung, Bruder Nicolas, daß wir es lieber bei der Heiligen Dreieinigkeit belassen sollten? Nun, wenigstens etwas. Aber, was ich sagen wollte, Herr Bischof. Die Universität ist einhellig der Ansicht, ein solcher Prozeß gehöre nach Paris.«
»Ich weiß«, sagte Cauchon, die Universität lag ihm seit Wochen damit in den Ohren. »Aber der englische König ist nun einmal in Rouen und nicht in Paris. Und es könnte sein, daß er bei der Verhandlung zugegen sein möchte. Im übrigen haben sich die Engländer ja bei der Bewilligung der Reisespesen großzügig gezeigt – den Herren Doktoren wird also kein Nachteil aus dem Verhandlungsort erwachsen. Was ich mich frage ist, wo der Herr Vize-Inquisitor bleibt?«
Am späten Nachmittag, Cauchon wollte die Sitzung gerade aufheben, traf der Vize-Inquisitor Jean Lemaître ein, erklärte, er habe noch keine Zeit gefunden, Einblick in die Akten zu nehmen, fühle sich im übrigen auch nicht zuständig – und als der Tumult sich steigerte, wurde auch Lemaître laut und erklärte unumwunden, nach seinem Dafürhalten hafte der ganzen Sache ein ausgesprochen übler Geruch an, das Gericht sei zwangsläufig befangen, wenn nicht im Sinne der Engländer entschieden werde, gehe es allen an den Kragen. Er wolle sich nicht besudeln.
Nur wenige der Teilnehmer stimmten nicht in die Beschimpfungen ein, mit denen man an diesem Abend seinem Zorn auf Lemaître Luft machte.

Graf Warwick, der englische Kommandant von Rouen, bahnte sich und den Damen in seiner Begleitung einen Weg durch das Gewimmel der Soldaten und Höflinge im Schloßhof. Die

Damen hatten Erlaubnis, die Gefangene zu besuchen – die eine war Anne von Burgund, Gemahlin des Herzogs von Bedford, die beiden anderen waren Hebammen. Sie stiegen die hölzerne Außentreppe zum ersten Stock des äußersten Festungsturms hinauf, und Warwick schloß ihnen auf.
Der Raum, rund wie der Turm, nahm das ganze Stockwerk ein, war aber düster und bis auf ein Bett völlig kahl. Fünf Soldaten erhoben sich und wurden mit Warwick hinausgeschickt. Jeanne klammerte sich mit einer Hand an das Eisengitter des einzigen Fensters. Die Herzogin bat sie, ihr Beinkleid auszuziehen, sich aufs Bett zu legen, die Beine zu spreizen. Die Untersuchung ergab einen kleinen Riß, der vom Reiten herrühren konnte, aber keine Beeinträchtigung ihrer Jungfräulichkeit von Gewicht. Die Soldaten wurden wieder eingelassen und von der Herzogin ermahnt, die zweifelsfrei erwiesene Unberührtheit der Gefangenen zu respektieren. Der Gefangenen versprach sie, Frauenkleidung für sie in Auftrag zu geben. Tags darauf kam der Schneider. Als er mit dem Maßband ihrer Brust zu nahe kam, schlug Jeanne ihn zu Boden. Die Soldaten lachten. Sie hatten längst herausgefunden, wie die Gefangene auf Berührungen – ungewollte oder absichtliche – reagierte. Der Schneider suchte das Weite, ohne seinen Auftrag ausgeführt zu haben.

Die Kerzen flackerten heftig, als sich die Tür der Schloßkapelle öffnete. Vierundvierzig Männer in schwarzen Talaren schauten von ihren Papieren auf, Juristen und Theologen, Doktoren und Professoren. Draußen war es so früh am Morgen noch dunkel. Gegen den schwarzen Hintergrund zeichnete sich die Gestalt eines Mädchens in grauem Wams und brauner Lederhose ab. Der Gerichtsdiener führte es an seinen Platz, einen kleinen nackten Tisch direkt vor dem Podium, auf dem die Beisitzer sich in zwei langen Reihen gegenübersaßen. Am Ende dieser beiden Reihen und quer dazu stand der Richtertisch – von dort hatte Cauchon die Angeklagte jederzeit im Blick. Der zweite Richter-

stuhl war leer. Gleich vor dem Tisch der Angeklagten, zu Füßen der Beisitzer, warteten die beiden Protokollführer mit gezückten Federn auf den Beginn der Verhandlung.
Cauchon bat die Angeklagte, aufzustehen und vorzutreten und auf die Bibel zu schwören, die Wahrheit und nichts als die Wahrheit zu sagen. Jeanne stand auf, trat vor und sagte:
»Ich weiß nicht, wozu Ihr mich befragen werdet. Es könnte sein, daß Ihr Dinge wissen wollt, zu denen ich mich nicht äußern möchte. Ich werde deshalb diesen Schwur nicht leisten.«
Die Protokollführer ließen die Federn sinken – einzelne Stimmen waren nicht mehr zu unterscheiden. In wüstem Tumult entlud sich die Spannung, mit der man das Teufelsweib erwartet hatte.
Sie müsse schwören! Nein, sie schwöre nicht! Schließlich ließ Jeanne sich darauf ein, die Wahrheit in allen Dingen zu sagen, soweit sie den Glauben beträfen.
Cauchon setzte sich wieder und fuhr mit der Feststellung der Personalien fort. Name? Geburtsort? Noch nie hatte er sich von einem Angeklagten einen solchen Kompromiß aufzwingen lassen. Alter?
»Etwa neunzehn.«
Ihre religiöse Erziehung? Nichts weiter als das Vaterunser und das Ave Maria. Das Vaterunser möge sie bitte aufsagen.
»Sehr gern. Sobald Ihr, Herr Bischof, mir die Beichte abgenommen habt, sage ich Euch das Vaterunser auf.«
Die Protokollführer legten die Federn zur Seite. Man hätte jetzt vierundvierzig Schreiber gebraucht. Die Sitzung wurde zunächst unterbrochen und dann auf den nächsten Tag verschoben. Cauchon befahl den Gerichtsdienern, für die morgige Verhandlung nicht mehr die Schloßkapelle, sondern die Rüstkammer herzurichten.

Cauchon ging geradewegs auf seinen Stuhl zu, er konnte jetzt mit niemandem reden. Soeben hatte er Houppeville hinausgeworfen. Gestern war er zum Verhör erst gar nicht erschienen, und heute früh hatte er ihm zwischen Tür und Angel kund getan, das Gericht sei – seiner Einschätzung nach – für diesen Fall nicht zuständig und der Prozeß eine Farce. Cauchon winkte seinem Sekretär und wies ihn an, die Verhaftung Houppevilles zu veranlassen.

Die Beisitzer nahmen gerade ihre Plätze ein, als der Vize-Inquisitor Lemaître eintrat. Nein, sagte er mit bebender Stimme, er habe immer noch nicht die Ermächtigung des Großinquisitors. Weil aber ohne ihn der ganze Prozeß null und nichtig sei, wolle er von nun an als Beobachter teilnehmen. Dann suchte er sich einen Platz unter den Beisitzern.

Cauchon saß also wieder allein am Richtertisch, als Jeanne hereingeführt wurde. Mit einem Blick registrierte sie die Nervosität ihrer Gegenspieler, von denen ihr ein halbes Hundert auch heute wieder gegenübersaß, bemerkte, wie Cauchons Hände zitterten, und mußte sich eingestehen, daß die Situation ihr behagte. Vorgestern noch hatte sie sich elend gefühlt – geschwächt von neun endlosen Monaten der Haft, der Ungewißheit, heimlicher Hoffnung und genauso heimlicher Verzweiflung. Seit gestern fühlte sie sich wieder stark. Es war beinahe wie damals, in Chinon: Alle erwarteten mit Spannung ihren Auftritt – und sie, sie würde das Unerwartete tun und alle Erwartungen übertreffen. Die Überzahl der Feinde – das hatte sie noch nie geschreckt. Aussichtslos war ihre Lage anderen immer erschienen – in Vaucouleurs genauso wie in Chinon und Orléans. Aussichtslosigkeit – in ihrem Wortschatz kam dieses Wort nicht vor. Nie hatte sie vor der Macht der Umstände kapituliert. Schicksal – so etwas gab es für sie nicht, nur Dummheit, Feigheit, Verzagtheit.

Worum es bei diesem neuen Kampf ging, war ihr indes nicht klar, tatsächlich erschien der Prozeß ihr absurd. Schon ihre Taten bewiesen, daß sie von Gott gesandt war, und schon in Poitiers waren Männer der Kirche zu dieser Einschätzung gelangt. Es dürfte auch diesem Gericht nicht schwerfallen, dahinterzukommen. Wenn nicht, so war es inkompetent – gleichgültig, wie viele Doktoren und Professoren hier aufgeboten wurden.

Nun gut, sie würde kämpfen. Es war eine ungewohnte Art des Kämpfens für sie, doch dieses Kräftemessen hatte den Vorzug, ganz ohne Blutvergießen abzugehen. Daß sie für Stunden die Fußeisen los war, machte ihr diese Verhöre noch lieber.

Zunächst ging es um ihre Kindheit, ihre Jugend, den Feenbaum in Domrémy und eine Zauberwurzel – für irgendeinen scheinbar harmlosen Aberglauben, die Teilnahme an heidnischen Ritualen oder die Verwicklung in magische Zirkel mußten sich doch Anhaltspunkte finden lassen, in irgendeine Falle würde die Angeklagte, so arglos, wie sie jetzt antwortete, doch tappen. Dann könnte man Rückschlüsse ziehen auf eine heidnische Untergrundbewegung, an deren Spitze sie sich gesetzt hatte, um offen die Macht der Kirche zu verhöhnen, wie es sich in der unverhohlenen Vergötterung der Angeklagten durch die dumpfen Volksmassen gezeigt hatte. Aber die Angeklagte nutzte ihre Fragen dazu, vor ihren Augen das Bild eines glücküberstrahlten ländlichen Idylls zu entwerfen, so daß der bittere Ernst dieses Prozesses in Vergessenheit zu geraten drohte, die Beisitzer sich gegenseitig ins Wort fielen, durcheinander redeten, einer dem anderen die Schwachsinnigkeit seiner Frage vorhielt, die Protokollführer ihre Federn wieder sinken ließen und Jeanne mehrfach darum bitten mußte, die Herren mögen einer nach dem anderen sprechen, sie könne unmöglich zehn Fragen auf einmal beantworten. Als klar wurde, daß Hexerei ihr so nicht nachzuweisen war, einigete man sich darauf, es mit Ketzerei zu versuchen. An Stimmen, die eine Hexe ›Tochter Gottes‹ nannten, war etwas faul.

Ob sie nach wie vor davon überzeugt sei, von Heiligen besucht zu werden?

»Ja. Ich habe sie mit meinen Augen gesehen, so wie ich Euch alle sehe.«

Welches Aussehen der Erzengel Michael habe, ob er nackt gewesen sei?
»Meint Ihr, Gott habe keine Kleider für ihn?«
Ob er Haare gehabt habe?
»Warum sollte man sie ihm abgeschnitten haben?«
Ob Gott ihr geboten habe, Männerkleidung zu tragen?
»Das ist ein Gebot der Notwendigkeit – und Gott hat nichts dagegen.«
»Haben deine Stimmen dir enthüllt, daß du aus dem Gefängnis entkommen wirst?«
»Das gehört nicht zur Sache.«
»Haben deine Stimmen dir gesagt, daß du freikommen wirst?«
»Ja.«
»Wann wird das geschehen?«
»Bevor drei Monate um sind.«
»Gibt es, von deinen Stimmen abgesehen, noch andere Gründe für diese Überzeugung?«
»Fragt mich das in drei Monaten.«
»Hast du während der Verhandlung gestern deine Stimmen auch gehört?«
»Ja, ich habe sie gehört.«
»Was haben sie gesagt?«
»Ich solle unerschrocken antworten.«
Cauchon versuchte, sich Gehör zu verschaffen. Was für saudumme Fragen. Sie war eine Hexe und Ketzerin, wenn er je eine gesehen hatte. Es war offensichtlich, daß sie die Kirche für überflüssig hielt, daß sie keinen Vermittler zwischen Gott und Mensch nötig zu haben glaubte. Mit einer einzigen gezielten Frage ließ sich das beweisen.
»Glaubst du, daß du im Stand der Gnade bist, daß dir nach deinem Tod das Paradies sicher ist?«
Diese Frage brauche sie nicht zu beantworten, warnte sie einer der Beisitzer. Er halte besser seinen Mund, fauchte Cauchon.
»Sollte ich nicht im Stand der Gnade sein«, antwortete Jeanne,

»bitte ich Gott, mich in diesen Stand zu versetzen. Sollte ich aber im Stand der Gnade sein, bitte ich Gott, mich darin zu erhalten. Und Ihr, Herr Bischof, der Ihr behauptet, mein Richter zu sein – seht Euch vor! Denn ich bin tatsächlich von Gott gesandt, und Ihr schwebt in großer Gefahr!«

Eisige Stille. Die Schreiber ließen ihre Federn sinken. Dann setzte der übliche Aufruhr ein, gegen den sich schließlich ein Franziskanerpater durchsetzte. Wenn sie nicht ins Netz der Ketzerei ging, würde man ihr eben Mord nachweisen – schießlich gab es Todsünden genug. Ob sie sich je an einem Ort aufgehalten habe, an dem Engländer ums Leben gekommen seien?

»Natürlich«, lachte Jeanne. »Wie nett Ihr das gesagt habt. Warum verlassen die Engländer Frankreich nicht und gehen zurück in ihr eigenes Land?«

Was ihr denn lieber gewesen sei – die Standarte oder das Schwert?

»Meine Standarte war mir hundertmal lieber als jedes Schwert. Ich trug sie selbst, wenn wir zum Angriff übergingen; ich wollte vermeiden, jemanden zu töten. Ich habe niemals einen Menschen erschlagen!«

Jeanne beugte sich vor und sah ihre Richter scharf an.

»Noch ehe sieben Jahre um sind, werden die Engländer mehr verloren haben als vor Orléans, ganz Frankreich nämlich! Und das durch einen großen Sieg, den Gott uns schenken wird!«

Sie ließ sich in ihrem Stuhl zurückfallen.

»Für heute sage ich nichts mehr.«

In einem Nebenraum, hinter angelehnter Tür, saß ein Mann und applaudierte lautlos. Es war der Kardinal von England. Durch den Türspalt folgte ein achtjähriger Junge dem Verhör, der englische König.

»Welch eine Frau!« murmelte der Kardinal. »Schade, daß sie keine Engländerin ist.«

»Ich kenne keinen Mann, egal wie gelehrt und berühmt, der

nicht den Kopf verloren hätte, wenn er gezwungen gewesen wäre, sich vor einem so prominenten Gremium zu verantworten wie Jeanne«, bemerkte Jean Tiphaine, Kanoniker aus Paris. Er wußte, was er riskierte. Houppeville saß im Gefängnis. Und Jean Lohier, den Cauchon als Gutachter hinzugezogen hatte, war mit dem Tod bedroht worden, nachdem er den Prozeß als fadenscheinig bezeichnet hatte: »Ihre Richter legen es darauf an, sie in der Schlinge ihrer eigenen Worte zu fangen. Aber sie müßte nur sagen: ›Es scheint mir‹ statt ›Ich weiß bestimmt‹ – und niemand könnte sie verurteilen!«

Bisher war alles Geplänkel gewesen, Vorgeplänkel. Sechs Sitzungen ohne greifbares Ergebnis – jedoch nicht völlig sinnlos. Zwei Lehren hatte Cauchon daraus gezogen. Erstens: Vor einer großen Zuhörerschaft war ihr nicht beizukommen. Das blasse, in sich gekehrte Mädchen, das er auf ihrem gemeinsamen Ritt durch die winterliche Normandie beobachtet hatte, brauchte nur eine Bühne und ein Publikum – schon glänzte sie in der Rolle der vorwärtsstürmenden, mitreißenden Heldin. Ihre Magie bestand in der Kunst, zu verblüffen. Und zweitens: Ihre siegesgewisse Sturheit, ihre Unbeirrbarkeit war gleichzeitig ihr wundester Punkt. Man mußte sie nur so zu wenden wissen, daß sie als Ungehorsam gegen die Kirche ausgelegt werden konnte. Aus Ungehorsam ergab sich Ketzerei von selbst – und von der Ketzerei zum Scheiterhaufen war es nicht weit. Cauchon beschloß, die nächsten Verhöre im kleinen Kreis in ihrem Kerker vorzunehmen, wo nackte Mauern und englische Wächter ihr Publikum waren.

Zu viert tauchten sie bei ihr auf, die Fußfesseln behielt sie an. Stühle wurden für ihre Richter aufgestellt, sie mußte stehen. Jetzt konnte man in aller Ruhe die Schlinge zuziehen. Eile war in keiner Weise geboten – ihr König hatte bisher nicht den zaghaftesten Versuch unternommen, sie zu befreien.

Man kam zur Sache. Werde sie sich in allem, was sie gesagt und

getan hat, dem Urteil der Kirche unterwerfen? Alles, was sie gesagt und getan habe, antwortete Jeanne, stelle sie Gott anheim, und nur Gott unterwerfe sie sich. Man wurde deutlicher: Wenn festgestellt würde, daß ihre Offenbarungen Sinnestäuschungen und Teufelswerk seien – werde sie sich dann der Entscheidung der Kirche beugen? Nein.
»Ich habe nie etwas anderes getan, als Gottes Gebote auszuführen. Ich werde mich also auch nur dem Urteil Gottes unterwerfen. Mir scheint im übrigen, Gott und die Kirche ist ein und dasselbe. Warum macht Ihr die Dinge komplizierter als sie sind?«
Wahrhaftig, sie kannte den Unterschied zwischen streitender und triumphierender Kirche nicht! Pater Isambart de la Pierre, der seit kurzem den Vize-Inquisitor vertrat, erklärte ihr geduldig, daß die Gemeinschaft der Erlösten im Himmel das eine, die im Widerstand gegen die Sünde stehende Kirche auf Erden das andere sei. Was Gott im Himmel wolle, das zu beurteilen stehe letztendlich allein der streitenden Kirche zu. Sie ließ sich belehren – aber ob sie nun begriff oder nicht, sie rückte von ihrem Standpunkt nicht um Haaresbreite ab.
»Was ich gesagt und getan habe, wurde mir von meinen Stimmen aufgetragen; sie befehlen mir nicht, der Kirche zu gehorchen, sondern an erster Stelle Gott!«
»Weißt du nicht, daß so nur Ketzer reden?« brüllte Cauchon.
»Ich kann Euch nichts anderes sagen« entgegnete sie, nicht weniger erregt als ihre Richter. »Und wenn ich dafür ins Feuer müßte – ich kann nicht anders!«

Die Zeit war reif für die Anklageschrift. D'Estivet, der Anwalt der Kirche, und Courcelles, der ehrgeizige junge Doktor aus Paris, kamen auf 70 Anklagepunkte – ein giftiges Pamphlet, in dem von Männerkleidern die Rede war – kurz, eng und unzüchtig, von Zauberwurzeln und von Taten, die sich für Frauen nicht gehörten, weil sie im schroffen Gegensatz zur weiblichen Natur ständen. Es gebe Frauen genug, die Dinge tun, die sich für

Frauen gehören, konterte Jeanne, als ihr die Klageschrift in einer zweitägigen Marathonsitzung vorgelesen wurde. Fast alles beruhte auf Verdrehungen oder war schlicht erfunden. Schuldig oder unschuldig? Unschuldig! Es herrschte ein solches Gedränge, daß ihr die Beisitzer förmlich im Nacken saßen. Isambart hatte sich seinen Stuhl an ihre Seite gezogen, so daß er sie mit dem Ellbogen anstoßen konnte, sobald sie eine Fallgrube zu übersehen drohte – die einzige Form, in der ihr juristischer Beistand zuteil wurde. Das blieb nicht unbemerkt, und als Isambart in der Abenddämmerung über den Schloßhof ging, verstellte Warwick ihm den Weg, fiel mit unflätigen Beschimpfungen über ihn her und drohte, ihn in die Seine zu werfen. Mit dem Dominikanerpater Isambart wäre das allerdings nicht so ohne weiteres zu machen gewesen – der stand unter dem Schutz des Vize-Inquisitors Lemaître.
Jedem war klar, daß man ein Kondensat dieser wirren und unhandlichen Anklageschrift brauchte, etwas, mit dem man vor der Universität von Paris und der Nachwelt bestehen konnte – präziser, schärfer, tödlicher. Nach Ostern lieferte Courcelles die zweite Fassung ab – auf 12 Punkte verkürzt und zugespitzt auf ein Verbrechen: Ungehorsam gegen die Kirche. »Wenn die Kirche etwas von ihr verlangt, das den Geboten, die sie direkt von Gott empfangen zu haben behauptet, widerspricht, so weigert sie sich. Sie unterwirft sich niemandem auf Erden – nur Gott!« Die Universität zumindest war von der neuen Anklageschrift angetan: Die sogenannte Jungfrau sei eine Ketzerin und Kirchenspalterin der übelsten Art.
Aber Jeanne unterwarf sich auch weiterhin nicht. Zweimal wurde sie »liebevoll«, wie es die Prozeßordnung vorschrieb, von Bischof Cauchon in Gegenwart sämtlicher Beisitzer ermahnt, unzählige Male von Isambart beschworen, um ihres irdischen und ewigen Lebens willen doch endlich einzulenken, und jedesmal beharrte sie darauf, Gott und niemandem sonst Rechenschaft schuldig zu sein: »Ich glaube wohl, daß die strei-

tende Kirche hier auf Erde weder irren noch fehlen kann. Jedoch – über alles, was ich getan und gesagt habe, kann allein Gott richten, der mir den Auftrag dazu gab!«

Ein schweißüberströmter Mann in offenem Hemd und Lederschürze ließ sie ein. Es war in der Tat hier unten heiß, ein Feuer loderte, und zwei weitere halbnackte Männer hielten eiserne Zangen in die Flammen. Sie mußten das schon eine Weile lang getan haben, denn die gezackten Zangenenden glühten. Cauchon stellte ihr den Mann, der die niedrige Holztür geöffnet hatte, vor:

»Maugier Leparmentier, der Henker.«

Jeanne erstarrte. Ihr Leib gehörte Gott – sie hätte ihn nur für den Sieg geopfert. Verletzungen verkraftete er leicht, denn er war stark – ein belastbarer, verteidigungsbereiter Leib. Es war ein Körper zum Kämpfen, er konnte Schmerzen ertragen. Aber nie war dieser Leib einem Mann zu Augen gekommen – von den Ärzten, die ihre Pfeilwunden behandelt hatten, abgesehen, hatte sie nur noch d'Aulon, der ihr mit äußerster Diskretion beim An- und Auskleiden geholfen hatte, nackt gesehen. Nie hatte sie eine Berührung dieses Leibs – gleichgültig, ob zufällig oder beabsichtigt – von einem Mann geduldet, und selbst im Kerker war es ihr gelungen, ihm seine Unberührtheit zu erhalten. Jetzt drohte diesem Leib von Männern in Gegenwart von Männern die gräßlichste Verstümmelung. Sie habe die Wahl, sagte Cauchon – Unterwerfung oder Folter.

Gewiß, man hatte jetzt eine Anklage, aber immer noch kein Geständnis. Ein schöner Prozeß verlangte nach einem Geständnis. Ein wirklich schöner Prozeß jedoch mußte auch ohne Folter auskommen. Man stritt lange darüber in Cauchons Residenz. Isambart erinnerte daran, was Jeanne gesagt hatte – selbst wenn man ihr alle Glieder ausrisse, sie würde nichts anderes sagen. Pater Érard war der Ansicht, das Belastungsmaterial reiche allemal zur Verurteilung aus. Raoul Roussel, Schatzmeister der Kathedrale von Rouen, warnte ebenfalls: Die Folter mache später einen schlechten Eindruck, man solle einen so vorbildlich geführten Prozeß nicht unnötig belasten. Der junge Doktor Courcelles hingegen war sicher, sie sei zu ihrem besten. Die Abstimmung ergab elf Stimmen dagegen, drei dafür.

Anläßlich des Besuchs des Herzogs von Luxemburg in Rouen hatte der englische Stadtkommandant Warwick zu einem Gastmahl geladen. Cauchon konnte Abwechslung gebrauchen. Die Engländer standen zwar nicht in dem Ruf, die Kunst der Speisenzubereitung vollendet zu beherrschen, aber ihre Weine kamen gottlob aus Bordeaux, und Warwick war ein Mann von herzhaftem Witz.

Man kam rasch in Stimmung. Die Pariser Professoren sprühten erwartungsgemäß vor Esprit, der stets atemlose Courcelles zündete ein wahres Feuerwerk geistreicher Bonmots, und die Engländer hielten mit ihrem beißenden Humor dagegen. Eine vibrierende Heiterkeit erfaßte die ganze Tafelgesellschaft. Der Herzog von Luxemburg bot, wie immer, den unerfreulichsten Anblick, aber Cauchon nutzte im Lauf des Abends immer häufiger die Gelegenheit, mit ihm auf seinen glücklichen Fang anzustoßen. Zum Nachtisch gab es Erdbeeren mit Schlagsahne, die ersten der Saison.

Nur einmal wurde die von allen akzeptierte Regel des Abends – kein Wort über den Prozeß – verletzt, von Warwick selbst. Der Prozeß, sagte er mit deutlich warnendem Unterton, ziehe sich schon viel zu lange hin, die Engländer wollten endlich Ergebnisse sehen. Cauchon ließ sich seine Gekränktheit nicht anmerken und setzte ihm höflich lächelnd noch einmal die Vorzüge eines kirchlichen Gerichtsverfahrens auseinander: Es dauere zwar länger, habe aber gegenüber einem weltlichen Prozeß den Vorteil der Überparteilichkeit – im Hinblick auf die Reaktion der europäischen Öffentlichkeit ein unschätzbarer Gewinn. Der

Glückliche sei am Ende der englische König, der mit einem unanfechtbaren Urteil der Kirche in Händen seinen Gegenspieler vor aller Welt als das Produkt einer Hexe – oder Ketzerin, gleichviel – bloßstellen könne.

Die Scherze der Engländer zeigten bereits eine Neigung zum Schauerlichen, als der Herzog von Luxemburg sich erhob und fragte, ob ein Besuch bei der Gefangenen um diese Uhrzeit wohl schicklich sei. Verblüffung, Lachen – schicklich oder nicht – ein großartiger Einfall! Zwar zogen sich jetzt die Franzosen ernüchtert zurück, Warwick aber und die anderen machten sich auf zum Turm. Die Mainacht duftete nach den Blüten der Kastanienbäume im Schloßhof. Die Gefangene schlief in voller Kleidung, mit den Füßen an einen Holzblock gekettet.

Jeanne schlug die Augen auf. Gegen die Finsternis ringsumher zeichnete sich im flackernden Schein einer Kerze das Gesicht des Herzogs von Luxemburg als Totenkopfmaske ab. Und dieses Gesicht kam näher.

»Jeanne, ich bin gekommen, dich freizukaufen. Du mußt uns nur eines versprechen: nie mehr die Waffen gegen uns zu erheben, nie mehr.«

Ein betrunkener Sadist, den sein Gewissen quält – gab es etwas Erbärmlicheres? Jeanne richtete sich halb auf.

»Ihr macht Euch über mich lustig, Herzog! Ich weiß, daß Ihr das weder wollt noch könnt!«

Doch, doch, lächelte die Fratze im Kerzenschein – sie müsse ihnen bloß hier und jetzt, in diesem Augenblick, versprechen, für immer zu den Schafen ihres Vaters zurückzukehren – und die ganze Geschichte sei ein für allemal vergessen.

»Selbst wenn es Euch ernst sein sollte, Herzog – das steht nicht mehr in eurer Macht. Ich weiß genau, die Engländer wollen mich töten. Sie glauben, nach meinem Tod ganz Frankreich erobern zu können. Aber selbst wenn die Godons noch hunderttausend Soldaten mehr einsetzen würden, sie werden es nicht bekommen!«

Ein Engländer griff zum Schwert, Warwick hielt ihn zurück. »Laßt das! Sie ist zu schade dafür, sie war zu teuer. Für sie darf es nur eine Todesart geben.«

Wer siegen will, braucht nur zu kämpfen. Angreifen, den Gegner nicht zu Atem kommen lassen, sich selbst durch nichts entmutigen lassen, den Feind überrennen, den Freund mitreißen, unbeirrbar an seine Sache glauben, geradewegs aufs Ziel losgehen, kämpfen im Vertrauen auf den Sieg – und siegen! So hatte sie einen Triumph nach dem anderen gefeiert. Und auch in Fesseln hatte sie weitergekämpft, den Mut nicht sinken lassen, der Versuchung, zu kapitulieren, auch angesichts der Folter widerstanden, ihr unsichtbares Banner weiter geschwenkt und an den Sieg geglaubt. Auf diese Art hatte sie auch gegen ihre Richter viele Gefechte glänzend bestanden und ein Duell nach dem anderen gewonnen – aber der Sieg war dabei in immer weitere Ferne gerückt. Ein Kampf, in dem man keine Verbündeten mehr hatte, war auf die Dauer nicht zu gewinnen. Und sie war vollkommen allein – kein La Hire, kein Gilles de Rais, kein Alençon in Sicht. Kein Sieg in Sicht. Sie konnte sich höchstens noch retten.

Ihre Stimmen sprachen von Sieg schon lange nicht mehr. Von Rettung immerhin sprachen sie noch. Was aber bedeutete: Rettung? Kein königliches Heer, kein Volksaufstand hatte sie aus dem Kerker befreit, sie war von Feinden umzingelt. Die erste Tribüne ihr gegenüber war schwarz von Talaren und Kutten, aus hundert Augen traf sie von dort der Blick ihrer Richter. Die andere war besetzt mit jenen, die nicht erwarten konnten, sie in Flammen aufgehen zu sehen, den Vertretern des Königs von England. Und auf dem dritten Gerüst stand sie – zur Rechten ein gestikulierender Priester, der mit überschnappender Stimme soeben gehässigen Unsinn über den König von Frankreich verbreitete, zur Linken der Gerichtsdiener Massieu, der ihr erlaubt hatte, unterwegs vor der Schloßkapelle zu beten – gegen den

Willen von Warwick. Von den Gräbern des Friedhofs von St. Ouen war nichts mehr zu sehen. Um die drei Holzgerüste herum, zwischen Steinkreuzen und Grabmälern, drängte sich eine riesige Menge, deren Gesichter nicht menschlicher waren als die feixenden Fratzen der Wasserspeier oben am Kirchendach.

Ihr letzter Freund war ein Gerichtsdiener.

Der Priester wandte sich jetzt zu ihr um und brüllte sie an.

»Du stehst vor deinen Richtern! Wie viele Male haben sie dich nicht gebeten und ermahnt, dich der heiligen Mutter Kirche zu unterwerfen! Ich frage dich heute, vor allen, die sich versammelt haben, um Zeugen der Bekehrung einer Ketzerin zu werden: Wirst du das tun?«

Wie ging das, sich unterwerfen? Wie konnte man sich Leuten unterwerfen, die sich im Irrtum befanden? Wer konnte ihr einen Grund dafür nennen, sich solchen Leuten zu unterwerfen? Nein, sagte Jeanne, sie habe alles im Auftrag Gottes getan. Sollte sie Fehler begangen haben, übernehme sie die Verantwortung dafür – andere, auch den König von Frankreich, möge man aus dem Spiel lassen.

Ketzerin! Hure! Steine flogen. Es war kein Unterschied mehr – derselbe Haß in den Gesichtern der Seineschiffer wie der vornehmsten Kaufleute. Die Soldaten konnten kaum die wütende Menge zurückhalten. Massieu und der Priester drangen gleichzeitig auf sie ein, Massieu schrie sie fast an.

»Jeanne, versteh doch endlich – wenn du nicht abschwörst, wirst du verbrannt! Da drüben steht der Karren des Henkers!«

Cauchon setzte an, das Todesurteil zu verlesen. Der Priester hielt ihr die vorbereitete Abschwörungsurkunde hin, Massieu die tintengetränkte Feder. Jeanne konnte nicht lesen und weigerte sich immer noch, zu unterschreiben, was sie nicht verstand. Massieu las vor.

»... lügenhaft behauptet, Offenbarungen von Gott bekommen zu haben, nie mehr Männerkleider, nie mehr Waffen tragen

dürfe und so weiter und so fort – unterschreib', oder sie verbrennen dich!«
Die Mailuft frischte auf; eine Brise, die von der Seine herüberwehte, duftete nach Teer und dem Holz der Lastkähne – so hatte es auch an der Loire gerochen, in jenen Städten, wo ihr die Menschen zugejubelt hatten und wieder zujubeln würden. Die Loire – sie würde sie gerne wiedersehen und die Luft der Freiheit atmen. Die Aussicht, verbrannt zu werden war ein guter Grund, abzuschwören und sich dem Urteil von Narren zu beugen. Der einzige. Sie nahm die Feder, setzte ein Kreuz darunter und schrie:
»Ich unterwerfe mich dem Urteil der Kirche!«
Ihr Lachen ging im Geschrei der Menge unter. Auf der Tribüne der Engländer sprangen einige auf, die Hand am Schwertknauf, bereit, sich auf die Franzosen zu stürzen. Soldaten schlugen mit ihren Speeren drohend gegen das Balkengerüst der Richtertribüne. Der Sekretär des englischen Königs beschimpfte Cauchon als Verräter. Warwick schrie, der König habe sein Geld zum Fenster rausgeschmissen! Mit Mühe gelang es dem Kardinal von England, seine Landsleute zu beruhigen. Er nickte Cauchon zu. Der verurteilte Jeanne, die Jungfrau, zum Brot der Trübsal und zum Wasser der Tränen in ewiger Kerkerhaft und schickte sie, von einer wütenden Meute englischer Soldaten begleitet, zurück in den Turm.
Engländer und Franzosen waren gleichermaßen entsetzt. Die Engländer, weil sie immer noch lebte, die Franzosen, weil sie erneut den Engländern ausgeliefert wurde, obwohl sie nach ihrer Verurteilung in ein Gefängnis der Kirche gehört hätte.

Sie schoren ihr den Kopf kahl. Sie gaben ihr Frauenkleider. Sie zogen Ketten kreuz und quer über ihr Bett, so daß sie sich des Nachts nicht rühren konnte. Sie taten sich keinen Zwang mehr an. Im Schloßhof draußen brüllten sie Tag und Nacht Todesdrohungen und Flüche. Sie schafften die Männerkleidung nicht fort, sondern stopften sie in einen Seesack und stellten ihn

neben ihr Bett. Nach zwei Tagen zerrte Jeanne ihre alten Kleidungsstücke heraus und warf die Frauenkleider ihren Wächtern vor die Füße. Nach vier Tagen tauchte Cauchon mit dem Gerichtsschreiber bei ihr auf.
Warum sie Männerkleidung trage? Weil das in der Gesellschaft gewalttätiger Wächter sicherer sei. Sobald sie in ein kirchliches Gefängnis verlegt werde und Frauen als Bewacher habe, werde sie Frauenkleider anlegen.
Ob ihre Stimmen zurückgekehrt seien? Ja! schrie sie ihn an, Gott habe ihr durch die heilige Katharina und die heilige Margarete seinen Schmerz über ihren Verrat ausrichten lassen! Abgeschworen habe sie nur aus Angst vor dem Feuer, um ihr Leben zu retten!
»Aber jetzt weiß ich – lieber möchte ich auf dem Scheiterhaufen meine Buße ein für allemal hinter mich bringen, als für immer die Qual der Kerkerhaft zu ertragen!«
Die Männerkleider waren das untrügliche Zeichen dafür, daß sie in Wirklichkeit niemals an Unterwerfung gedacht hatte. Der Teufel hatte gesiegt. Cauchon verlor keine Zeit. Er rief die Beisitzer zusammen, erstattete Bericht über den Rückfall der Ketzerin und ließ abstimmen. Zu seinem Entsetzen waren nur drei dafür, sie unverzüglich dem Henker zu übergeben. Gottlob hatten die Beisitzer nur beratende Funktion. Der Richter war er. Der Rest war reine Formsache.
»Farewell, farewell!« rief er lachend, als Warwick im Schloßhof auf ihn zustürzte. »Ihr könnt aufatmen. Es ist vollbracht!«

Jetzt war Eile geboten – auch wenn man die Hinrichtung gewissermaßen übers Knie brechen mußte. Nachdem nämlich die Bürger von Rouen die Gefangene auf dem Friedhof erstmals zu Gesicht bekommen hatten, war eine merkwürdige Unruhe in der Stadt ausgebrochen. Ihr Schicksal, das monatelang niemanden interessiert hatte, war plötzlich Gegenstand heftiger Diskussionen, überall, in Kneipen wie in Klöstern, stritt man

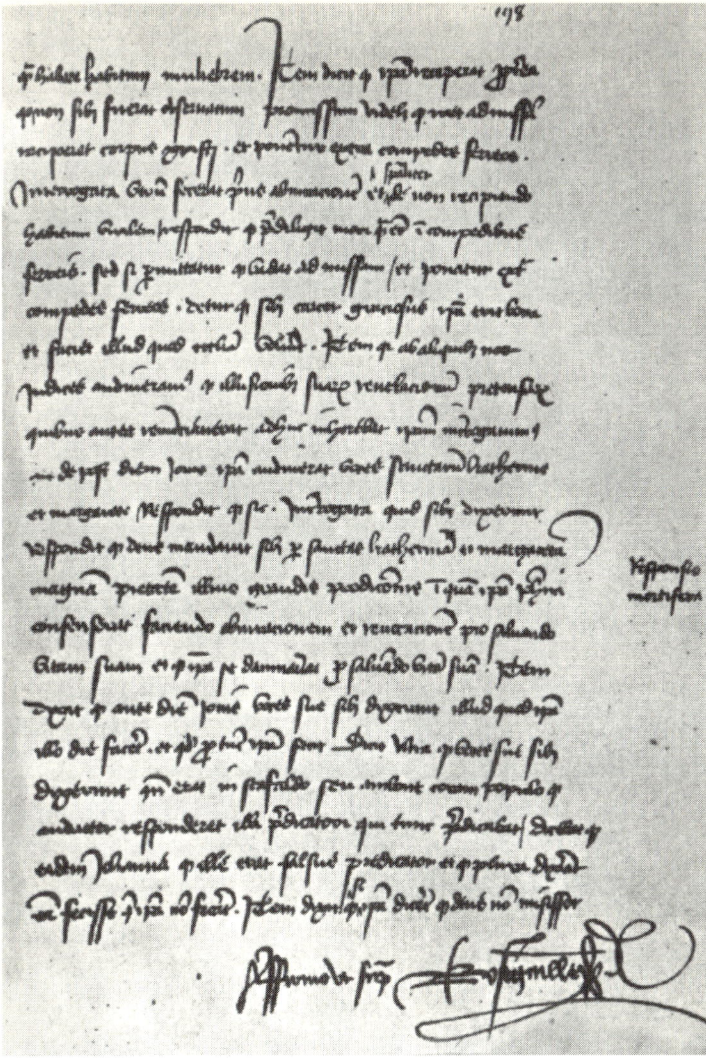

Randbemerkung zum letzten Verhörprotokoll: Responsio mortifera – tödliche Antwort. (Bibliothèque Nationale, Paris)

leidenschaftlich über Schuld oder Unschuld der Jungfrau. Es mußte unter allen Umständen verhindert werden, daß die öffentliche Meinung gegen die ausschlug, denen in diesem Fall allein ein Urteil zustand. Benachrichtigungen wurden versandt, Büßergewand und Ketzermitra aus dem Fundus der Kathedrale geholt, die Kerngedanken einer letzten Bußpredigt aus dem Korintherbrief des heiligen Paulus zusammengetragen, die Tribünen auf dem alten Marktplatz im Stadtzentrum zusammengebaut und der Scheiterhaufen errichtet – Reisigbündel über einem Sockel aus Stein, hoch genug, um einer großen Menschenmenge gute Sicht auf die Qualen der Sünderin zu erlauben. Der Henker überwachte diese Arbeiten während der ganzen Nacht bei Fackelschein. Um eine möglichst vollständige Verbrennung zu erreichen, ließ er den Scheiterhafen mit Öl und Schwefelpech übergießen und Kohleschichten einziehen. Nach Mitternacht wurde ein Schildermaler, der üblicherweise für die Geschäftsleute des Marktviertels arbeitete, von einem Boten Cauchons geweckt. Der Bote übergab ihm einen beschriebenen Zettel und forderte ihn auf, diese Notizen schleunigst und gut leserlich auf eine große Tafel zu übertragen, er werde so lange warten. Der Schildermaler ging sogleich an die Arbeit: »Jeanne, die sich selbst die Jungfrau nennt, eine Lügnerin, Volksverführerin, Ketzerin, Hexe, Gotteslästerin, Ungläubige, hochmütig, götzendienerisch, abergläubisch, grausam, rückfällig und von Dämonen besessen.«

»Bischof, ich sterbe durch Euch!«
»Bezähm' dich! Du stirbst, weil du in deine alten Missetaten zurückverfallen bist!«
»Ich werde Euch vor Gott verklagen!«
Jeanne klammert sich an einen der Dominikanermönche.
»Pater, wo werde ich heute abend sein?«
»Setzt du nicht deine ganze Hoffnung auf Gott?«
»Doch, und Gott wird mir helfen, ins Paradies zu kommen!«

Einer der Beisitzer versuchte, zu ihr auf den Karren zu klettern. Die Soldaten rissen den weinenden Mann herunter. Der Karren setzte sich in Bewegung. Massieu, der Gerichtsdiener, war bei ihr. Die engen Straßen waren voller Menschen. Vor ihr und hinter ihr marschierten die Soldaten der englischen Garnison. Es waren mehr, als sie in Compiègne dabei gehabt hatte. Auf dem Marktplatz sicherten Bewaffnete mit Pieken die Richtstätte.

Die Predigt war lang. Jeanne sah, wie sich der Schatten der Erlöserkirche immer weiter zurückzog und über die vollbesetzten Tribünen der Richter und Engländer wanderte, bis sie im hellen Sonnenschein lagen. Je länger die Predigt dauerte, desto unflätiger wurden die Zwischenrufe der Soldaten, desto lauter ihr Gelächter.

»Was denn, Priester, sollen wir hier zu Mittag essen?«

Als die Predigt zu Ende war, erhob sich Cauchon und verkündete das Todesurteil.

»Geh hin in Frieden!« brüllte der Priester neben ihr. »Die Kirche kann ihre schützende Hand nicht länger über dich halten!«

Dann wurde ihr kahlgeschorener Kopf mit der Ketzermitra gekrönt.

Die Richtertribüne leerte sich, Soldaten bahnten Cauchon und seinen Beisitzern einen Weg durch die Menge. Die Kirche hatten ihre Aufgabe erfüllt.

Die Engländer ließen sie noch eine Weile gewähren. Sie war auf ihrem Gerüst zusammengesunken, stammelte Gebete, weinte, schrie. Dann gab Warwick den Soldaten das Zeichen.

»Tut eure Pflicht!«

Als sie vom Henker hinaufgezogen und angebunden wurde, konnte sich der Kardinal von England nicht mehr beherrschen. Er war nicht der einzige, der in Tränen ausbrach. Die meisten weinten hemmungslos – Frauen, Männer, Seineschiffer, Kaufleute, sogar viele der Engländer auf der Tribüne.

Jeanne bat um ein Kreuz. Bevor Isambart mit einem langen Prozessionskreuz aus der Erlöserkirche zurückkam, hatte ein

englischer Soldat schon zwei Holzstöckchen aus dem Reisig des Scheiterhaufens herausgebrochen und zu einem Kreuz zusammengebunden. Sie nahm das Kreuz des Soldaten, küßte es und steckte es zwischen ihre Brüste, bevor ihre Hände hinter dem Pfahl zusammengebunden wurden.
Massieu mußte den Versuch, zu ihr zu gelangen, aufgeben. Im Nu schlugen hohe Flammen aus den Reisigbündeln des Scheiterhaufens. So wenig wie Massieu kam jetzt der Henker noch an sie heran, um ihren Tod durch einen Händedruck zu beschleunigen. Isambart hielt das Prozessionskreuz mit dem Gekreuzigten vor ihr Gesicht, bis er vor der Hitze des Feuers zurückweichen mußte. Das hysterische Kreischen des Publikums übertönte fast die Schreie der Sterbenden.
»Jesus! Jesus!«
Als die verkohlten Fetzen ihres Büßergewands über der Glut tanzten, schlug der Henker noch einmal Rauch und Flammen auseinander: Ja, noch konnte es jeder erkennen – der Schrecken der englischen Heere war, tatsächlich, eine Frau gewesen.

Der Knecht des Henkers fegte die Asche auf, sammelte die Knochen ein und tat alles in einen Sack. Wie jeder in Rouen hatte auch er gehört, daß der Sekretär des Königs von England im letzten Moment geschrien haben sollte: Wir sind verloren! Wir haben eine Heilige verbrannt! Nun gut, dann hatte er jetzt eben die Ehre, die Überbleibsel einer Heiligen in die Seine zu werfen. Warwick mußte wissen, was er wollte. Unter der Asche stieß er auf etwas Fleischiges, Blutiges. Er zog es heraus – es sah ihm ganz nach einem Herz aus. So etwas hatte er noch nicht erlebt – daß das Herz nicht mit verbrennt, nachdem man extra Öl und Schwefel dazugegeben hat!

ZWISCHENSTÜCK

Ein guter und sicherer Frieden

Bis zur Befreiung von Paris wäre sie gern dabei geblieben – und hätte auch dann wahrscheinlich noch keine Ruhe gegeben, bis der letzte englische Soldat in Richtung der englischen Küste davongesegelt wäre. Welche andere Wahl hat ein Mensch auch, der sich mit den gegebenen Verhältnissen unter keinen Umständen abfinden will, für den Kapitulation nicht in Frage kommt? Wäre sie je auf den Hof ihrer Eltern zurückgekehrt – was sie in den Tagen nach der Krönung, in welcher Absicht auch immer, selbst als ihren Wunschtraum bezeichnet hat? Ihre Mutter hat sie jedenfalls nie wiedergesehen und ihren Vater vermutlich auch damals nicht getroffen, als sich in Reims die Möglichkeit dazu bot. Die letzte Erinnerung an sie, die ihren Eltern bleibt, ist das Bild ihrer Tochter inmitten der höchsten Würdenträgern des Reichs am Altar der Kathedrale von Reims.

Hätte sie wohl irgendwann geheiratet – Dunois oder Jean de Metz oder ihren engsten Vertrauten Jean d'Aulon vielleicht –, um auf einem Schlößchen an der Loire Kinder großzuziehen und Geranien zu züchten? Diesen Ausgang hätten die Berater des französischen Königs wahrscheinlich als Ideallösung empfunden. Aber sie schlüpft in keine der Rollen zurück, die ihre Welt, ihre Zeit Frauen zu bieten hat – wenn man davon absieht, daß es in ihrem und den kommenden zwei Jahrhunderten sehr wohl eine Frauenrolle ist, auf einem Scheiterhaufen in Rauch aufzugehen. Aber hätte ein Mensch, der sich so beharrlich jeder Einordnung widersetzt, der Gegensätze mit solcher Schärfe heraufbeschwört und der zu derartig widersprüchlichen Einschätzungen herausfordert – hätte der sich jemals in die Kulissen zurückziehen und wieder unauffällig leben können? Jeanne d'Arc bestimmt nicht – jedenfalls solange nicht, wie es für sie noch Gründe, weiterzukämpfen, gab. Vielleicht hätte sie, wenn ihr ein längeres Leben beschieden gewesen wäre, noch an der Seite La Hires oder Alençons erfolgreich in die Kämpfe der nächsten Jahrzehnte eingegriffen. Fest steht nur eins: In den zwölf Monaten zwischen Orléans und Compiègne hat sie den Lauf der europäischen Geschichte stärker beeinflußt als jeder andere Akteur auf der politischen Bühne des Kontinents. Und fest steht auch, daß sich durch ihr Eingreifen das Blatt erstmals seit der Schlacht von Azincourt und endgültig zugunsten des Königs von Frankreich gewendet hat.

Gewiß, das ist nicht ganz allein ihr Verdienst, andere Ursachen kommen hinzu. Den Engländern dämmert langsam, daß Frankreich für sie noch lange Zeit ein Zuschußgeschäft bleiben wird. Sie müssen in ihrem Teil Frankreichs ja nicht nur für die Kosten des Kriegs, sondern auch für die wirtschaftlichen Folgekosten aufkommen. Der Terror arbeitsloser Söldnerbanden, angeführt von Hauptleuten, die niemandem auf der Welt Rechenschaft schulden, nimmt ständig zu. Ganze Landstriche entvölkern sich, weil ihre Bewohner entweder erschlagen oder in Städte geflohen sind, die immer häufiger von Seuchen heimgesucht werden. Dem englischen Parlament erscheint Frankreich wie ein Faß ohne Boden, und sein Widerwille gegen die Aushebung neuer Truppen schränkt die Handlungsfreiheit des englischen Königs in Frankreich immer weiter ein.

Zunächst jedoch scheinen die Engländer wieder Oberwasser zu haben. Ihr vordringliches Ziel, die Hexe zu verbrennen, haben sie gut zwei Jahre nach Orléans erreicht. Im selben Jahr 1431 schlägt sich La Hire, von Dunois unterstützt, mit wechselndem Erfolg in der Normandie – und besetzt sogar zu der Zeit, als Jeanne der Prozeß gemacht wird, eine Nachbarstadt von Rouen. Das englische Hauptquartier Rouen selbst anzugreifen, wagt er allerdings nicht. In der Champagne dagegen erleiden

Karls Truppen eine Niederlage, die auch der gottgesandte Schäfer Guillaume nicht abwenden kann, den der Erzbischof von Reims als Nachfolger für Jeanne ins Spiel gebracht hat. Mit dem gefangenen Guillaume machen die Engländer kurzen Prozeß und werfen ihn in die Seine.
Von 1432 an jedoch haben sie Grund, sich ernsthafte Sorgen zu machen: Dunois erobert Chartres, und, gravierender für die Engländer, Anne von Burgund, Bedfords Gemahlin, stirbt. Die hat bisher stets, wenn Spannungen aufgetreten sind, zwischen den Bündnispartnern vermittelt – der Herzog von Burgund ist ihr Bruder gewesen und dessen Verhältnis zu Bedford nicht das beste.
1433 dann wird Trémoille, der böse Geist der französischen Politik, Opfer einer Palastrevolte. Er überlebt, weil die Wirkung eines Säbelhiebs in den Fettmassen seines Bauchs verpufft, verliert aber seine Stellung bei Hof – sein Nachfolger wird sein Vorgänger: Richemont. Karl läßt Trémoille fallen, wie er alle engen Freunde und Berater früher oder später fallen läßt, erspart ihm aber das Gericht, vor welches der Herr von Giac ihn gerne stellen würde – dessen Vater war von Trémoille während eines Versöhnungsmahls in Sully eigenhändig ermordet worden. Trèmoille, die giftigeste Otter im Schlangennest des französischen Hofs, stirbt dreizehn Jahre später – eines natürlichen Todes.
Als wäre ein Bann gebrochen, änderen sich mit Trémoilles Entmachtung schlagartig Dynamik und Fortüne der französischen Politik. 1434 schließt Karl mit dem deutschen Kaiser ein Bündnis, das die außenpolitische Isolierung Frankreichs beendet. 1435 gelobt der Herzog von Burgund im Vertrag von Arras Neutralität: Die Koalition mit England ist zerbrochen, der Vertrag von Troyes damit gegenstandslos – der ›gute und feste Friede‹ zwischen Frankreich und Burgund, den Jeanne in vielen ihrer Briefe beschworen hat, ist Wirklichkeit geworden. Von Stund an werden die Engländer überall in Frankreich als

Fremde und Eindringlinge betrachtet. Im selben Jahr sterben der Herzog von Bedford in Rouen und Isabella von Bayern in Paris – die Architekten des Vertrags von Troyes.
Und 1436 öffnet Paris einem französischen Heer unter Richemont seine Tore. Aus den Fenstern von Paris hagelt es Schemel und Truhen auf die abziehenden englischen Truppen. Cauchon dürfte auf seiner Flucht nach England Jeannes letzte Prophezeiung in den Sinn gekommen sein: »Bevor sieben Jahre um sind, werden die Engländer einen viel größeren Verlust erleiden als vor Orléans ...«
Im selben Jahr geschieht etwas Merkwürdiges. Damals tritt eine Frau auf, die sich als Jeanne d'Arc ausgibt und behauptet, aus einem englischen Gefängnis entflohen zu sein. Und drei Jahre lang siegt die Sehnsucht des Volks nach seiner alten Heldin über den gesunden Menschenverstand – die falsche Jungfrau wird gefeiert und bewirtet, bis der König selbst, in Orléans, dem Schwindel ein Ende macht. Das Auftreten von zwei weiteren Jeanne d'Arc-Darstellerinnen ist verbürgt – wahrscheinlich aber waren es viel mehr.
Es folgen ruhige Jahre. Die Engländer halten weiterhin verbissen an ihren letzten Besitzungen auf dem Kontinent fest, der Normandie und Aquitanien, aber zu neuen Kampfhandlungen kommt es zunächst nicht. Die einzige Meldung des Jahres 1438 gilt dem Tod des Anwalts der Kirche im Prozeß gegen Jeanne d'Arc, Jean d'Estivet: Er wird in einer Kloake ertrunken aufgefunden. 1440, nach dem Tod ihres Mannes, zieht Jeannes Mutter Isabelle Romée von Domrémy nach Orléans um, wo sie noch weitere achtzehn Jahre geehrt und auf Kosten der Stadt lebt. 1444 schließlich kommt es zum Abschluß eines fünfjährigen Waffenstillstands zwischen Frankreich und England – nicht nur das Parlament, auch Heinrich VI., inzwischen 22 Jahre alt, neigt zur friedlichen Beendigung eines Blutvergießens, das sich inzwischen seit mehr als drei Generationen hinzieht.
In diesen Jahren legt Karl VII. endlich jene Entschlossenheit an

den Tag, die ihm später den Beinamen »der Siegreiche« einbringt. Er ordnet eine Heeresreform an, die ihn im Kriegsfall unabhängig vom Gutdünken und der Willkür seiner Vasallen macht – mit dem Erfolg, daß das erste stehende Heer Europas seit den Tagen der Römer eingesetzt werden kann, als die Engländer 1448 den Waffenstillstand brechen. Ein Jahr später kann Karl in Rouen als Sieger einziehen, 1450 verläßt der letzte englische Soldat die Normandie.

Karl hat nie mehr, wenigstens in der Öffentlichkeit nicht, von Jeanne gesprochen. Aber auch, wenn er am liebsten dieses eine Jahr mit ihr ganz aus seinem Gedächtnis tilgen würde – in Rouen holen ihn die Gespenster der Vergangenheit ein. Viele wollen endlich wissen, was damals wirklich geschehen ist – nicht nur all jene Kinder, bei deren Taufe Jeanne seinerzeit Pate gestanden hat und die inzwischen um die 20 Jahre alt sind. Nicht zuletzt Karl selbst muß an einer Aufklärung der Vorgänge gelegen sein – schließlich verdankt er seine Krone nach gültigem Urteil der Kirche bis zu diesem Augenblick einer Ketzerin. Er setzt eine Untersuchungskommission ein.

Zunächst werden die Dominikaner von Rouen vernommen, darunter Isambart de la Pierre, der ihr bis zum letzten Atemzug am nächsten gewesen ist, sowie der Protokollführer Machon und der Gerichtsdiener Massieu. Dann werden ihre Richter befragt, so weit sie noch leben – Cauchon zum Beispiel ist bereits 1442 in England gestorben. Und schließlich schwärmen die Beamten des Königs mit einem Fragebogen versehen in Domrémy und Umgebung aus. 1455 endlich – Karl betreibt dieses Unternehmen mit spürbarem Widerwillen – kommt es in Nôtre Dame von Paris zur feierlichen Eröffnung des Rehabilitationsprozesses: Jeannes Mutter überreicht dem päpstlichen Legaten eine Bittschrift, erzählt aus ihrem Leben und bricht zusammen. Zum dritten Mal muß sich jetzt die Kirche mit dieser unbequemsten aller Jungfrauen beschäftigen – da Jeanne durch ein Inquisitionsgericht verurteilt worden ist, kann allein

die Kirche sie wieder reinwaschen. Insgesamt 114 Zeugen geben ihre Erinnerungen zu Protokoll, darunter Dunois und Alençon.
Wie sich herausstellt, ist ihre Zeit mit Jeanne allen Befragten auch mehr als 20 Jahre nach ihrem Tod noch gut im Gedächtnis – einzig ihren Richtern fällt es schwer, sich an sie zu erinnern: Bei einigen umfaßt der Gedächtnisschwund den gesamten Prozeß, andere entsinnen sich hauptsächlich des Drucks, dem sie von Seiten der damaligen Besatzungsmacht ausgesetzt gewesen sind und schieben alles auf die Engländer. Da sich aus den Zeugenaussagen, wie 1431 bereits, keine Anhaltspunkte für einen Verdacht auf unchristliche Umtriebe ergeben, wird der Verdammungsprozeß im Juli 1456 offiziell für null und nichtig erklärt. Karl hat damit alles erreicht, was überhaupt erreichbar ist: Er lebt, Jeanne ist tot, und beide sind vom Makel der Ketzerei befreit.
Noch vor Abschluß dieses Verfahrens ist der Hundertjährige Krieg fast unbemerkt zu Ende gegangen. 1451 hat Dunois Aquitanien Stadt für Stadt erobert, Bordeaux besetzt und den Handel mit England unterbrochen. Ihrer wichtigsten Einnahmequelle beraubt, wendet sich die Stadt hilfesuchend an England. Im Oktober 1452 trifft der greise Talbot mit einer Armee im Médoc ein. Im nächsten Frühjahr greift er vor Castillon mit 7 000 Mann eine kleine Abteilung des französischen Heers an und wird vernichtend geschlagen. Ausschlaggebend für den französischen Erfolg ist eine wesentlich verbesserte Artillerie – die Engländer haben, im Vertrauen auf ihre Langbogenschützen, diese technische Entwicklung verschlafen. Beim Rückzug fällt der 82jährige Talbot vom Pferd und wird von Säbelhieben zerhackt.
Mit Ausnahme von Calais haben die Engländer alle kontinentalen Besitzungen verloren. Frankreich hat seine nationale Einheit erkämpft, ist nach 116 Jahren Krieg aber weitgehend verwüstet. Krieg, Hunger und Pest haben der Bevölkerung derma-

Einer, der Jeanne d'Arc bedingungslos unterstützte – Jean de Dunois, hier als Schloßherr von Beaugency.
Kupferstich um 1850 nach Charles Victor Normand. (AKG, Berlin)

ßen zugesetzt, daß sie das Lebensniveau der Vorkriegszeit im 13. Jahrhundert erst kurz vor der Revolution im 18. Jahrhundert wiedererlangt.
Von Jeannes Kampfgefährten erleben nicht alle das Ende dieses Kriegs. La Hire, der als einer der ersten zu ihr Vertrauen gefaßt hat, stirbt 1442 nach zahllosen Schlachten 62jährig in seinem Bett. Gilles de Rais wird 1440 durch Enthauptung hingerichtet, nachdem ihm der Mord an etwa tausend Kindern, Knaben zumeist, nachgewiesen werden konnte – gefoltert und umgebracht im Zuge von schwarzen Messen und Teufelsbeschwörungen, die nach dem Abschied von Jeanne seinen einzigen Lebensinhalt gebildet haben. Erst als im weiten Umkreis seines Schlosses so gut wie keine Kinder mehr lebten, hatte die Kirche den Mut gefunden, dem Marschall von Frankreich und Massenmörder Gilles de Rais den Prozeß zu machen.
Dunois bezieht 1440 das alte, normannische Schloß von Beaugency, nachdem die Schäden beseitigt worden sind, die Alençons Beschießung 1429 angerichtet haben. Er leitet viele der militärischen Operationen gegen die Engländer und kann die Früchte seiner Erfolge noch 15 Jahre lang genießen, bevor er 1468 in Beaugency verstirbt. Ausgesprochen unglücklich verläuft das Leben ihres schönen Herzogs Alençon. Um 1450 schlägt er sich auf die Seite der Gegner von Karls Militärreform, die den Adel entmachtet und die Kriegführung zur alleinigen Sache der Zentralgewalt macht. Während des Rehabilitierungsprozesses wird er von Dunois im Auftrag des Königs verhaftet und zu verschärfter Festungshaft verurteilt. Drei Jahre verbringt er damit, in seiner Zelle zu lesen oder mit seinen Wächtern Schach zu spielen. Als Karl 1461 stirbt, läßt dessen Sohn Ludwig XI. ihn frei; Alençon aber überwirft sich nach kurzer Zeit auch mit ihm, wird 1474 zum Tode verurteilt und stirbt zwei Jahre später als Gefangener im Louvre. Die Monate mit Jeanne dürften die schönsten seines Lebens gewesen sein.

NACHSPIEL

Jeanne d'Arc im Spiegel der Zeiten

Vaucouleurs heute – enge Gassen, ein »Hotel Jeanne d'Arc« im Zentrum, ein Jeanne-d'Arc-Reiterstandbild vor der Mairie, ein Jeanne-d'Arc-Weg, der an den unscheinbaren Trümmern von Baudricourts Schloß vorbei hinauf zum Frankreichtor führt. Von der einstmals mächtigen Befestigungsanlage ist wenig übrig: der Königsturm an der Hauptstraße, größtenteils in ein altes Wohnhaus eingebaut, und der Engländerturm zwischen Gemüse- und Blumenbeeten. Den stärksten Eindruck hinterläßt ein Besuch bei Henri Bataille, der oben am Frankreichtor ein kleines Jeanne-d'Arc-Privatmuseum betreibt. Monsieur Bataille – »In 11 Jahren werde ich hundert!« – erinnert sich an den Besuch des deutschen Außenministers Ribbentrop im Jahr 1942 – Hitler, habe ihm Ribbentrop damals gesagt, sei die Jeanne d'Arc der Deutschen.

Jeder macht sich sein Bild von ihr. Willenloses Werkzeug

himmlischer Mächte, Gladiatorin, Nationalheilige, Nationalheldin, Racheengel. Auf einer der marmornen Votivtafeln in der dunklen Dorfkirche von Domrémy kann man lesen: »Danke, daß du die Deutschen in Lothringen aufgehalten hast – 1914.« Zu Füßen der kleinen Jeanne-d'Arc-Statue in ihrem Elternhaus gleich nebenan liegt eine künstliche Rose und daneben ein handbeschriebener Zettel: »In Verehrung für Jeanne d'Arc – Ellen Preuß, eine Dame aus Deutschland.« Das Gästebuch neben dem Eingang verzeichnet Besucher aus Alaska, Australien, USA, Japan. »Heilige Jeanne, bewahre mich vor dem Dämon«, lautet eine französische Eintragung, einige Seiten weiter chinesische Schriftzeichen.

Domrémy heute – ein Dorf wie zahllose andere, Bauernhöfe und Schreinereien, die Stilmöbelimitationen herstellen, am Ortsrand das gänzlich unspektakuläre Geburtshaus und ein paar Schritte weiter der von Bäumen und Ufergebüsch überschattete Lauf der jungen Maas – ein Ort, so unauffällig wie das Mädchen Jeanne selbst, bevor es sich nach Vaucouleurs aufmachte. Dennoch ein Pilgerort seit fünfeinhalb Jahrhunderten. 1872 machte der französische Historiker und Jeanne-d'Arc-Spezialist Michelet seinem Zorn über die kürzlich erlittene Niederlage gegen Preußen mit einer Eintragung ins Gästebuch Luft: »Preußen, die ihr dieses schlichte Haus aufsucht, erzittert! Denn hier schwebt noch der Geist Gottes!« Tatsächlich war Theodor Fontane sein Besuch in Domrémy zwei Jahre zuvor schlecht bekommen – er wurde gleich am ersten Abend als preußischer Spion verhaftet. Auch Michel de Montaigne, der 1580 eine Badereise nach Italien unternahm, war Domrémy einen Abstecher wert: »Von hier war die berühmte Jungfrau von Orléans gebürtig, die sich Jeanne d'Arc oder Dallis nannte. Die Front des Häuschens, in dem die Jungfrau geboren wurde, ist ganz mit ihren Taten ausgemalt, aber das Alter hat die Malerei stark verdorben.«

Alle Jahrhunderte haben die Erinnerung an sie lebendig gehal-

Jeanne d'Arc als Hofdame. (Compa Cartièrce, Toulouse)

ten – aber jede Epoche hat sie sich anders vorgestellt, weil immer wieder aufs neue aus immer neuen Gründen an ihrem Bild gearbeitet wurde – meist in der Absicht, sie gefügig zu machen, sie in das jeweils erwünschte politische, theologische oder psychologische Raster einzupassen. Dennoch hat sie jeder Generation wieder neue Rätsel aufgegeben, nicht anders als ihren Zeitgenossen.

Nach ihrem Tod war sie den offiziellen Geschichtsschreibern für lange Zeit noch ein Dorn im Auge – bis ins 17. Jahrhundert hinein wurde sie in französischen Chroniken höchstens als Geschöpf Karls VII. oder Baudricourts erwähnt, eine Komparsin auf der Bühne des Hundertjährigen Kriegs, ein Maskottchen der Mächtigen. Karl selbst war in keiner Weise daran interessiert, sie als Retterin zu feiern, und seinen Nachfolgern war es nicht weniger peinlich als ihm, daß sich König und Heerführer seinerzeit dem Willen einer Frau gebeugt hatten. Der Skandal wurde, so gut es ging, verschwiegen. In einem Gebetbuch vom Ende des 15. Jahrhunderts, das Illustrationen zur Geschichte Karls VII. enthielt, wurde sie konsequent als Frau dargestellt, mit langem Haar und langem Kleid; jeder Hinweis darauf, daß sie selbst zum Schwert gegriffen hatte, fehlte.

Was für Politiker ein heißes Eisen war, war für Künstler und Dichter ein gefundenes Fressen. Aus allen Episoden ihrer kurzen, kometenhaften Karriere wurde ein fester Bilderkanon abgeleitet, der gleichrangig neben jenen klassischen Themenkreisen stand, aus denen sich die bildenden Kunst sonst bediente: den antiken Heldensagen und den biblischen Geschichten des Alten und Neuen Testaments. In zahllosen Wandteppichen, Buchillustrationen und Gemälden wurde sie als starke Frau und heldenmütige Kriegerin gefeiert, 1583 tauchte ihr Bild sogar unter den ›Wahren Portraits großer Männer‹ auf. Francois Villon, in ihrem

Jeanne-d'Arc-Statue aus dem 20. Jahrhundert in Bois Chenu
(Leo Linder, Düsseldorf)

Todesjahr geboren, rechnete sie unter die großen Frauen der Vergangenheit, und 1516 bezeichnete sie gar ein Professor der Universität von Paris als »große Kriegerin Frankreichs«.

Obwohl ihr Leben im Hinblick auf die Freuden und Qualen der Liebe wenig hergab, nahmen sich Dichter und, ab dem 17. Jahrhundert, auch Stückeschreiber immer wieder ihrer an. 1656 verfaßte der Dichter Chapelain ein Heldenepos in zwölf Gesängen mit dem Titel »La Pucelle ou la France délivrée«. Dieses geschraubte Opus, das Jeannes Jungfräulichkeit immer wieder hervorhob, provozierte hundert Jahre später Voltaire zum kuriosesten Stück Jeanne-d'Arc-Literatur.

Die Schriftsteller des aufgeklärten 18. Jahrhunderts vermochten in Jeanne d'Arc nichts als eine Schwindlerin und einen Spielball der Politik zu erkennen und setzten alles daran, sie aus der französischen Geschichte wegzurationalisieren. Niemand war damit erfolgreicher als Voltaire, der Jeanne d'Arc in seinem 1761 erschienenen Buch »Die Jungfrau« durch den pornografischen Kakao zog. Frankreich, so die Grundidee des Buchs, könne den Krieg gegen England nur gewinnen, wenn Jeanne es schaffe, ihre Jungfräulichkeit ein Jahr lang zu verteidigen. Das gelingt mit Ach und Krach – und zum Schluß, nachdem sich sogar ihr fliegender Esel vergeblich in die Schlacht um ihre Keuschheit geworfen hat, kann sie endlich erleichtert dem ungeduldig wartenden Dunois in die Arme sinken. Mit seiner geistvollen Zerstörung des Heldenkults traf Voltaire den Nerv der Zeit: Das Buch ging an allen Höfen Europas von Hand zu Hand, Friedrich der Große von Preußen war genauso begeistert davon wie Katharina die Große in Rußland und Maria Theresia in Wien. Voltaire hinterließ Jeanne d'Arc, zumindest für die gebildete Welt, als Hirngespinnst des Mittelalters.

Während der französischen Revolution schieden sich an ihr die Geister. Revolutionär gesinnten Frauen galt Jeanne d'Arc als Vorkämpferin ihrer Rechte, und sie beriefen sich ausdrücklich auf ihr Vorbild, als sie darauf drängten, in den Revolutionstruppen Seite an Seite mit den Männern kämpfen zu dürfen. Ein Jahr lang duldeten die männlichen Revolutionäre Frauen in der Armee, dann schickten sie sie wieder nach Hause. Von 1793 an wurden Frauen, die sich in der Öffentlichkeit in Männerkleidung blicken ließen, wie eh und je verhaftet. Den Männern der Revolution war Jeanne d'Arc als Fürstendienerin ohnehin von Anfang an suspekt – sie ließen überall in Frankreich die Jeanne-d'Arc-Denkmäler niederreißen und die traditionellen Jeanne-d'Arc-Feiern verbieten.

Im 19. Jahrhundert zeigte sich dann schnell, wie vergeblich alle Versuche des vorigen gewesen waren, sie durch Lächerlichkeit umzubringen oder ideologisch zu tabuisieren. 1801 erschien Schillers »Jungfrau von Orleans«, ein bombastisches Stück von verherrlichender Sentimentalität ohne jeden Berührungspunkt mit der historischen Jeanne d'Arc. Am Ende des Stücks entzieht sich die Heldin diesem Hexenkessel opernhafter Einfälle durch Himmelfahrt: »Wie wird mir – leichte Wolken heben mich – der schwere Panzer wird zum Flügelkleide ...« Schillers Zeitgenossen waren überwiegend entsetzt. Madame de Staël verwies darauf, daß im Fall der Jeanne d'Arc die Fakten erhabener seien als alle Fiktion, und Ludwig Tieck äußerte sich ähnlich: »Das Wunder ihrer Erscheinung ist schon groß und unerklärlich genug«, der Dichter habe »auch ohne weiteres einen schweren Stand, uns nur das glaublich zu machen, wovon ein ganzes Zeitalter Augenzeuge war. Darf er ihr eine magische Gestalt, ein Allwissen zuschreiben?«

Unterdessen wurde Jeanne d'Arc in Frankreich offiziell rehabilitiert: Napoleon, der als Emporkömmling auf die Empfindlichkeiten früherer Herrschergeschlechter keine Rücksicht mehr zu nehmen brauchte, erkannte in ihr die Verkörperung der besten französischen Tugenden und nannte sie ein militärisches Genie. 1803 ließ er die von der Revloution abgeschafften Jeanne-d'Arc-Feiern wieder zu. 1820 wurde das erste Kriegs-

schiff, eine Fregatte mit 52 Kanonen, auf ihren Namen getauft, fünf weitere sollten im Lauf der Zeit folgen.
Allmählich wurde sie zum Inbegriff alles Guten. 1813 stellte der Marquis de Sade in seinem letzten Roman die reine Jeanne d'Arc der verruchten Isabella von Bayern gegenüber und pries sie als die außergewöhnlichste Frau ihrer Zeit. Genauso wenig wie Schillers Bühnenstück war dieses Buch allerdings als Würdigung der historischen Jeanne d'Arc gemeint. Mit der beschäftigte sich nun, in der ersten Hälfte des 19. Jahrhunderts, erstmals ernsthaft eine ganze Generation romantischer Historiker von liberaler, republikanischer Couleur – und erkannte in ihr die »Fille du Peuple«, das Mädchen aus dem Volk, das für seinen Teil das demokratische Ideal der politischen Mitwirkung des einfachen Volkes verwirklicht, das seine politischen Vorstellungen auf die begeisterten Volksmassen gestützt durchsetzt, gegen das Mißtrauen und den hinhaltenden Widerstand des Adels. Für diese Historiker standen nicht mehr ihre strategischen Meinungsverschiedenheiten mit dem König und seinen Beratern im Vordergrund, sondern ihre Volksverbundenheit, ihr gesunder Menschenverstand, ihre Kommunikation mit den Massen. Jeannes Handeln wurde als Ausdruck der Selbstschöpfung der Nation, sie selbst als Vorläuferin der Revolution von 1789, als Schwester Dantons, verstanden.
Und noch eine weitere Verwandtschaftsbeziehung geriet nun ins Blickfeld: die zwischen Tochter und Sohn Gottes, die mit Jesus Christus. Michelet, derselbe, der im Gästebuch von Domrémy den Zorn des Allmächtigen auf preußische Besucher herabbeschwor, bezeichnete ihren Todestag als den erhabensten Tag, der über der Welt seit Golgatha aufgegangen sei – Jeanne habe ihr Blut für Frankreich vergossen. Tatsächlich sind Anklänge ihrer Lebensgeschichte an die Jesu Christi – einfache Geburt, Berufung, Sendungsbewußtsein, Erlösungsauftrag, Verrat und früher, schmählicher Tod nach einem politischen Prozeß – nicht zu übersehen, und sie machten selbst auf Leute

wie Alexandre Dumas Eindruck, der 1842 schrieb: »Auf ihre Art war sie der Christus Frankreichs; sie tilgte die Sünden unserer Nation, wie Christus die Sünden der Welt tilgte.« Es konnte nicht ausbleiben, daß sich angesichts ihrer Nähe zur Person des christlichen Erlösers die katholische Kirche wieder für sie zu interessieren begann. Die hatte, aus gutem Grund, am längsten gezögert, das Thema zu berühren – nach 1850 jedoch machte sich der Bischof von Orléans zum Sprachrohr einer Bewegung, deren Ziel die Heiligsprechung Jeanne d'Arcs war. Hintergrund war – neben den lokalpatriotischen Gefühlen des Bischofs – der Versuch der Kirche, das Heilige in seiner weiblichen Form in einer Welt kapitalistisch-bürgerlicher Rationalität zu retten und den Arbeiterinnen in den Fabriken ein frommes Vorbild bieten zu können. Da kam die populäre Jeanne d'Arc, als Madonna in der Rüstung, gerade recht.

Auf Dauer sollten diese Bestrebungen ihren bis dahin unverwüstlichen Nachruhm stärker gefährden als der Hohn der Aufklärer. In der erbitterten Auseinandersetzung zwischen Monarchisten und Klerikalen auf der einen Seite, Republikanern und Antiklerikalen auf der anderen, die die französische Politik der zweiten Jahrhunderthälfte bestimmte, geriet Jeanne d'Arc zunächst zwischen die Fronten, wurde dann von den Liberalen fallengelassen und vom rechten Lager vereinnahmt. 1878 standen sich beide Parteien unversöhnlich gegenüber – die einen plädierten für die Einführung staatlicher Jeanne-d'Arc-Feiern, die anderen für die Einsetzung eines nationalen Voltaire-Gedenktages. Die Linke beschimpfte Jeanne d'Arc als Jungfrau des Militärs, die Rechte konterte mit dem Vorschlag, die Marseillaise als Nationalhymne zugunsten einer Hymne auf das Banner der Jungfrau abzuschaffen.

Was die Gemüter zusätzlich erhitzte, war der verlorene Krieg gegen Preußen von 1870/71. Jeanne d'Arc war den konservativen Kräften jetzt nicht nur als Heilige in spe willkommen, sondern auch als Racheengel. Erfolgreich wurde sie in den propagandistischen Kreuzzug der Revanche gegen das deutsche Reich eingespannt – mit dem Ergebnis, daß Frankreich von Jeanne-d'Arc-Statuen regelrecht überschwemmt wurde: 1910 zählte man rund 20 000 Standbilder von ihr in Kirchen und auf öffentlichen Plätzen. In zahlreichen Darstellungen auf Bildern im Stil der Historienmalerei oder in Kirchenfenstern nahm der Heiligenschein über ihrem Kopf die tatsächliche Heiligsprechung durch den Vatikan um Jahrzehnte vorweg.

Inzwischen ging es längst nicht mehr um die historische Jeanne d'Arc, es ging um eine politische Galionsfigur, um einen politischen Popanz. Welche Sprengkraft Jeanne d'Arc trotzdem immer noch besaß, zeigt eine Episode, die sich 1913 auf der Place des Pyramides in Paris abspielte, wo es zur Konfrontation zweier Demonstrationszüge kam. Der eine, gebildet aus Mitgliedern konservativer Jugendorganisationen, trug Spruchbänder mit der Aufschrift: »Für Jeanne d'Arc, die große französische Patriotin!« Die Transparente der linken Gegendemonstranten lauteten: »Für Jeanne d'Arc, die von ihrem König verraten und von der Kirche verbrannt wurde!«

1909 fand sich der Heilige Stuhl dazu bereit, sie seligzusprechen. Einer Heiligsprechung hingegen gab der Papst keine Chance. Da brach 1914 der 1. Weltkrieg aus. Auf zahllosen Plakaten schwebte Jeanne über den Schlachtfeldern und feuerte die französischen Soldaten an: »Werft sie hinaus!« Der Vorschlag, eine gemischtgeschlechtliche »Miliz der seligen Jeanne d'Arc zur Durchsetzung des Triumphs Frankreichs« zu bilden, stieß bei der Armeeführung nicht auf Gegenliebe. 1918, nach dem Ende des Kriegs und dem Zusammenbruch Österreich-Ungarns, war Frankreich die letzte verbliebene katholische Großmacht, und der Vatikan bemühte sich um eine Annäherung an die nach wie vor antiklerikal eingestellte französische Regierung. Die Heiligsprechung Jeanne d'Arcs im Jahr 1920 war der Preis, um den der Papst die Aussöhnung mit Paris erkaufte.

Der Makel der Heiligkeit hat sie in den Augen der modernen Welt zur Unberührbaren gemacht. Nur, wer sich eingehender mit ihr beschäftigte – und das waren im 20. Jahrhundert im wesentlichen Schriftsteller wie George Bernard Shaw und Bertold Brecht oder Filmregisseure wie Jacques Rivette –, vermochte in dem Mädchen mit dem demutsvoll gesenkten Kopf noch jene Frau zu erkennen, für die es in der politischen Geschichte Europas keine Vorbild gab: die Frau der Tat, die Frau im Vordergrund. Der berühmteste Jeanne-d'Arc-Film, Theodor Dreyers »Passion der Jeanne d'Arc« von 1928, bestärkte hingegen die Mystifizierungstendenz, die sich schon in der Heiligsprechung ausdrückte – er präsentiert sie als tränenüberströmte verfolgte Unschuld, als Schwester des leidenden Christus. Zwar rechnete Simone de Beauvoir sie in den 40er Jahren noch jenen Frauengestalten zu, die den entmündigenden Zwängen weiblicher Existenz getrotzt hatten. Aber spätere Generationen von Feministinnen wußten mit einer Jeanne d'Arc, der das Odium von Frömmigkeit und Patriotismus anhaftete, nichts mehr anzufangen.

Aus der Rebellin, der Kämpferin, der unduldsamen, selbstbewußten, siegesgewissen Jeanne, der dynamischen Tochter Gottes hat der Segen der Kirche eine lammfromme Schwester der heiligen Katharina und der heiligen Margarete gemacht, eine »gute Hirtin Frankreichs«. Derart ihrer eigentlichen Qualitäten beraubt, war es für die modernen französischen Nationalisten von Le Pens Front National ein leichtes, sie als Aushängeschild zu vereinnahmen. Sie hätte sich dagegen mit derselben Scharfzüngigkeit, mit derselben blitzenden Intelligenz zur Wehr gesetzt wie gegen ihre Verketzerung vor dem Inquisitionstribunal in Rouen. Aber sie ist heute dagegen genauso machtlos wie damals gegen ihre Richter.

Anhang

LITERATUR

Eis, Egon: Illusion der Gerechtigkeit – Die großen Schauprozesse der Geschichte, Düsseldorf 1965

Fontane, Theodor: Kriegsgefangen, hg. v. Otto Drude, Frankfurt a. M. 1993

Guérin, André und *Palmer-White, Jack:* Johanna sagt euch ewig Lebewohl, Stuttgart 1962

Hilty, Hans Rudolf: Jeanne d'Arc bei Schiller und Anouilh, St. Gallen 1960

Holland Smith, John: Joan of Arc, London 1973

Huysmans, Joris Karl: Tief unten, Berlin 1985

Krück v. Poturzyn, M. J.: Die Sendung des Mädchens Jeanne d'Arc, Stuttgart 1961

Krumeich, Gerd: Jeanne d'Arc in der Geschichte, Sigmaringen 1989

Lucie-Smith, Edward: Joan of Arc, London 1976

Mirgeler, Albert: Jeanne d'Arc – die Jungfrau und die Zukunft Europas, Stuttgart 1952

Montaigne, Michel de: Tagebuch einer Badereise, Stuttgart 1963

Nette, Herbert: Jeanne d'Arc, Reinbek 1977

Pernoud, Règine, und *Clin, Marie-Véronique:* Johanna von Orléans, Bergisch Gladbach 1991

Röckelein, Hedwig (Hrsg.): Jeanne d'Arc – Oder wie Geschichte eine Figur konstruiert, Freiburg 1996

Shaw, Bernard: Die heilige Johanna, Frankfurt a. M. 1971

Schiller, Friedrich: Die Jungfrau von Orleans, Stuttgart 1992

Tanz, Sabine: Jeanne d'Arc – Spätmittelalterliche Mentalität im Spiegel eines Weltbilds, Weimar 1991

Voltaire: Die Jungfrau, Leipzig 1994

ANMERKUNG

Der Haupterzählstrang dieses Buchs folgt den Erkenntnissen, die wir aufgrund der historischen Forschung über das Leben der Jeanne d'Arc besitzen. Wo Jeanne d'Arc selbst redet, handelt es sich im wesentlichen um – der modernen Sprache behutsam angepaßte – Zitate, wie sie die Erinnerungsprotokolle des Rehabilitierungsprozesses und andere Quellen wiedergeben. Was den Prozeß in Rouen betrifft, entsprechen alle ihre Aussagen den Verhandlungsprotokollen. Wörtliche Rede der übrigen handelnden Personen ist, aus einleuchtenden Gründen, in geringerem Umfang schriftlich überliefert und wurde in vielen Fällen frei gestaltet. Als einzige längere Passage völlig frei erfunden wurde lediglich die Diskussion zwischen den Mitgliedern des Rates zu Beginn des 5. Akts. Allerdings geben die einzelnen Gesprächsbeiträge die Positionen der Sprecher, soweit bekannt, wieder.

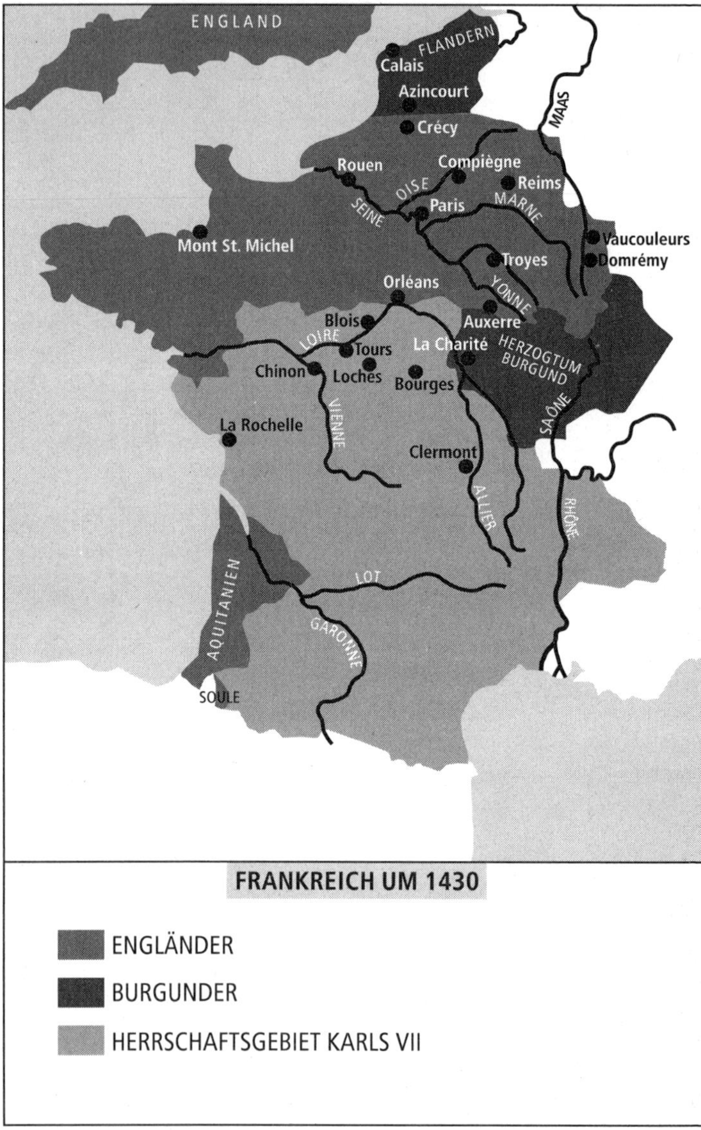

FRANKREICH UM 1430

ENGLÄNDER

BURGUNDER

HERRSCHAFTSGEBIET KARLS VII

REGISTER